职业院校机电类专业中高职衔接系列教材(中职)

机电产品营销实务

(第二版)

主编　　侯守军　　陈绪全　　涂建军

参编　　蒋国银　　魏远斌　　杨　洁　　张道平

西安电子科技大学出版社

内 容 简 介

  本书是职业院校机电一体化技术(机电技术应用)专业中高职衔接教材,是按照职业教育教学改革要求,结合湖北省职业院校中高职衔接机电一体化技术(机电技术应用)专业教学标准及课程要求编写的。

  本书主要内容包括机电产品市场营销概述、机电产品市场分析、机电产品的产品策略、机电新产品开发、机电产品价格策略、机电产品消费者购买行为分析、机电产品市场营销策略、机电产品国际市场营销和机电产品的电子商务与网络营销。

  本书可作为机电技术应用、工业机器人技术和电子技术应用等相关专业的教材,也可作为相关行业从业人员的业务参考及培训用书。

图书在版编目(CIP)数据

机电产品营销实务 / 侯守军, 陈绪全, 涂建军主编. --2 版. -- 西安 : 西安电子科技大学出版社, 2024. 11. -- ISBN 978-7-5606-7464-3

Ⅰ. F764.4

中国国家版本馆 CIP 数据核字第 2024609WU3 号

策　　划　秦志峰　　杨丕勇
责任编辑　秦志峰
出版发行　西安电子科技大学出版社(西安市太白南路 2 号)
电　　话　(029) 88202421　88201467　　　邮　　编　710071
网　　址　www.xduph.com　　　　　　　　电子邮箱　xdupfxb001@163.com
经　　销　新华书店
印刷单位　咸阳华盛印务有限责任公司
版　　次　2024 年 11 月第 2 版　　2024 年 11 月第 1 次印刷
开　　本　787 毫米×1092 毫米　1/16　印 张 13
字　　数　304 千字
定　　价　37.00 元
ISBN 978-7-5606-7464-3
XDUP 7765002-1
*** 如有印装问题可调换 ***

PREFACE　前　言

　　本书旨在通过对机电产品市场营销相关知识的介绍，培养学生的机电产品营销能力。本书具有以下特色：

　　· 体现新模式。本书按照职业教育"理实一体化"的教改模式编写，重点突出机电产品营销的真实过程，通过引入案例的方式来体现职业教育的特色。

　　· 强化针对性。本书主要针对机电产品营销进行阐述，书中的机电产品营销案例可帮助学生更好地适应机电产品营销岗位环境。

　　· 突出简洁性。本书注重对机电产品营销技能的培养，简要阐述了市场营销理论。

　　本书遵循"理论阐述必需和够用，内容组织新颖和鲜活"的编写原则，对第一版做了如下修订：

　　(1) 挖掘并梳理教学内容与思政教育的结合点，将社会主义核心价值观融入教材，通过典型案例素材分析，整合课程理论和相关教育主题，从而实现市场营销课程思政成效最大化。

　　(2) 更新了一些典型的案例，使之与知识点和能力点衔接得更加紧密，力图把市场营销基本理论、主要方法和工作技能传授给学生，使学生对市场营销活动有一个比较清晰的认识，有助于培养学生利用所学知识分析、解决实际营销问题的能力。

　　(3) 替换并补充了一些实际案例，将理论内容与实际操作相结合，帮助学生理解和应用所学知识。案例分析内容涵盖不同行业、不同规模的企业，以便学生能够了解多种情境下的营销策划方案。

　　(4) 根据市场变化和企业需求，更新了部分练习题，以确保案例的实际性和解答问题的针对性。

　　本书由湖北信息工程学校的侯守军、陈绪全，荆门职业学院的涂建军担任主编。其中，陈绪全修订了项目一、项目二，湖北十堰职业技术(集团)学校的蒋国银修订了项目三，宜都市职业教育中心的魏远斌修订了项目四，武汉市第一职业高级中学的杨洁修订了项目五，涂建军修订了项目六、项目七，湖北信息工程学校的侯守军、张道平修订了项目八、项目九。在本书的编写过程中，湖北省电子电气教学指导委员会的黄邦彦教授对本书进行了审阅并提出了许多宝贵意见，长城汽车股份有限公司(荆门分公司)、湖北亿纬动力电池有限公司给予了大力支持，同时本书还参考了其他作者的教材和论著，在此一并表示衷心的感谢。

由于编者水平有限，书中难免有疏漏之处，恳请广大读者批评指正。

编 者
2024 年 4 月

CONTENTS

目 录

项目一　机电产品市场营销概述

【项目导航】

　　市场营销学是研究产品的生产经营和销售规律的科学。任何一个现代企业的生存和发展，甚至一个国家经济的发展，都离不开市场营销。市场营销学是一门哲理性、社会性、技术性、艺术性和实践性兼容的应用性学科，其应用已延伸到社会学、政治学、人际关系学等领域，远远超过了营销学的范畴。

　　本项目在介绍市场营销基本知识的基础上，以机电产品作为研究对象，介绍机电产品的营销理论和方法。通过学习，要求掌握市场及市场营销的基本概念与特征，包括市场营销观念及其演变过程、市场营销活动所涉及的基本要点；了解市场营销学研究的主要内容与方法。

【案例导入】

案例 1-1　直播带货助力老字号，激发老品牌新活力

　　在直播带货的浪潮中，老字号企业积极拓展线上市场，通过直播平台展示产品、讲述品牌故事，与消费者进行实时互动。这种新颖的销售模式打破了地域的限制，可以让更多的人了解并喜爱上老字号产品。

　　为了更好地适应直播带货时代的发展，老字号企业在保持独特的产品和文化价值的同时，也在不断提升自身的电商运营能力和服务水平；加强与直播平台的合作，优化产品供应链，提高物流配送效率，为消费者提供更优质的购物体验。

　　在全域电商的助力下，越来越多的老字号品牌通过抖音电商拓展线上市场。2023 年 6 月 9 日，抖音电商发布《2023 抖音电商助力非遗发展数据报告》。该报告显示，过去一年，平台上老字号产品的销量是上一年的 1.65 倍，五粮液、泸州老窖、皇上皇、五芳斋、老庙等成为深受平台用户喜爱的老字号品牌。

　　在短视频和直播的展示与推动下，消费者逐渐发现，那些拥有良好品质和口碑的老字号企业并没有选择"躺平"或"吃老本"，而是积极抓住所有能够被看到的机会，不断创新产品以满足消费者的需求。

　　直播带货的兴起为老字号注入了新的活力，使这些传统品牌在现代消费市场中重新焕

发光彩。相信在未来，越来越多的老字号企业将借助直播电商这一新兴渠道，实现创新发展，为消费者带来更多的惊喜和实惠。

案例 1-2　应聘的困惑

李雪最近很郁闷，已经毕业几个月了，还没有找到心仪的工作。眼看着同学们一个个走上工作岗位，李雪心里无比着急。回想起前些天参与的那场面试，李雪感到非常懊悔和遗憾。

一家在当地颇有名气和规模的机械产品公司到李雪的学校来招聘市场部、销售部的工作人员。得益于机械专业的背景，李雪顺利通过了专业的综合素质笔试，但是在最后一轮的面试时，面试考官一句不经意的问话，让李雪意外出局。

考官问："我想招聘市场部、销售部的工作人员，你知道营销与销售有什么区别吗？"李雪默然，因为在她的观念里这两者都是要让产品卖出去，没多少区别。

考官又问："我这里市场部、销售部都需要人，市场部和销售部谁重谁轻？你觉得哪个部门更适合你？"

面对这一问题，李雪胡乱回答了几句，总感觉没有切题，因为她不知道市场部是做什么的。

结果可想而知。

知识点 1　市场与市场营销概念

机电产品营销是市场营销的一个重要分支，接近于工业品营销的范畴，但与工业品营销又有区别，它不包括工业品(初级产品和工业制成品)范围中的初级产品(主要是原材料，如矿产品、钢材、建材、纺织纤维等)的营销。

机电产品营销是制造商(企业)与制造商(企业)、组织、机构、政府等市场间的营销，也可以称为制造商(企业)间的营销。

一、市场

从经济学的观点来讲，市场的概念可以分为狭义和广义两种。

1. 狭义的市场

狭义的市场是指商品买卖的场所，它在一定空间聚集了商品，便于买卖双方进行交易，如集市、物资交流会、商店等，但不能反映交换活动所体现的经济关系。

2. 广义的市场

广义的市场是指一定经济范围内商品交换活动所反映的各种经济关系和经济现象的总和。这种关系主要表现为供给与需求的关系。因此，广义的市场概念指的不是特定的买卖场所，而是指供求双方的关系。

3. 市场的构成

市场的构成一般具备以下三个因素：市场上存在买方和卖方；买方有购买力和购买的欲望，卖方有可供交换的商品；具备买卖双方都能够接受的交换价格及其他条件。

市场的三个构成因素是相互制约、缺一不可的，只有将这三者结合起来才能构成现实的市场，才能决定市场的规模。例如，如果一个国家或地区人口众多，但收入水平很低，购买力有限，则不能构成大的市场；购买力虽然很强，但人口很少，也不能成为大的市场；人口众多，购买力又强，才能成为一个有潜力的大市场。但是，如果产品不能满足人们的需求，就不能激发人们的购买欲望，仍然不能成为现实的市场。

在现代社会，任何组织、个人都不能离开市场而存在。作为营销活动主体的制造商(企业)，在其经营活动中可能会涉及以下类型的市场，如消费者市场、中间商市场、资源市场、政府市场等。在市场营销中，一般将个人购买者称为消费者。生活中的每个人都是消费者，消费者需要购买和使用各种各样的生活消费品，就反映了这种最基本的买卖关系，即出卖人转移标的物的所有权于买受人，买受人支付价款的行为。简单的市场结构如图 1-1 所示。当然，现实经济社会中的市场结构是十分复杂的，复杂的市场结构如图 1-2 所示。

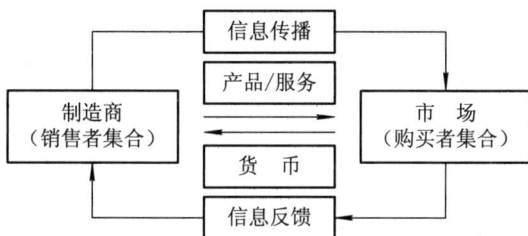

图 1-1　简单的市场结构

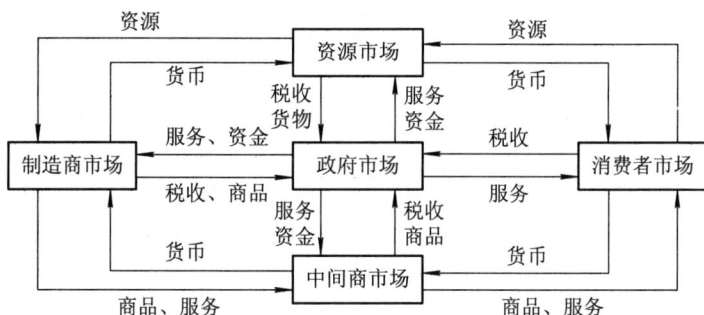

图 1-2　复杂的市场结构

二、市场营销

西方市场营销学者从不同角度，以发展的观点，给出了市场营销的不同定义。

杰罗姆·麦卡锡(Jerome McCarthy)于 1960 年对微观市场营销下了定义：市场营销是企业经营活动的职责，它将产品及劳务从生产者直接引向消费者或使用者，以便满足顾客需求及实现公司利润。

美国市场营销协会(AMA)于 1985 年给出了更完整和全面的市场营销的定义：市场营销是对思想、产品及劳务进行设计、定价、促销及分销的计划和实施的过程，从而产生满足个人和组织目标的交换。

2013 年,美国市场营销协会再次更新了市场营销的概念：市场营销是在创造、沟通、传播和交换产品中，为顾客、客户、合作伙伴以及社会带来价值的一系列活动、过程和体系。

美国市场营销学家菲利普·科特勒(Philip Kotler)教授在早期对市场营销的解释得到了广泛的认同：市场营销是个人或组织通过创造并同他人交换产品和价值，以满足需求和欲望的一种社会过程和管理过程。市场营销含义的要点归纳如图 1-3 所示。

市场营销学是一门以经济科学、行为科学、管理理论和现代科学技术为基础，研究以满足消费者需求为中心的个人或组织市场营销活动及其计划、组织、执行、控制的应用科学。

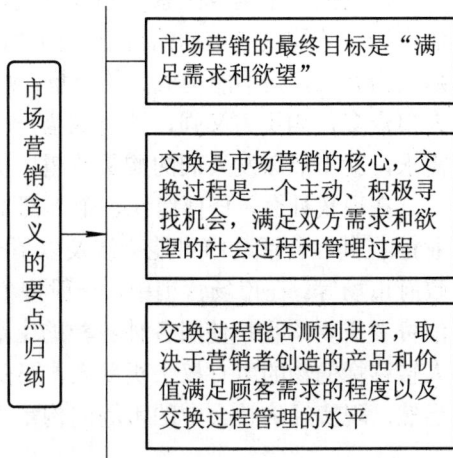

市场营销含义的要点归纳：

- 市场营销的最终目标是"满足需求和欲望"
- 交换是市场营销的核心，交换过程是一个主动、积极寻找机会，满足双方需求和欲望的社会过程和管理过程
- 交换过程能否顺利进行，取决于营销者创造的产品和价值满足顾客需求的程度以及交换过程管理的水平

图 1-3　市场营销含义的要点归纳

三、市场营销的基本任务

市场营销学中的市场营销概念一般是从企业的角度出发的。企业市场营销应完成的主要任务如图 1-4 所示。

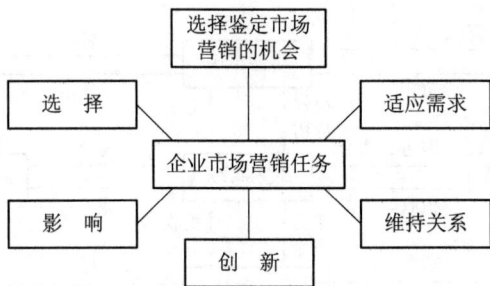

图 1-4　企业市场营销应完成的主要任务

1. 选择鉴定市场营销的机会

选择鉴定市场营销的机会是指运用市场研究的方法，通过对市场环境的分析，例如对政治环境、经济环境、社会环境、文化环境、科技环境、竞争环境的分析，来识别目前未满足的需求和欲望，估计和确定需求量的大小，选择最优的目标市场，即为企业选择营销机会，这是市场营销的首要任务。

2. 适应需求

适应需求是指企业要考虑如何根据企业的资源适应目标市场的需求。

3. 选择

选择即选择适合的商品、适当的价格、适当的销售渠道，为目标市场服务。

4. 影响

影响即通过广告、人员推销、促销等手段，来影响目标市场中顾客的需求。

5. 维持关系

维持关系即维持企业与社会公众、顾客的良好关系。

6. 创新

创新是指发展新技术，提出新的产品构想，运用新的促销方式、新的销售渠道、新的定价方法、新的市场研究方法以及新的市场营销组织方式等。

知识点 2　市场营销学的研究对象与研究内容

一、市场营销学的研究对象

市场营销学的研究对象主要是以满足消费者需求为中心的企业市场营销活动过程及其规律性，即在特定的市场营销环境中，企业以市场营销研究为基础，为满足消费者现实和潜在的需求所实施的以商品(Product)、定价(Price)、地点(Place)、促销(Promotion)为主要内容的市场营销活动过程及其客观规律性。市场营销学的研究对象如图 1-5 所示。

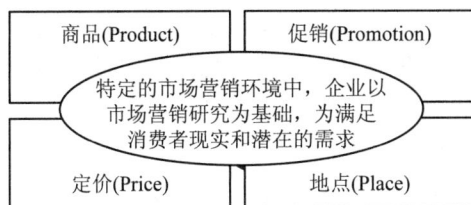

图 1-5　市场营销学的研究对象

市场营销学主要研究制造商的商品或服务如何转移到消费者手中的全过程，探讨在生产领域、流通领域和消费领域内运用一整套开发原理、方法、策略，不断拓展市场的全部营销活动及相应的科学管理方法。

正如管理大师科特勒所说："顾客是把他们的欲望带给我们的人，我们的工作是为其服务，使他们和我们都得益。"

二、市场营销学研究的主要内容

市场营销学研究的内容是随着学科的发展而不断丰富的。近几十年来，市场营销学研究的内容不断扩大，已经突破了原来的流通领域，上至生产领域的产前活动，包括市场调查、预测，企业经营决策和商品发展计划；下至消费领域的售后服务，包括商品的运送、维修，消费者对商品或服务的意见和要求等。因此，市场营销学研究以消费者为中心，主要研究以下五个方面的内容，如图 1-6 所示。

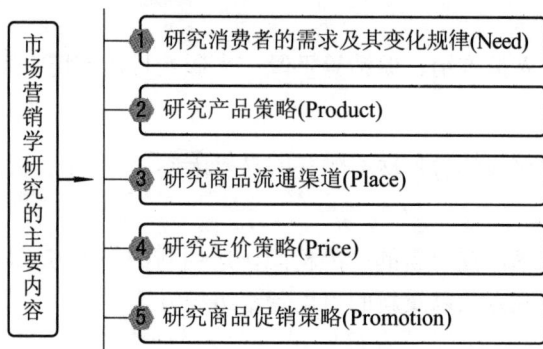

图 1-6　市场营销学研究的主要内容

1. 研究消费者的需求及其变化规律(Need)

市场营销学研究的核心既然是消费者，就要研究消费者需求的特征(包括购买动机、购买行为、购买倾向、购买模式，以及消费者需求变化的趋势)，分析影响消费者需求变化的各种因素，以便企业采取相应的策略，实现生产目的。

2. 研究产品策略(Product)

要满足消费者的需求，首先要生产或提供适合消费者需要的产品，因此，市场营销学要研究同市场经营活动有关的产品策略。市场的产品策略包括产品的发展计划、设计、生产和创新、产品的生命周期，以及产品的商标命名、包装和装潢设计、产品的标准化、分级等方面的内容，使产品不论在数量、质量、花色、规格，还是在产品命名、商标、包装设计等方面，都能受到消费者的欢迎。

3. 研究商品流通渠道(Place)

商品生产出来以后，应该通过什么流通渠道，经过哪些流通环节，才能及时把商品卖出去，获得较好的经营效果，这些都是企业要重点考虑的。为此，市场营销学要研究市场销售渠道的类型，正确地选择流通渠道，使商品由生产者到达消费者手中经历的环节最少、路程最近、时间最短、费用最低。

4. 研究定价策略(Price)

价格定得是否恰当，直接影响到消费者的需求，关系到企业经营的成败。如果定价合理，能被消费者所接受，商品就能顺利销售，否则就会造成滞销积压。据此，市场营销学就要研究国家的物价方针、相关政策，以及企业成本、定价的原则、定价的方法和策略，使消费者买到物美价廉的商品。

5. 研究商品促销策略(Promotion)

市场营销学主要研究如何根据市场情况来恰当运用促进销售的各种手段，这些促销手段包括广告宣传、人员推销和其他推销策略，使企业的经营活动适应市场需求。为了对商品负责，使消费者满意、放心，市场营销学还要研究各种销售服务活动，如送货上门、设备安装，对商品实行包换、包退、包修等。销售服务活动对促进商品顺利销售和连续销售作用极大。在国外，企业早已将销售服务作为市场竞争的重要手段之一。

知识点3 市场营销学的产生与发展及其在中国的传播

一、市场营销学的产生与发展

市场营销学是英文 Marketing 的意译，是广泛应用于商品或劳务销售与管理的一门新兴学科。市场营销学是商品经济高度发展、市场日益扩大的产物。市场营销学的产生和发展与西方市场经济的发展和企业经营理念的不断演进有着紧密的联系。市场营销学的产生与发展大体上可以分为四个阶段，如图1-7所示。

图 1-7 市场营销学产生与发展的四个阶段

1. 开创阶段

市场营销学于 19 世纪末至 20 世纪 20 年代在美国创立，其形成源于工业的飞速发展。早在 19 世纪，美国就出版了属于市场营销学研究范畴的论著，其内容涉及广告、推销、包装、物质分配等方面。但直到 20 世纪初，美国学者才把上述各方面内容综合起来进行研究。1905－1910 年，克罗西(W. E. Kreusi)和拉尔夫·斯达·巴特勒(Ralph Starr Butler)先后在美国宾夕法尼亚大学、威斯康星大学讲授产品营销学和营销学方法等课程。哈佛大学教授赫杰特齐(J. E. Hagertg)通过走访企业主，了解他们开展销售活动的情况，总结销售经验，并在此基础上于 1912 年出版了《市场营销学》一书。这本书被认为是使营销学成为独立学科的里程碑，但是，其实际内容仍限于广告宣传、推销技术、产品分配方法等方面，真正具有系统理论和方法的现代市场营销学尚未形成。

市场营销学开创阶段的研究特点如下：

(1) 着重研究推销术和广告术，现代市场营销的理论、概念、原则还没有出现。

(2) 研究活动基本上局限于大学的课堂和教授的书房，市场营销学还没有得到社会和企业界的重视，也未应用于企业实际活动。

2. 应用阶段

20 世纪 20 年代至第二次世界大战结束为市场营销学的应用阶段。此时的市场营销学初具规模，开始从课堂走向社会，转向应用。1915 年美国成立了全国广告协会，1926 年该协会改组为全国市场营销学和广告学教师协会。1929－1933 年爆发了震撼世界的生产过剩的经济危机,工厂、商店纷纷倒闭,大量工人失业,商品销售困难,市场供过于求,大量商品积压。在这种情况下,研究营销问题的市场营销学开始受到社会的广泛重视。1931年专门讲授和研究市场营销学的组织,即美国市场营运社成立。1937 年美国全国市场营销学和广告学教师协会及美国市场营运社合并组成美国市场营销协会,并先后在全国成立了几十个分会,其成员不仅有经济学家和企业主,还包括销售、广告、市场研究部门的负责人,共同探讨营销学的理论问题和实际运用问题。1960 年,美国的麦卡锡在其所著的《基础营销学》中提出了市场营销组合理论,即 4P(Price,Promotion,Place,People)理论,终于使市场营销学的幼芽破土而出,此时的营销学是具有纯市场导向特点的市场营销学。

市场营销学应用阶段的研究特点如下:

(1) 没有脱离产品推销这一狭窄的概念,在更深、更广的基础上研究推销术和广告术。

(2) 研究有利于推销的企业组织机构设置。

(3) 市场营销理论研究开始走向社会,受到业界广泛重视。

3. 发展阶段

第二次世界大战以后,特别是在新兴的科技革命的推动下,劳动生产率大幅度提高,商品的市场供应量急剧增加、花色和品种日新月异。但是随之而来的经济危机越来越频繁,危机周期也越来越短,使整个市场形势发生了根本的变化,即从过去供不应求的卖方市场变成了供过于求的买方市场。过去是顾客找商品,现在是商品找顾客,企业从过去以生产为中心转变为以市场为中心。企业不能再生产什么供应什么,生产多少供应多少,而只能根据消费者的需求来组织商品的生产和流通。在这种情形下,原来营销学单纯的推销观念已不能适应形势。

1967 年,科特勒出版了《营销管理》,促进了市场营销学的发展。进入 20 世纪 70 年代,由于社会的普遍重视和应用,以及理论界的不懈努力,市场营销学的理论与方法日臻完善。

4. 完善阶段

20 世纪 70 年代至今是市场营销学的完善阶段。市场营销学与经济学、管理学、心理学、社会学、哲学、数学、统计学、系统论等学科日益结合起来,使市场营销学理论更为成熟,成为一门综合性的经济管理类的应用学科。现代市场营销学的广泛应用为企业和其他组织带来了非凡的发展成就,给市场营销学的研究和应用带来了空前的繁荣。

1986 年,科特勒提出了"大市场营销"这一概念,以及企业如何打进被保护市场的问题。在此期间,"直接市场营销"也是一个引人注目的新问题,其实质是以数据资料为基础的市场营销。由于电视通信技术的发展,事先获得的大量信息使直接市场营销成为可能。

20 世纪 90 年代,关于市场营销、市场营销网络、政治市场营销、市场营销决策支持系统、市场营销专家系统等新的理论与实践问题开始引起学术界和企业界的关注。进入 21世纪,因特网的发展与应用,推动了网上虚拟市场的发展,使基于因特网的网络营销得到迅猛发展。

二、市场营销学在中国的传播

新中国成立之前，我国针对市场营销学(当时称为"销售学")的研究，仅限于几所设有商科或管理专业的高等院校。1949—1978年，除了中国台湾和港澳地区的学术界、企业界对这门学科已有广泛的研究和应用外，在中国的其他地区，市场营销学的研究一度中断。在近三十年的时间里，国内学术界对国外市场营销学的发展情况知之甚少。

中国于1978年12月到1985年初步引进市场营销学，以后的三十多年，企业营销的发展与经济体制改革和发展同步进行。十一届三中全会后，随着改革开放政策的确立和实施，中国的市场营销理论工作者开始引进国外有关市场营销学的著作，把国外的市场营销思想传入国内，但这时的中国市场仍处于供不应求的卖方市场，企业仍在沿用传统的经营模式，营销思想是混合型的，生产观念占据主导地位。中国企业界对市场营销的认识还是模糊不清的，处在感性认识阶段，市场营销理论仅限于大学课堂和学术界的交流。

20世纪80年代中期到90年代中期是中国经济的转型时期，市场由卖方市场向买方市场转变，企业间的竞争日益激烈，消费者需求向多样化发展。中国市场环境的改变为市场营销学的传播和应用创造了条件，外资品牌的进入加速了中国企业营销实践的步伐。与此同时，有关市场营销学的研究和传播进一步展开，中外学术交流日益频繁。1991年中国市场学会成立，市场营销理论开始与企业经营实践相结合，理论研究的重点由初期的单纯引进发展到探讨理论与实践的结合。

20世纪90年代中期以后，我国市场营销学进入理性反思和积极探索时期。随着经济改革的深入，原先被国内企业推崇备至的价格竞争策略和各种促销策略不再起作用，企业对市场的控制力减弱甚至消失。国外的营销理论在中国企业的营销实践中不再灵验，中国企业面临更加严峻的竞争形势。这种状况迫使理论界和企业界开始进行理性反思，重新审视市场营销的含义，试图探索适合中国国情的市场营销理论。

进入21世纪，我国营销学界一方面密切关注国外市场营销研究的最新进展，广泛吸取我国市场经济建设中既需要又可行的前沿理论和观点；另一方面密切关注国内市场营销理论与实践的新发展，积极吸纳市场营销的新成果，努力形成既具有中国特色、能解决中国本土问题，又适应国际市场竞争要求的中国市场营销理论，逐步实现市场营销理论研究和实践应用的国际化与本土化的完美结合。

与此同时，大量国外市场营销学的教材和论著被翻译出版。中国的学者们也在对市场营销学进行悉心研究的基础上，编著了大量市场营销学方面的教材和专著。据不完全统计，目前中国市场营销学方面的教材和专著已达百余种，在促进市场营销学普及和发展上发挥着重要作用。

知识点4 市场营销观念及其发展

市场营销观念属于上层建筑的范畴，是一种意识形态，也就是指以什么指导思想，以什么态度和什么观点去从事市场营销活动。因此，市场营销观念是一种观点、态度和思想方法。市场营销活动是在一定的市场营销观念支配下进行的。为此，在研究各项具体市场营销活动之前，必须对市场营销观念的产生和发展有一定的了解。

市场营销观念是一种指导市场营销活动的基本思想，所以人类自产生市场营销活动以来，便产生了相应的营销思想。不过，人类社会自产生商品交换以来，由于生产力发展缓慢，因此直到产业革命前的很长一段时间内，交换制度都极其简单，交换对象仅限于少量生产的手工业品，市场营销仅处于萌芽阶段。例如，一小群木匠、制鞋匠、裁缝师傅等手工业者，只与少数顾客进行小规模的交易。随着产业革命的到来，个体商品生产让位给大工业生产，买者与卖者之间的个人对个人的关系变得少见，商业活动也变得更加复杂。这时的市场营销活动才真正向前迈进了一步，市场营销观念才逐步形成，并一直处于发展之中。

一、市场营销观念的内容及产生背景

市场营销观念的内容大致可以归纳为五点(如图 1-8 所示)，即生产观念、产品观念、推销观念、市场营销观念、社会营销观念。

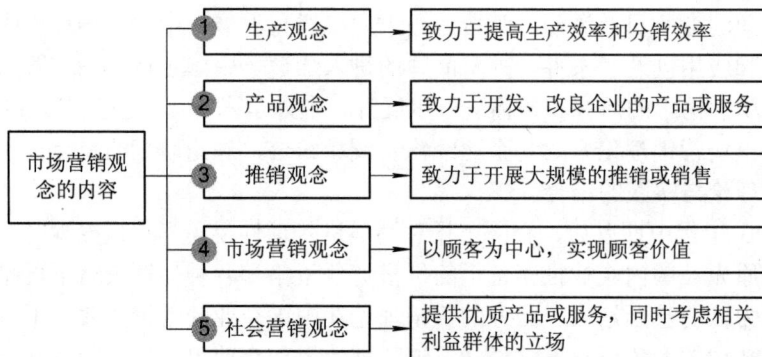

图 1-8 市场营销观念的内容

1. 生产观念

生产观念(Production Concept)即以生产为中心的企业经营思想。生产观念的基本点是"以产定销"，消费者可以接受任何能买得起的产品，企业应致力于提高生产效率和分销效率，扩大生产，降低生产成本以扩展市场。生产观念是一种重生产、轻营销的商业管理哲学。

生产观念是在卖方市场条件下产生的。生产观念在两种情况下仍然可行。其一，当物资短缺，市场产品供不应求时，管理部门应该采用各种方式增加生产。在第二次世界大战末期和战后一段时期内，生产观念在企业的经营管理中颇为流行。其二，有些企业产品成本太高且提高生产率可以降低成本时，其市场营销管理也受生产观念的支配。

2. 产品观念

产品观念(Product Concept)是以产品为中心的企业经营指导思想。产品观念认为消费者喜欢高质量、多功能和具有一定特色的产品。因此，企业往往会认为"是金子总会发光的"，只要有好的产品就不用担心客户的来源。

产品观念产生于产品供不应求的卖方市场条件之下。每当企业发明一项新产品时，这种产品观念表现得尤为明显。此时，企业最容易发生"市场营销近视症"，即企业把注意力全部集中在产品本身，而忽略了市场的需求，在市场营销管理中缺乏远见，只注重产品的质量，看不到市场需求在不断发展变化，致使企业经营陷入困境。

3. 推销观念

推销观念(或称销售观念)(Selling Concept)是许多企业向市场进军的一种普遍的观念，是以销售为中心的企业的经营指导思想。推销观念认为：消费者是被动的，在消费过程中常常表现出一种购买的依赖性，如果听其自然，他们一般不会主动足量购买企业的产品，因此企业必须进行积极推销和大力促销，以刺激消费者的购买欲望。推销观念被大量应用于推销那些非渴求物品上；同时，当许多企业在出现产品过剩时，也常常会采用这一观念进行营销。

推销观念产生于卖方市场向买方市场过渡的阶段。在19世纪20年代到40年代，由于科学管理和大规模生产的推广，产品产量迅速增加，逐渐出现了产品供过于求的现象，因此卖方之间的竞争日益升温。当时的企业界认识到，即使有物美价廉的产品，也未必能卖出去；企业要在日益激烈的市场竞争中求胜，就必须重视推销工作。于是，推销观念应运而生。

4. 市场营销观念

市场营销观念(Marketing Concept)的出现是对上述三大观念的一次极大挑战，它属于一种新型的企业经营哲学。它第一次摆正了企业和消费者的位置，可以说是一次重大的革命。市场营销观念的核心是正确确定目标市场的真实需求，而且要比竞争者更有效地传送目标市场所需求的产品和服务，进而比竞争者更有效地满足目标市场的需求和欲望。在这一营销观念的指导下，许多企业提出的口号是"生产你能够出售的东西，而不是出售你生产的东西""顾客就是上帝"。中外许多成功的公司都采用了市场营销的观念，例如，L.L. BEAN公司承诺："所有的产品我们保证在各方面给予100%的满意。向我们购买的任何东西如果证实不好，随时可以退回。只要你愿意，我们可以替换产品或退回你购买时所花的钱，或将退款计入你的信用卡的贷方。我们不希望你从L.L. BEAN公司购买的任何东西是不完全满意的。"

推销观念和市场营销观念的对比如图1-9所示。推销观念是从内向外进行的，注重卖方的需求，追求的是一种短期利益；市场营销观念是从外向内进行的，它强调的是消费者的需求，建立与消费者长期的互惠关系，追求的是一种长远利益。从本质而言，市场营销观念是一种以消费者需求和欲望为导向的哲学，是消费者主权论在企业营销管理中的体现。

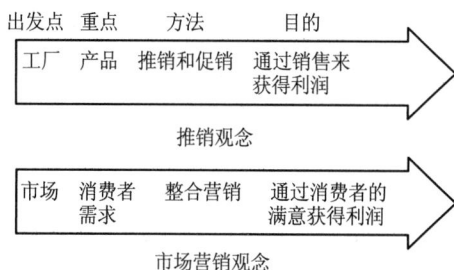

图1-9　推销观念和市场营销观念的对比

随着科技的进步和生产效率的大幅提高，各种市场竞争越来越激烈，产品处于一种供大于求的情况。在这种情况下，企业就不能局限于推销或对自己的产品盲目自信，而应该走入市场，始终围绕消费者需求进行产品的研发、生产、销售等。由此，现代市场营销观念产生了。

5. 社会营销观念

社会营销观念(Societal Marketing Concept)可以说是对市场营销观念的一个补充和发展，它产生于 20 世纪 70 年代西方资本主义出现能源危机、通货膨胀、失业增加、环境污染严重的背景下。前文阐述的市场营销观念忽略了消费者的需求、消费者的利益和长期社会利益之间的冲突，而社会营销观念认为，作为一个企业，其使命是确定各个目标市场的真正需求、欲望和利益，并且要以保护消费者和社会利益的方式，比竞争者更有效、更有利地向目标市场提供能够满足其需求、欲望和利益的产品和服务。总而言之，社会营销观念要求企业要兼顾三方面(即企业利润、消费者需求和社会利益)的平衡发展。

几种营销观念的比较如表 1-1 所示。

表 1-1 几种营销观念的比较

市场观念	营销出发点	营销目的	基本营销策略	侧重方法
生产观念、产品观念	产品	通过大批量地生产产品或改善产品即刻获利	以增加产量、提高质量、降低价格的方式竞争	坐店等客
推销观念	产品	通过大量推销产品获利	以多种推销的方式竞争	派员销售、广告宣传
市场营销观念	消费者需求	通过满足消费者需求达到长期获利	以发现和满足消费者需求的方式竞争	实施整体营销方案
社会营销观念	消费者需求	通过满足消费者需求达到长期获利	以获取消费者信任、兼顾社会利益的方式竞争	与消费者及有关方面建立良好的关系

二、现代市场营销观念

1. 整合营销

整合营销是一种通过对各种营销工具和手段的系统化结合，根据环境进行即时性的动态修正，以使交换双方在交互中实现价值增值的营销理念与方法。整合营销就是把各个独立的营销工作综合成一个整体，以产生协同效应；这些独立的营销工作包括广告、直接营销、销售促进、人员推销、包装、事件、赞助和客户服务等。企业通过战略性审视来整合营销体系、行业、产品及客户，制定出符合企业实际情况的整合营销策略。

2. 大市场营销

针对现代世界经济迈向区域化和全球化，企业之间的竞争范围早已超越本国而形成的无国界竞争的态势，科特勒提出"大市场营销"观念。大市场营销是对传统市场营销组合战略的发展。

大市场营销是指为了进入特定市场，并在那里从事业务经营，而在战略上协调使用经济、心理、政治和公共关系等手段，以获得各有关方面如经销商、供应商、消费者、市场营销研究机构、有关政府人员、各利益集团及宣传媒介等的合作及支持。这里所讲的特定市场，主要是指贸易壁垒很高的封闭型或保护型的市场；在这种市场上，已经存在的参与者和批准者往往会设置种种障碍，使得那些能够提供类似产品甚至能够提供更好的产品和服务的企业也难以进入，无法开展经营业务。

3. 整体营销

1992年，科特勒提出了跨世纪的营销新观念——整体营销。所谓整体营销，就是企业营销活动应该囊括内外部环境的所有重要行为者，其中包括供应商、中间商、最终消费者、员工、竞争者和公众等。整体营销强调：营销活动不要仅局限于外部营销，还要注重内部营销。

内部营销是指通过满足员工需求来吸引、发展、刺激、保留能够胜任的员工。内部营销的核心是培养员工对消费者的服务意识。企业在把产品和服务通过营销活动推向外部市场之前，应先面向内部员工进行营销，向内部员工提供良好的服务和加强与内部员工的互动关系，以便一致对外开展外部营销。

4. 关系营销

所谓关系营销，是把营销活动看成是一个企业与消费者、供应商、分销商、竞争者、政府机构及其他公众发生互动作用的过程，其核心是建立和发展与这些公众的良好关系。

关系营销的实质是企业在市场营销中与各关系方建立长期稳定、相互依存的营销关系，以求彼此协调发展，因而必须遵循主动沟通原则、承诺信任原则和互惠原则。

5. 文化营销

文化营销就是利用文化的力量进行营销，是指企业营销人员及其他相关人员在企业核心价值观念的影响下所形成的营销理念及所塑造出的营销形象，在具体市场运作过程中所形成的一种营销模式。文化营销是大市场营销观念的衍生。

企业卖的是什么？麦当劳卖的不仅是面包加肉饼，还有快捷时尚且个性化的饮食文化；中秋节吃月饼不只吃的是味道，还有饱含团圆喜庆的中华民族传统文化。

通过以上例子可以看到，产品中还包含着一种隐性的东西——文化。企业向消费者推销的不仅仅是产品，产品在满足消费者物质需求的同时还要满足其精神需求。这就要求企业转变营销方式，进行文化营销。

6. 全面营销

全面营销理论认为营销应该贯穿"事情的各个方面"，而且要有宽阔的、统一的视野。全面营销涉及关系营销、整合营销、内部营销和社会市场营销四个方面，如图1-10所示。全面营销理论试图认识和协调市场活动的宽广度与复杂性。

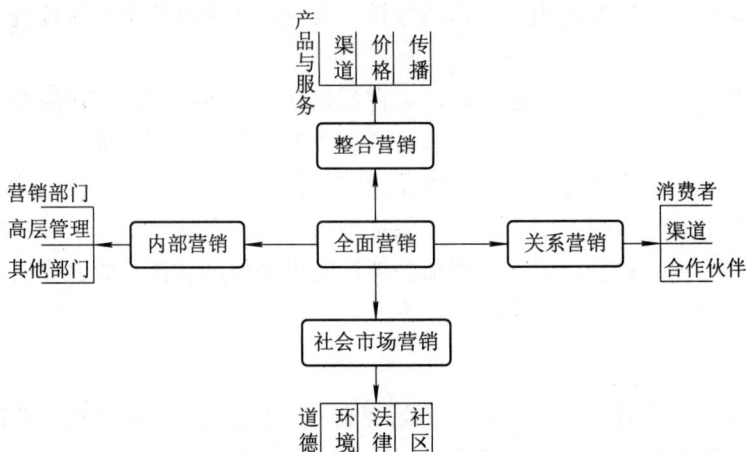

图 1-10　全面营销涉及的四个方面

7. 绿色营销

面对全球生态环境的恶化、自然资源的短缺等生态危机，国际环境公约纷纷出台，各国环境与技术标准对产品及其生产过程的要求越来越高，环保法规越来越复杂和严格，绿色贸易壁垒甚至成为当今最为盛行的一种非关税壁垒，这种状况从客观上促使企业转向绿色营销。

绿色贸易壁垒主要包括国际和区域性的环保公约、国别环保法规和标准、检验和检疫要求、包装与标签要求、ISO 14000 环境管理体系和环境标志等自愿性措施、生产和加工方法及环境成本内在化要求等。与环境密切相关的绿色贸易壁垒措施主要有环境标志、生态(或绿色)包装、环境技术标准以及绿色卫生检疫制度等。其形式主要有以下几种：

1) 国际或区域性环境保护公约

国际社会已制定 150 多个环境与资源保护公约，如《保护臭氧层维也纳公约》《控制危险废物越境转移及其处置巴塞尔公约》《濒危野生动植物种国际贸易公约》等。

2) 国别环保法规

国别环保法规是指主要的发达国家在空气污染防治、废弃物污染防治、化学品管理、农药管理、自然资源和动植物保护等方面制定的法律法规。这些法律法规涉及许多产品的技术法规和技术标准，如食品农药残留标准、纺织品环境标准等。

3) 绿色环境标志制度

绿色环境标志是指由政府部门或公共和私人团体依据一定的环境标准颁发的图形标签，印制或粘贴在合格商品与包装上，用以表明该产品不仅质量和功能符合要求，而且从生产到使用以及处理的全过程全部符合环境保护要求，对环境与人类健康无害或危害极少，有利于资源的再生产与利用。取得绿色环境标志意味着取得了进入实施环境标志制度国家市场的通行证，但因认证程序复杂和手续烦琐、标准严格，增加了外国厂商的生产成本和交易成本，成为其他国家产品进入一国市场的环境壁垒。自德国于 1978 年第一个实施绿色环境标志制度"蓝色天使计划"以来，绿色环境标志制度发展非常迅速，目前世界上已有

50 多个国家和地区实施这一制度，比如加拿大的"环境选择方案"(ECP)、日本的生态标章(Eco-mark)、欧盟的生态标签(Eco-label)等。

4) 绿色补贴制度

为了保护环境与资源，各国政府都采取干预政策，将环境及资源成本内在化。发达国家把严重污染的产业转移至发展中国家以降低环境成本，造成发展中国家环境成本的上升，而发展中国家企业大多无力承担环境治理的费用，政府有时不得不给予一定的环境补贴。按世界贸易组织(WTO)修改后的国际补贴和反补贴规则，这一类补贴属于不可申诉补贴范围，因而被越来越多国家所采用。

5) 产品加工标准制度

产品加工标准是针对有形产品在使用时能满足用户需要程度标准下作出的强制性规范。发达国家一般拥有较高的技术水平，而以环境保护为目的的环保技术标准都是根据本国的生产和技术水平制定的，但发展中国家的技术力量很难达到这些严格的环保标准，因此发展中国家的产品被排斥在发达国家市场之外。

20 世纪 90 年代国际标准化组织实施《国际环境监察标准制度》，要求企业产品达到 ISO 9000 质量体系标准，1995 年开始推行 ISO 14000 环境管理系列标准，要求产品从生产前到制造与销售、使用及最后的处理都要达到规定的技术标准。其他国际性组织如国际电工委员会(IEC)、国际电信联盟(ITU)等也在大力推行产品品质方面的统一规范。

6) 环境附加税

环境附加税是发达国家为保护环境、限制商品进口最早采用的手段，即对一些污染环境、影响生态的进口产品征收进口附加税，或者限制、禁止商品进口，甚至实行贸易制裁。例如，美国对原油和某些进口石油化工制品课征进口附加税的税率比国内同类产品高出 3.5 美分/桶。1994 年，美国环保署规定在美国九大城市出售的汽油中含有的硫、苯等有害物质必须低于一定水平，国内生产商可逐步达到有关标准，而进口汽油必须在 1995 年 1 月 1 日生效起立即达到，否则禁止进口。

7) 绿色包装制度

绿色包装是指能节约能源、减少废弃物、用后易于回收再用或再生利用，且易于自然分解、不污染环境的包装，如可再生回收再循环包装、多功能包装、以纸代塑包装等。发达国家通过制定各种法规来规范包装材料市场，如德国于 1992 年公布《德国包装废弃物处理法令》，日本于 1991 年及 1992 年发布并强制推行《回收条例》与《废弃物清除条例修正案》，美国对废弃物处理的各项程序也有相应规定。这些绿色包装法规有利于环境保护，但同时增加了出口商的成本，也为这些国家制造绿色壁垒提供了借口。

8) 绿色卫生检疫制度

为保护国内消费者利益，满足消费者对进口商品健康和安全等隐性需求，各国海关与商检机构都制定了不同的卫生检疫制度，对进口商品的品质进行检测与鉴定。发达国家一般把海关的卫生检疫制度作为控制从发展中国家进口商品的重要工具。他们对食品和药品的卫生指标十分敏感，如对食品的农药残留、放射性物质残留、重金属含量、细菌含量等指标的要求极为苛刻。

8．全球营销

21世纪以来，伴随着网络技术、高新技术的快速发展和广泛应用，经济全球化的进程明显加快，全球营销理念要求企业必须彻底打破以国界、区界划分国际市场与国内市场的传统认识，强化竞争全球化、资源全球化、顾客全球化的全新经营理念，开拓思维和视野，应以全球市场的观点来制定和实施经营战略，选择目标市场和进行战略定位，要善于借助网络等现代化的信息技术手段了解和掌握国际市场营销的发展动态，发掘商机，主动营销，大力开拓企业的市场。例如，海尔的全球化营销战略——开拓国际市场的三个1/3，即国内生产国内销售1/3、国内生产国外销售1/3、海外生产海外销售1/3。

9．个性化营销

个性化营销也称定制化营销，其基本做法是以量体裁衣的方式为顾客定制其所需要的合适的产品或服务。

个性化营销是社会经济进一步发展下市场细分和个性化的必然要求。它强调当今企业必须满足顾客个性化的需求，代表着企业营销的理论和实践发展的新趋势，是适用于21世纪新经济条件下的一种营销思想。

20世纪末，海尔提出了"您来设计，我来实现"的新口号，由消费者向海尔提出自己对家电产品的需求模式，包括性能、款式、色彩、大小等。

今天，DIY(即Do It Yourself的缩略语)电脑、DIY服装、DIY贺卡、DIY家具、DIY音乐……成为年轻一族的时尚。

知识点 5　市场营销学的研究方法

市场营销学的研究方法实际上是指从什么角度来研究市场营销的问题。市场营销学的研究方法是随着市场营销学的发展而变化的，市场营销学的研究方法如图1-11所示。在20世纪50年代前，对市场营销学的研究主要采用传统的研究方法，包括产品研究方法、职能研究方法、机构研究方法。20世纪50年代以后，市场营销学从传统市场营销学演变为现代市场营销学，研究方法主要是现代研究方法，包括管理研究方法、系统研究方法及社会研究方法。

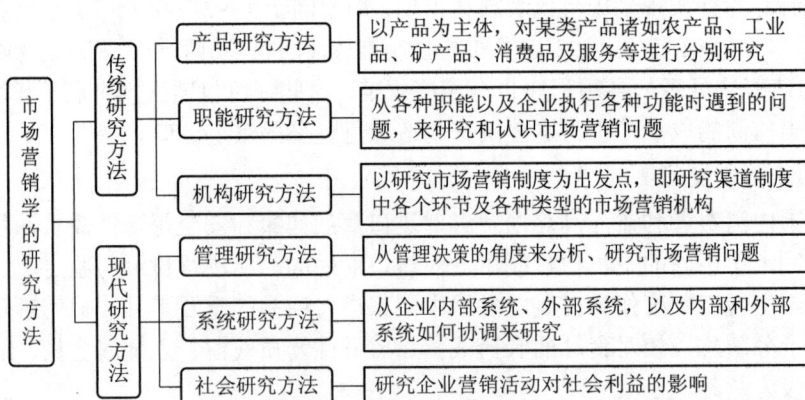

图1-11　市场营销学的研究方法

一、传统研究方法

1. 产品研究方法

20 世纪初，市场营销研究刚刚开始，营销学者们主要是通过对各种产品在市场交易活动中的特征分析来研究企业的营销行为的。如韦尔德最早的市场营销学的著作就是《农产品市场营销学》(1916 年)；梅尔文·科普兰(Melvin Copeland)在 1923 年提出了著名的产品分类理论，将所有的消费品分为便利品、选购品和特殊品，并研究了消费者在购买这些不同类别产品时的行为特征；在此之前(1912 年)，另一位叫查尔斯·帕林(Charls Parlin)的学者就已提出对"妇女购买的商品"进行分类的思想，他将这些商品分为便利品、急需品和选购品等不同类型；劳德斯(E. L. Rhoades)在 1927 年提出了根据产品的使用特征、物理特征(易腐性、体积、价值集中)和生产特征(生产规模、生产地点、生产周期、生产方法、生产集中度)来对产品进行分类的思想。这些理论的提出强调了市场营销对不同类型的企业和产品的适应性，基于实用性的原则。

2. 职能研究方法

从职能角度对市场营销学进行研究集中于 20 世纪 30 年代之前。1912 年，肖(Arch Shaw)在《经济学季刊》中第一次提出了职能研究的思想，当时他将中间商在产品分销活动中的职能归结为风险分担、商品运输、资金筹措、沟通与销售及装配、分类与转载五个方面。韦尔德在 1917 年对营销职能也进行了研究，提出了装配、储存、风险承担、重新整理、销售和运输等职能分类。

从职能角度对市场营销学的研究直接影响对营销策略组合的研究。尼尔·博登(Neil Borden)在 1950 年提出的"营销策略组合"将企业营销活动的相关因素归结为 12 个方面，即产品、品牌、包装、定价、调研分析、分销渠道、人员推销、广告、营业推广、售点展示、售后服务及物流等；之后，弗利又将这些因素归纳为同提供物有关的"基本因素"和同销售活动有关的"工具因素"；直至 1960 年麦卡锡提出著名的"4Ps"组合，实际上这些都是对职能研究的分类研究方法的继承。因此，职能研究方法为以后占主导地位的营销管理学派的产生奠定了基础。

3. 机构研究方法

与职能研究方法不同的是，机构研究方法主要分析执行营销职能的组织及其相互之间的关系。早期的机构研究主要集中于中间商和分销渠道的组织与效率。韦尔德在他的《农产品市场营销学》一书中指出"要执行营销职能，问题是要发现最经济的职能组合"，并针对一些人对中间商的偏见指出"用第一手资料不偏不倚地研究营销系统，将发现总体上已发展的营销系统是胜任的，而不是极端臃肿和浪费的，已发展的组织形式有恰当的实际原因"。巴特勒在 1923 年出版的《营销与经销》一书中强调了中间商和渠道机构所创造的地点效用和时间效用，从理论上肯定了中间商的地位。20 世纪 30 至 40 年代，加入营销机构研究的人越来越多，美国宾夕法尼亚大学沃顿商学院教师拉尔夫·布莱耶(Ralph Breyer)撰写了《营销机构》一书，强调了营销机构的重要性，他指出"完成执行营销职能的相关工作需要建立庞大且高度复杂的商业机构……这个机构的各个部门都涉及与营销有关的各种商业事宜"。之后，一些学者又对营销渠道中的"纵向一体化"问题展开了研究，考虑到对生产和分销过程中独立营销机构的总体控制和协调，最后形成了"垂直营销系统"理论，这一研究实际上已经进入营销管理研究的领域。因此，从管理角度对市场营销进行研究的营销管理学派，其理论基础仍来源于之前的产品、职能和机构研究学派。

二、现代研究方法

1. 管理研究方法

管理研究方法又称决策研究方法，指的是以企业为主体，从营销管理决策的角度，综合产品研究法、组织研究法和功能研究法的基本要求，着眼于寻找企业的市场机会，针对目标市场的需要分析市场环境，制定相应的营销策略，以满足目标市场的需要，从而实现企业目标。许多营销学者、企业管理人员主要运用这种方法进行研究。由于企业营销的整个业务活动过程都是在一系列管理决策的指导下进行的，因此管理决策的正确与否直接关系着企业营销的成败。管理研究方法自 20 世纪 50 年代末被美国的营销学家提出后便受到了普遍的重视，现已成为市场营销学一般性综合学科教学研究工作中采用的一种主导性方法。

2. 系统研究方法

任何一个企业的营销活动过程都是一个系统，它通常由这样几个要素构成：环境，即那些影响产品和供给的外部因素；企业与竞争对手的竞争策略；主要营销决策变量；主要营销渠道；购买行为模式；行业的销售情况及企业的销售情况与成本。

系统研究方法是指企业管理阶层在进行营销管理时，从系统观念出发，把企业的营销活动看成一个系统，统筹兼顾系统中的各个相互影响、相互作用的要素，千方百计地使各个部分协同行动，从而产生系统的整合效应，提高消费者的满意程度及企业的经济效益。

3. 社会研究方法

社会研究方法主要是研究企业营销活动对社会利益的影响。市场营销活动，一方面能够使社会经济繁荣，提高社会及广大民众的福利；另一方面也会造成某些负面效应，如污染社会及自然环境、破坏社会生态平衡等。因此，有必要通过社会研究方法，寻求使市场营销的负面效应降到最低限度的途径。

近年来，市场营销研究方法都是以实证主义方法论为基础的。

【思考与练习】

1. 什么是市场营销？
2. 什么是市场？市场的构成因素有哪些？
3. 市场营销学研究的主要内容与对象包括哪些？
4. 从理论与实际相结合的角度，阐述市场营销学研究内容的发展。
5. 市场营销学的产生与发展经历了哪几个阶段？

6. 市场营销观念大致可以归纳为几种？

7. 市场营销学的研究方法有哪些？

8. 你认为我国企业的经营管理者在市场营销活动中应树立什么样的观念？

9. 自20世纪50年代起，市场营销观念已是企业活动的指南，但这并不意味着该观念在以前没有存在过。试分析下面两个案例体现了当时怎样的营销观念。

(1) 公文柜的营销观念。有一家办公用公文柜的生产商，过分迷恋自己的产品质量并追求精美。生产经理认为，他们生产的公文柜是全世界质量最好的，从四楼扔下来都不会损坏。但当他把公文柜拿到展销会上推销时却遇到了强大的销售阻力，这使得生产经理难以理解，他觉得产品质量好的公文柜理应获得顾客的青睐。销售经理告诉他，顾客需要的是适合他们工作环境和条件的产品，没有哪一位顾客打算把公文柜从四楼扔下来。

(2) 汽车推销员的"推销术"。顾客进入汽车样车陈列室，推销员就对顾客做出心理分析：如果顾客对正在展销的样车感兴趣，推销员就会告诉顾客已经有人想购买它了，促使顾客立即作出购买决策；如果顾客认为价格太高，推销员就接着请示经理可否降价，顾客等了10分钟后，推销员告诉顾客"老板本不想降价，但我已说服他同意了"。

项目二　机电产品市场分析

【项目导航】

机械制造业永远是人类物质生产的基础行业。在不断创造和吸收新技术的过程中，机械制造业以其巨大的能力促使社会的发展日新月异，也为人类带来新的享受和满足。

任何事物的存在和发展都离不开特定环境的影响，机电产品市场营销活动也是这样。从本质上看，机电产品市场营销活动就是营销者努力使企业可控制的因素与外界不可控制的因素相适应的过程。

通过本项目的学习，要求能够了解机电产品的特点；掌握机电产品市场营销环境的构成，分析和鉴别由于环境变化对企业开展市场营销活动造成的主要机会、威胁和影响。

目标市场营销是市场营销学的重要组成部分，其中市场细分、选择目标市场和市场定位是现代企业应对竞争挑战、满足市场需要、提升企业绩效的有效手段。通过本项目的学习，要求了解目标市场营销的主要步骤，掌握市场细分的主要变量和方法，以及目标市场策略，懂得如何进行企业与产品的市场定位。

【案例导入】

案例 2-1　审时度势，转危为机

近年来，我国面临着多种复杂而严峻的挑战。虽然国内外政治、经济环境的快速变化给我国经济的发展带来了一系列的困难和问题，但是也为我们提供了发展的机遇。在当前形势下，我国必须审时度势，正确评估形势，积极寻求转机，化危为机。

首先，需要审时度势，了解当前国内外形势的变化。随着全球化和信息化的进程，国内外经济的相互关联度日益加深，全球经济增长的不确定性加大，贸易摩擦和保护主义思潮兴起，这给我国外贸和投资带来了一定的不确定性。此外，全球气候变暖、资源短缺等环境问题也给我国的可持续发展带来了巨大挑战。加之，我国内部结构性矛盾尚未得到有效解决，经济转型升级存在困难，社会矛盾日益凸显，这些问题严重制约了我国经济的发展。

但是，困难和问题的背后也蕴藏着无限的机遇。首先，国际经济环境的变化给我国提供了广阔的市场和合作空间。尽管全球经济增长面临困难，但是新的科技革命和产业变革正孕育着巨大的发展潜力。我国作为世界第二大经济体，拥有巨大的市场和潜在消费需求，具备引领新一轮科技革命和产业变革的条件。此外，中美贸易摩擦释放出的市场需求也为

我国创造出新的机遇。通过深化产业升级和结构调整，我国可以加大对外开放力度，积极拓展新的市场和合作伙伴。

同时，国内的困境也可以转化为发展的契机。我国经济结构调整的压力逼迫我们加速推动产业升级和创新发展。在科技创新和产业转型的浪潮中，我们要紧紧抓住机遇，努力构建创新驱动的经济体系，通过加大研发投入、提升科技创新能力，改变传统产业发展模式，推动新兴产业的发展，为我国经济注入新的活力。

综上所述，当前国内外形势复杂多变，既有困难和问题，也有机遇和潜力。我们必须审时度势，准确判断形势，积极迎接挑战，并通过改革创新，转变发展方式，化危为机。我国应该以积极的态度应对困境，在贸易摩擦中寻找新的市场和合作伙伴，在经济结构调整中加速产业升级和创新发展，通过这些努力，实现经济社会的可持续发展，为中华民族的伟大复兴贡献力量。

案例 2-2　滴滴——从"滴滴打车"到"滴滴出行"

红海市场(Red Ocean Market)，指的是现有的竞争白热化的血腥、残酷的市场。因为招招见红，所以被称为"红海"。红海代表现今存在的所有产业，也就是我们已知的市场空间。蓝海市场(Blue Ocean Market)则代表当今还不存在的产业，即未知的市场空间。

滴滴，最初作为"滴滴打车"，它的市场边界局限在打车服务上。但随后，滴滴通过战略调整，将品牌升级为"滴滴出行"。这个变化不仅是名字上的，更是市场定位的重大转变。从单一的打车服务，扩展到更广泛的出行服务市场。这一举措不仅拓宽了滴滴的市场边界，还成功避免了与传统打车服务(红海市场)的直接竞争，打开了新的增长空间。

从滴滴的例子中，可以看到企业重新界定市场边界的重要性。企业不应被现有的市场定义局限思维，而要敢于突破，寻找新的市场(蓝海市场)增长点。

案例 2-3　市场细分——指引蓝海航线的罗盘

某企业是一家生产工业电气自动化产品的企业，它的技术和服务可以满足很多细分市场上客户的需求，几乎涵盖了所有生产型的工业企业。创业初期，该企业在对市场需求初步了解后，决定将市场定位于电力、钢铁、石化、港口、建材、煤炭等重工业部门。

在接下来的市场推广过程中，该企业四面出击，却不幸在各个行业屡屡遭到竞争对手的强烈狙击，均无功而返。经过一番研究，该企业不得不接受这样一个事实：各个行业对产品的基本需求相同，但附加功能方面的价值需求却千差万别，只有对行业设备与工艺情况、行业标准有深入的了解，才能满足客户的独特价值需求。此前的屡战屡败正是由于该企业对市场的细分过于粗浅。

经过分析后，该企业决定在"诸侯割据"的市场中重新寻找属于自己的市场生存空间，不求最大，只求能够适应自己的生存。通过对市场的进一步分析，它发现自己的产品功能最能满足火力发电厂对控制方面的需求，而这个细分市场上的竞争对手无论是在企业规模还是产品质量上都无法与自己相比。于是，该企业果断放弃了其他行业的机会，集中一切资源开拓火力发电企业这个细分市场。通过一番努力，如今该企业生产的产品在发电企业这个细分市场上已经占据了75%的市场份额，成为当之无愧的市场领袖。

知识点 1　机 电 产 品

在中华人民共和国出入境检验检疫行业标准 SN/T 2838.2—2011《进出口机电产品检验专业通用要求 第 2 部分：术语和定义》中，关于机电产品的定义：机电产品(mechamical and electrical products)是指能量产生、转换、传输、测量的设备，一般包括机械设备、电气设备、交通运输工具、电子产品、电器产品、仪器仪表、金属制品及其零部件、元器件等。

机电市场主要是以五金机械、电工电气为主的产品集群市场，由于机电产品的用途广泛，在全国各个省市均有集群商户或者企业，从而形成机电市场。

一、机电产品的范围

机电产品是一个非常宽广的范畴，门类多，品种复杂，型号规格多，功能各异，有技术知识密集型产品和劳动密集型产品。机电产品的用途涉及各个领域、各行各业，从大型成套设备、生产线到各种单机、单一零部件，从大型钢厂到家庭生活都离不开机电产品。

机电产品的主要类别如表 2-1 所示。

表 2-1　机电产品的主要类别

序号	机电产品名称	包 含 类 别
1	重大技术装备	① 火力、水力、核发电设备 ② 钢铁、冶金、石油、化工、交通运输、港口、矿山、建筑工程、国防工业等配套的重大技术装备、成套设备及生产线
2	工作母机及基础机械	① 加工中心、数控机床、车床、铣床、钻床、磨床、电火花机、线切割机等 ② 铸造、锻压、焊接、热处理等生产设备
3	动力机械	各种动力设备、电机、内燃机、汽轮机、水轮机、锅炉等
4	电工及电子机械	生产各种电子元器件的机械与设备等
5	通用机械	泵、风机、压缩机、阀门与管件、换热器、干燥器等
6	仪器仪表	测量仪、传感器、测温仪等
7	搬运机械	起重机、运输机械、吊车、输送设备、集装箱等
8	专用机械	① 拖拉机、农业机械、农产品加工机械、林业机械、牧业机械、渔业机械等 ② 工程建筑机械、矿山机械、冶金机械、石油化工机械等 ③ 汽车、船舶、飞机、火车、摩托车等 ④ 制浆造纸机械、食品饮料机械、橡胶塑料加工机械、印刷机械、包装机械、环保机械、医疗器械等 ⑤ 纺织机械、服装机械、文化办公机械、制冷空调设备、燃气用具等
9	基础零件	液压元件、气动元件、密封件、轴承、螺母螺钉、刀具、量具、工具、齿轮、蜗轮、五金件等

机电产品与各个行业有着广泛的关联度，各个行业的技术装备从主机、辅机、单机到零部件，无一不以机电产品为基础。因此，发展机电产品市场具有战略意义。

机电产品的市场营销基本上分为生产资料与消费资料两大类。购买者对机电产品的需求，总体上包括以下四个方面：

(1) 功能：产品的性能、工作效率。

(2) 质量：产品符合技术标准、质量标准，且安全可靠。

(3) 服务：售前售后服务、交货期、付款方式、购买方便性、企业及产品声誉。

(4) 价格：价格与产品的功能和提供的服务有关，购买者通过确认其能从产品中得到的满意程度来衡量价格，功能与价格能否平衡，是购买者决定是否购买产品的重要依据。

二、机电产品的基本功能、特性和结构

1. 基本功能

机电产品的基本功能如下：

(1) 提供动力或完成某一个方面工作的能力，例如，电机提供功率，风机提供风量，空调机提供制冷及供热。

(2) 加工、制造各种材质的零件，如各种机床，能够快速、准确、经济地制造出满足各种不同需求的产品。

(3) 由单机、辅机、主机组合成生产线，从事某一方面的制造，如冰箱生产线、快食面生产线。

(4) 满足人们生活中的需求，如洗衣机、空调器、电饭锅、缝纫机等。

2. 基本特性

机电产品多作为一种基础产品、先导产品，应用面广泛，具有极强的再造工程能力，需满足各种需求，这就决定了机电产品必须具备适应性、复杂性、严密性、精确性和可靠性等特性，即技术上要先进，使用中要可靠，经济上要合理，适应性要强。

3. 基本结构

机电产品一般由机械、液压、气动、电气、数控等系统组成，而每一个系统又由许多零件组成，系统内部和系统之间必须匹配并有严格的精度要求，以保证产品的工作能力、精确性、灵敏度、使用效果和工作寿命。

三、机电产品的技术、生产、市场特征

1. 技术特征

1) 机电产品的品种规格繁多、标准化要求高

由于应用机电产品的行业极多，又要满足各自不同的需求，因此每一种机电产品都有很多的规格。为了有利于组织生产经营活动，提高生产的经济效益，科学地进行生产，机电产品必须实现标准化，即：① 简化；② 统一化；③ 系列化；④ 通用化；⑤ 组合化。

针对机电产品不同的标准化任务，可通过以下措施来达到不同的标准化目的。一是设计制造一系列通用性较强的单元，然后将这些单元根据需求组成不同用途的产品；二是选

择具有功能互换性或尺寸互换性的单元，则可以很容易地进行零部件的更换组合，以适应各种需求。

2) 机电产品加工工艺繁多、流程长、要求高

机电产品一般由很多零件构成，而每一个零件的加工几乎都要经过毛坯铸造、零件加工、装配等三个基本阶段。每一个基本阶段又划分为很多道工序，每一道工序又有更细的操作规程。例如，汽车发动机制造，第一阶段是各个零件的毛坯铸造，要经过型砂配制、造型和造芯，合金熔炼、浇注、清理，才能得到缸体等各个零部件的毛坯；第二阶段是毛坯经过车床、刨床、钻床、磨床、铣床等各种切削加工及热处理才能成为零件；第三阶段是把缸体、缸盖、进排气管、活塞、曲轴等很多零件组装成发动机。生产过程的复杂性，决定了机电产品生产过程中的高技术要求，而每一道工序的质量都会影响到最终产品的质量。

2. 生产特征

1) 零件制造专业化

现代机器的产品结构复杂，构成零件多，每一个零件又有各自的加工工艺及技术标准，而每一种加工工艺又有自身的一套生产设备及工艺装备。如汽车上的零件，缸体是铸造厂生产的，化油器是压铸厂生产的，连杆是锻压厂锻造出来的，车门是冲压厂冲压出来的，而汽车制造厂主要负责汽车装配和主要部件的生产，提供配套汽车零件的厂家可达几百家。一辆汽车需要由1万至2万个零件组成。

零件专业化生产，是生产社会化的产物，是现代大生产的客观要求，由于零件在不同的专业厂生产，产品成套组织工作、相应的协作工作较复杂，因此，在技术、时间及数量上都要按主机要求组织零件生产，严格地相互协调和配合、相互适应，生产过程要相互衔接，才能把成千上万个零件最终装配成一台主机。

2) 耗用大量的物料

机电产品在生产过程中需要使用和消耗大量原材料、辅助材料和燃料，这些物料费用在机电产品成本构成中一般要占60%左右，一般的中型机械厂需用到上万种物料，主要包括下列几种：

(1) 金属材料，包括钢、铁、锌、铝、铜等；

(2) 油料，包括柴油、汽油、润滑油等；

(3) 燃料、木材、型砂、塑料、橡胶等。

以上各种物料的成分和质量直接影响机电产品的质量。

3. 市场特征

机电产品主要用作生产资料，销售对象主要为基本建设单位和生产企业，集团购买决策程序复杂。

机电产品市场是由那些需要购买机电产品、又有购买能力的单位(企业)构成的，购买单位(企业)越多，市场规模越大。购买力是构成机电产品市场和影响市场规模大小的一个重要因素，而这种购买力又受到各种经济因素和社会环境的影响，具体表现在以下六个方面：

(1) 购买力受国民经济总方针、总政策的影响。当基本建设投资增长、规模扩大时，

市场对大型成套设备的需求将增长，与之配套的各种机电产品需求也将增长；当国民经济处于调整期时，基本建设投资减少，市场对机电产品的需求也会减少。

(2) 购买力与各个行业的发展有关。当这些行业加快产品更新换代、加大技术改造力度、更新设备及生产线时，必然需要更先进的装备。自 20 世纪 80 年代开始，机械工业从为重工业服务转移到为农业、能源、交通、轻工业、城建、生活等方面服务，这就为机电产品的发展提供了更多的机会和市场。

(3) 机电产品本身技术水平的提高会影响购买力。机电产品的性能更先进、品种规格更多样化、能从各方面满足购买者的需求时，市场对机电产品的需求也会大大增加。

(4) 利率、资本效用、货款效用等，都会影响购买者的意愿和投资的大小。

(5) 机电产品市场属于专业市场。在这个市场上，不论是购买者、经营者、生产者，都需要具有专门的技术水平和专业知识，了解熟悉其产品的性能、技术指标、价格、使用操作等。机电产品的技术特性，使具备专业知识的人才在市场营销中能发挥更大作用，而在购买机电产品时，购买者不仅对产品的性能、规格、型号、价格、交货期有严格的要求，还要求为其提供设备的安装、调试、维修、培训、配件供应等多项服务，这一切都只有专业技术人员才能做到。

(6) 机电产品的市场活动具有理性。机电产品一般是作为生产资料用于生产的，用户对该类产品的购买，尤其是对大型设备的购买，极为慎重，一般都要预先计划，有严格的标准，考察过实际使用效果后才会购买。这些都是基于理性动机的，而生产企业更注重从技术创新上吸引用户。例如，日本东洋公司在推销其压铸机时，经常举办压铸新技术讲座，以周到的服务来吸引用户对其产品的注意，而用户在接受这一方面的最新技术后，也会对其产品产生购买的欲望。

机电产品市场的用户与普通消费品市场的消费者的主要差异如表 2-2 所示。

表 2-2　机电产品市场用户与普通消费品市场消费者的主要差异

差异的内容	机电产品市场(组织市场)	普通消费品市场
产品	产品更专业	标准化形式，服务水平更重要
价格	多采用招标方式决定	按标价销售
分销渠道	较短，多采用市场直接决定	多通过中间商
促销	强调人员销售	强调广告
顾客关系	长久而复杂	较少接触、关系浅
决策过程	多采用群体决策	个人或家庭决策

四、机电产品市场前景

人类将走进知识经济时代，传统的机械制造业也面临巨大的机遇和挑战，最重要的是用高新技术装备机械工业，把电子、通信、计算机、网络技术充分应用到机电产品上。例如，日本将 Internet 用于机床，利用电脑技术使机床业实现跨行业、跨国界的服务；德国西铁城公司在 NC 自动机床内装上个人电脑，在用户的生产现场装备摄像机、麦克风，当机床出现故障时，用户通过电话与公司联系，公司经过网点，利用简洁直观的 Windows 界面和多媒体功能，就能够对现场故障进行诊断，并进行检查和工具交换等操作。

高新技术的应用，将使机电产品更具个性化，求新、求异，更快、更好地满足各个领域、各个层次用户的需求，也使生产组织和生产条件更加高效、灵活、适用、先进，产品将转向知识密集型。例如，按传统工艺加工一把刀具需用到车床、铣床、钻床、滚齿机、磨床等设备才能完成，而使用一台最新的 6 轴联动 CNC 工具磨床就可以完成各种复杂的加工，也就是说，这样一台磨床代替了传统的几台机床才能完成的加工。

在激烈的市场竞争中，机电产品市场的发展应以市场为中心，以用户为中心，快速响应市场的需求，快速满足用户的需要；以最短的产品开发时间(Time)、最优的产品质量(Quality)、最低的成本(Cost)、最合理的价格(Price)、最佳的服务(Service)，即"TQCPS"，赢得用户，占领市场。为了做到"TQCPS"，机电产品生产企业应利用精益生产、敏捷制造、智能制造、虚拟制造等新的生产组织方式和生产模式，大大加快机电新产品的开发应用。因为制造过程与研究开发和市场开拓是紧密相连的，所以新技术的应用和产品的创新可大大提高产品在市场上的竞争力。

随着整个社会经济的发展，人们的生活水平日益改善和提高，消费心理需求也呈现出多元化的趋势。因此，能体现出高技术、高品位、高质量、高附加值的消费品将引导消费潮流。人们的每一个新需求，都将带来市场机会，可以说机电产品面对着广阔的市场前景。

机电产业是现今高新技术产品贸易的主导产业，在国际贸易中占有重要地位，是货物贸易、服务贸易等多种贸易结合的新兴产业。机电贸易发展迅速，在国内出口产品中所占比重过半(据中华人民共和国海关总署数据显示，2024 年前 4 个月，我国出口机电产品 4.62 万亿元人民币，占出口总值的 59.2%)，成为当今国际上衡量一个国家经济水平、国际贸易竞争力的重要标志。近年来，我国对机电产业越来越重视，国家政策对机电产业的重点扶持以及多方面的优待与保护，加速了机电产业的迅猛发展。因为机电产业包含的行业范围较为广泛，而且产业智能化技术的升级速度不断加快，所以机电产业的发展前景不可估量。加入 WTO 以后，我国在保持机电行业出口贸易额稳步增长的同时，更注重出口产品结构的完整性，以及提高产品质量，拓展产品出口市场。

知识点 2　机电产品市场营销环境

任何企业都生存在一定的客观环境之中，这种环境实质上是一种社会的生态环境。

现代市场营销观念认为，企业的决策者必须采取适当的措施，经常监视和预测其周围的市场营销环境的发展变化，善于分析和鉴别因环境变化而造成的主要机会和威胁，及时调整市场营销中的各种可控因素，使经营管理与市场营销环境的发展变化相适应。因此，市场营销环境是一个不断发展和完善的动态概念。

一、营销环境的构成

市场营销环境是指对企业的营销活动产生重要影响的全部因素。按照这些因素对企业营销活动的影响不同，营销环境可分为微观环境和宏观环境。由于营销环境是客观存在的，有很多不可控制的因素，这些因素的变化一定会引起市场需求的变化，因此企业只能适应客观规律，分析、研究市场营销环境，把握有利条件和制约因素，明确风险和机遇，不断调整其市场营销组合策略，在大环境下创造自己的"小气候"。市场营销环境如图 2-1 所示。

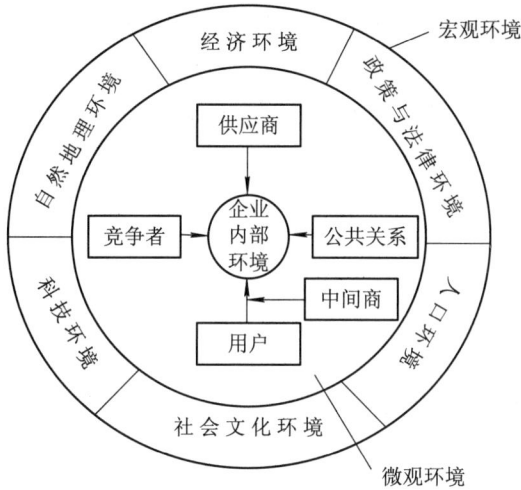

图 2-1 市场营销环境

1. 市场营销微观环境

市场营销微观环境是指那些与生产经营企业关系密切、能够影响生产经营企业服务消费者能力的所有因素。市场营销微观环境的影响因素如图 2-2 所示。

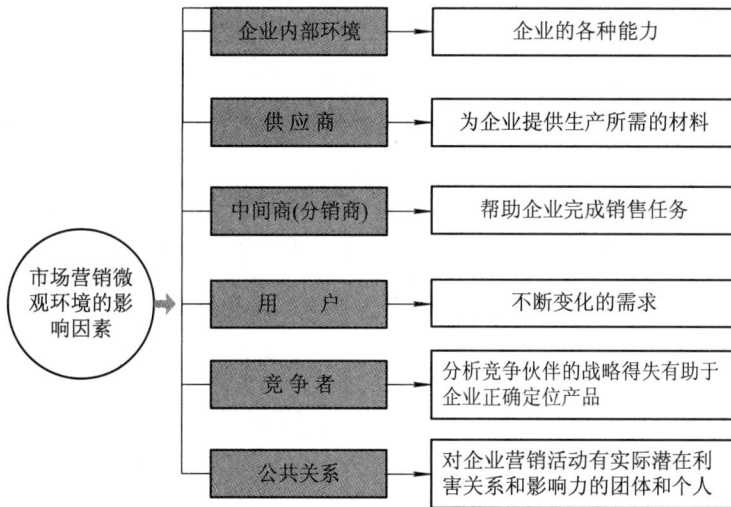

图 2-2 市场营销微观环境的影响因素

1) 企业内部环境

企业的内部环境包括组织能力、生产能力、资金能力和营销能力。

(1) 组织能力：领导水平、政策水平、价值观、质量保证体系等。

(2) 生产能力：设备技术水平、效率、成本、利率、交货期、产品开发等。

(3) 资金能力：银行信用、流动资金等。

(4) 营销能力：产品知名度、品牌、广告、推销策略等。

2) 供应商

供应商向企业提供生产所需的资源、能源、原辅材料、设备、配件、协作件等，这些物资直接关系到企业产品的质量、数量和成本。企业对供应商采取"货比三家、择优选用"的政策，即与其保持较稳定的配套协作关系，在利益上共享，提出严格要求，并让供应商之间形成适度的竞争关系，从而保证企业产品质量与成本的相对稳定性，这对企业的生产经营活动具有较好的效果。

3) 中间商(分销商)

企业希望产品市场覆盖面大，除了自销部分产品外，还需要依靠中间商帮助推销产品，因此企业要与中间商建立良好的贸易伙伴关系，利益共享。中间商是连接供应商和用户的桥梁和媒介，特别是配件、工具、易耗品等要使用户能随时买到，就需要大量的中间商来发挥作用。建立健全的销售和售后服务网络，有利于企业产品市场流通，提高营销效率，加速资金周转，减少经营风险。

中间商主要包括批发零售企业、物流企业、营销服务代理机构(如广告企业、咨询机构、律师/会计事务所等)和金融中间机构(如银行、信贷机构、保险机构等)。

4) 用户

用户是企业赖以生存和发展的"衣食父母"。企业市场营销的一切活动都是为了满足用户的需求，而机电产品用户更是带着专业的眼光去挑剔产品。在"以用户为中心"和"生态学营销"的观念中，企业提供的产品及服务，不仅要满足用户的欲望和需求，而且要符合用户和社会的最大长期利益。

5) 竞争者

任何一个企业产品都会受到同样产品生产企业的挑战，特别是在市场供过于求的状况下，企业要特别关注竞争对手的规模、生产能力、产品方向、技术水平、销售潜量的变化趋势，以及同样产品在外观、性能、品质、新产品开发等方面的发展趋势，从而制定自己的发展策略。市场竞争遵循优胜劣汰的规律，企业之间的较量有你死我活的一面，也有相互促进的一面，企业应使用正当的竞争手段占领市场。

6) 公共关系

公共关系是指对企业营销活动有实际潜在利害关系和影响力的团体和个人，主要包括：

(1) 金融公众：银行、投资公司、股东等，它们影响着企业获得资金的能力。

(2) 媒体公众：电视、报纸、杂志、广播等传递信息的大众媒体。

(3) 政府公众：对企业的经营活动有相当影响力的有关政府机构。这些机构对产品的安全性、广告的真实性等方面进行监督。

2. 市场营销宏观环境

市场营销宏观环境是指能大范围影响企业营销决策的社会约束力量，它来自于企业外部，因而也称之为外部环境。市场营销宏观环境如图2-3所示。

企业所处的微观环境中的各种因素都受到宏观环境的控制，这些宏观力量及其变化发展会给企业提供发展机会，同时也会造成威胁。

经济环境：分析各收入层次的人数变化，确定目标顾客

科技环境：科技直接影响企业生产和经营，是把"双刃剑"

政策与法律环境：根据不同国家的政策、法律制度，开展营销

市场营销宏观环境

人口环境：根据人口变化，制定营销策略

自然地理环境：注意面临的自然环境难题，实行绿色营销

社会文化环境：根据当地价值观念和道德规范等开展营销活动

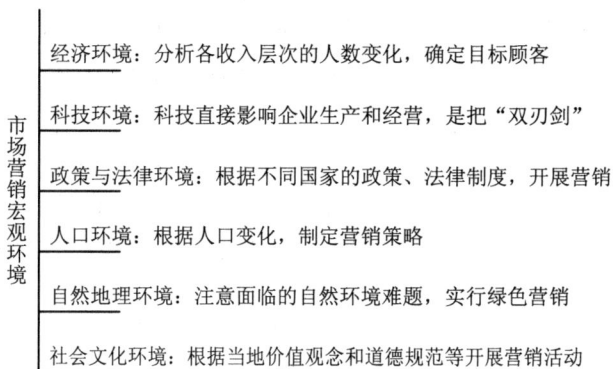

图 2-3　市场营销宏观环境

1) 经济环境

经济环境是指经济制度、经济发展阶段或国民经济发展水平、工农业生产情况、基本建设投资规模，以及投资结构、社会集体购买力、物价水平与物价变动等。

机电产品作为生产资料，主要是社会集团和生产企业购买，其购买力大小主要受国民经济运行速度、投资规模、信贷规模、财政支出及预算外收入等因素影响。当国民经济运行速度加快、社会固定资产更新改造投资和基本建设投资加大时，工业生产指数上升，社会集团购买力加大，有利于机电产品营销。信贷规模大，能够为生产企业创造更为有利的金融环境，有利于激活经济活力和提高效益。当大型工程项目落地实施时，就会使机电产品的需求大量提高，如房地产行业兴旺，就会使建筑机械、电梯的需求大增。

2) 科技环境

科技环境是指科学技术发展的现状和趋势，以及新技术、新工艺、新材料的应用及推广情况。科学技术是第一生产力，大批新技术在生产中的应用提高了机电产品的性能、质量，降低了成本，使产品更具竞争力。企业依靠科技进步，不断改造传统产业，带来新兴产业的建立和发展，使产业结构趋向尖端化、信息化、知识密集化。科技进步也促进了市场经营手段的现代化，市场营销信息系统、营销环境监测系统的出现大大提高了企业把握市场变化的能力，更有利于提高企业市场营销的效率和效益。

3) 政策与法律环境

政策环境是指对机电产品营销活动产生影响的由政府出台的有关方针政策。我国正处于市场经济快速发展阶段，基础产业加快发展，作为国民经济装备的机械工业的地位不断提高，产业结构不断优化。国家的发展规划、产业政策、重点项目都为机械工业发展提供了机遇和挑战。

法律环境是指国家或地方政府颁布的各项法规、法令、条例等，企业必须在有关法律、法规、标准和商业惯例的约束下，正确地开展营销活动。法律环境对企业的营销活动具有一定的调节作用，同时对市场消费需求的形成和实现也具有一定的调节作用。企业研究并熟悉法律环境，不仅可以保证自身严格依法经营和运用法律手段保障自身权益，还可通过法律条文的变化对市场需求及其走势进行预测。

产品的技术标准和技术法规也对机电产品的安全性、污染控制有相应的规定。法律对企业营销活动具有促进作用，也有制约作用。例如，《中华人民共和国商标法》和《中华人民共和国专利法》的实施保护了商标享用者和专利拥有者的利益，对其他人则构成约束。

4) 人口环境

人口的数量和市场的容量有密切的关系。收入水平的高低，表现在市场上就是实际购买力水平的高低。特别是面向消费领域的产品，如空调机、洗衣机等受这些因素影响更大。人口密度及增长速度、地理位置、文化教育程度，也会影响机电产品的销量。

5) 社会文化环境

社会文化环境是指人类在创造物质财富的过程中所积累的精神财富的总和，体现了一个国家或地区的社会文明程度的高低。社会文化是一个复合的整体，包括知识、信仰、艺术、道德、法律、风俗，以及作为社会成员而获得的所有能力和习惯。社会文化涵盖面广泛，这些影响多半是通过间接的、潜移默化的方式来进行的，往往表现在以下五个方面：

(1) 教育水平：不仅影响劳动者的收入水平，而且影响消费者对商品的鉴别能力，影响消费者心理、购买的理性程度和消费结构，从而影响企业营销策略的制定和实施。

(2) 宗教信仰：宗教的禁忌、节日、习俗、规定造成对商品需求的差异及营销方式的不同。

(3) 价值观念：人们在社会生活中形成的对各种事物的普遍态度和看法。由于人们生活的社会环境、价值观念的不同，导致人们的购买动机和行为也会有很大差异。

(4) 消费习俗：人们在饮食、服饰、居住、婚丧、节日、人情往来等方面表现出来的独特的心理特征和行为方式。

(5) 消费流行：在服饰、家电以及某些保健品消费方面表现最为突出。

6) 自然地理环境

自然地理环境是指自然界提供给企业生产和经营的物质财富，如企业生产需要的土地资源、矿物资源、水资源等。自然环境对营销企业的影响主要表现在自然资源日趋短缺、环境污染日益加重、政府干预力度日益加强等三个方面。

二、企业与环境的相互作用

企业一方面被动地接受各种环境因素的作用和影响，另一方面又积极地反作用于各种环境，不断地适应环境的变化，谋求营销活动更大的空间。如不断开发新产品来创造需求，形成新的潮流；通过有效的广告宣传，引导消费者购买企业的产品。

在企业与环境的相互作用中，环境的变化带给企业的可能是威胁，也可能是机会，因此，企业要善于识别机会与威胁。因循守旧就会对机会视而不见，惧怕失败也会把机会当作风险。企业要有创造性精神和勇于开拓的精神，才能果断抓住机会。

环境对企业的作用大于企业对环境的反作用。建立适应环境的柔性系统是企业经营和市场活动的基本目标。

社会环境的不断变化，使企业必须随之作出动态调整。这就要求企业在变化的环境中，抛弃过去那种以不变应万变的静态定位思想，对周围环境保持高度警觉，随时调整企业的市场定位。例如，美国标准公司曾经生产了一款数字计算机产品，此产品的市场定位是"提高生产力的工具",可以使造纸厂以同样的原料生产出更多的纸张,广受欢迎。不久后,由于石油禁运,能源紧张,市场环境发生了急剧的变化,节约能源成为每一家公司的当务之急。面对市场环境的重大变化,标准公司在新闻媒体上展开了新的广告攻势,将广告词改为:"使用标准公司的数字计算机,每天可以节约一桶石油!"公司把产品重新定义为一种"节能产品",实际上,产品还是原来的产品,只是顺应市场环境有了新的定义,因而销售量持续增长。

企业对于面临的环境威胁可能有以下三种可选择的对策。

1. 反抗

反抗即试图限制或扭转不利因素的发展,也就是企业将采取各种措施来影响环境的发展变化,阻止环境威胁的出现。在市场营销环境中,有些因素是与政府行为有密切关系的。如果政府提倡某种消费模式,可能会影响一些消费品的生产和销售,这时一些企业就会通过各种方式来影响政府在这方面的决策,使其收回已有的通知或条令。在西方资本主义国家,经常有企业收买某些议员向政府发难的事情,目的是让政府收回某些对企业营销不利的决策。例如,西方国家的烟草企业可以收买议员通过一个法令,允许人们在公共场所随意抽烟。又如,长期以来,日本的汽车、家用电器等工业品可以不断地流入美国市场,而美国的农产品销售却遭到日本贸易保护主义政策的威胁。美国政府为了对付这一严重的环境威胁,采取了两条反抗措施:首先,在舆论上提出美国的消费者愿意购买日本的优质汽车、电子产品,为何不让日本的消费者购买便宜的美国农产品;其次,美国向有关国际组织起诉,要求仲裁,即如果日本政府不改变农产品贸易保护政策,美国对日本工业品的进口也要采取相应的措施。

2. 减轻

减轻即企业通过改变营销策略的方式来减轻环境威胁的程度。这是通过企业自身营销政策的调整来适应外部环境变化的一种方法。如国际营销企业在面对东道国严格的产品检验要求时,会对产品进行适应性改进,以便顺利地进入目标市场。

3. 转移

转移即将产品转移到其他市场,或转移到盈利更多的产品行业,实行多元化经营。为了提高产品利润率和增强产业话语权,中国企业正在努力从附加值低的产品与服务向附加值高的产品与服务、从产业链低端向产业链高端升级。

例如,重庆嘉陵工业有限公司,是个以生产兵器产品为主的军事工业企业,因国际形势的变化出现了数百万元亏损的局面。面对这种严重的环境威胁,公司高级管理层在军品任务逐步减少的趋势面前,抓住"保军转民"的历史机遇,大力发展民品。公司与世界摩托车王牌本田进行技术合作,高起点向摩托车行业转移,一举成为我国最大的摩托车生产企业。又如,一些发达国家因其劳动力成本很高,因此这些国家的一些劳动密集型企业便转移到发展中国家进行生产经营活动。

20世纪80年代,深圳从一个小渔村迅速发展为一个以电子制造业为主的制造业基地。随着产业结构的转型升级,深圳逐渐发展成为一个以科技创新、金融服务、物流等高附加值产业为主的现代化城市。深圳的崛起不仅带动了广东省的经济发展,还成为了中国的创新和改革开放的标志性城市。

知识点3　机电产品市场调研与预测

市场调研是指个人或组织为了给市场营销决策提供依据，针对某一特定的市场营销问题，运用科学的方法和手段，系统地判断、收集、整理和分析有关市场的各种资料，反映市场的客观状况和发展趋势的活动。

市场调研是认识市场、获得市场信息的最基本的方法，是作出科学的经营决策的基础，是发现经营和管理中存在问题的重要手段，是市场预测的基础。

市场预测是指在市场调研的基础上，利用各种信息资料，采用科学方法分析研究，以推测未来一定时期内市场需求情况及发展趋势，为个人或组织确定营销目标和制定营销策略提供依据的活动。

一、市场调研的内容

市场调研的内容主要涉及影响营销策略的宏观因素和微观因素，如需求、产品、价格、促销、分销、竞争、外部环境等；根据不同的调研目的，调研内容的侧重点也会有很大不同。总体来讲，市场调研的内容大致包括如表 2-3 所示的四个方面。

表 2-3　市场调研的内容

序号	调研内容	调 研 重 点	调 研 目 的
1	市场需求	市场需求；产品品种；市场需求季节性变化情况；现有客户需求情况(如数量、品种)	确定产品的目标市场，对产品进行市场定位，并对未来的具体情况进行认证和核查
2	产品调研	产品品质需求调研；产品品种需求调研；产品质量调研等	改进现有产品及开发出新产品，实现产品的升级换代，提高产品的竞争力和市场适应能力，收集产品现时的表现及有价值的改进意见
3	销售调研	产品销路、产品价格、产品市场竞争力、竞争对手、市场占有率、销售渠道、售前售后服务等	收集市场规模、竞争对手、消费者等方面的相关数据，并基于相关数据的支持提出市场决策建议，寻求商业问题的解决方法
4	用户调研	了解用户具体特征，如生产哪一类产品、技术水平、设备现状、经济状况、发展潜力如何	掌握用户对产品需求的变化规律、现有产品的意见、新产品的要求，并进行用户购买心理与购买行为分析

二、市场调研的步骤及方法

市场调研的步骤及方法如图 2-4 所示。

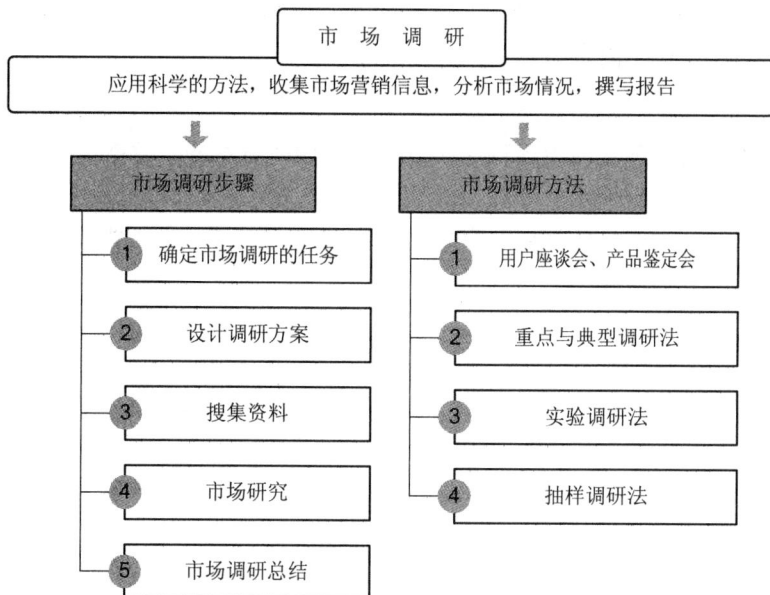

图 2-4 市场调研的步骤及方法

1. 市场调研步骤

科学的市场调研必须按照一定的步骤进行，这样才能保证调研的顺利进行和预期目的的实现。

1) 确定市场调研的任务

市场调研的任务包括选择调研课题，进行初步探索等具体工作。选择调研课题是确定调研任务的首要工作，在实际工作中，课题的选择既要从管理的需要性出发，也要考虑到实际取得资料的可能性；同时还应具有科学性和创造性，在科学理论指导下，按照新颖、独特和先进的要求来选择。

在选择调研课题后，设计调研方案前，必须围绕选定的课题进行一些探索性研究，目的是为正确解决调研课题而探寻可供选择的方向和道路，为设计调研方案提供可靠的客观依据。

2) 设计调研方案

市场调研方案是整个市场调研工作的行动纲领，起到保证市场调研工作顺利进行的重要作用。设计市场调研方案就是制订市场调研的计划。市场调研的总体方案一般必须包括以下主要内容：

(1) 明确市场调研的目的。

(2) 确定市场调研的项目和工具，这是市场调研方案的核心部分。

(3) 确定市场调研的空间和时间。调研空间是指市场调研在何地进行，有多大范围。调研空间的选择有利于搜集资料工作的进行，节省人、财、物等资源。

(4) 确定市场调研的对象和单位。

(5) 确定市场调研的方法，包括组织调研的方式和搜集资料的方法。调研者必须选择最适合、最有效的方法，做到既节省调研费用又达到调研目的。

(6) 落实调研人员、经费和工作安排。这是市场调研顺利进行的基础和条件，也是设计调研方案时不可忽视的内容。

3) 搜集资料

搜集资料的主要任务是使用各种调研方法，按调研方案的要求搜集市场资料。搜集资料阶段是市场调研者与被调研者进行接触的阶段，为了能够较好地控制和掌握工作进程，顺利完成调研任务，调研者必须做好有关各方面的协调工作，争取到被调研者所在的单位或地区有关部门和各级组织的支持和帮助；密切结合被调研者的特点，争取他们的理解和合作。

在整个市场调研工作中，搜集资料阶段是唯一的现场实施阶段，是取得市场第一手资料的关键阶段，因此要求调研者集中精力做好内外部协调工作，力求以最少的人力、最短的时间、最好的质量完成搜集资料的任务。

市场调研搜集的资料必须做到真实、准确、全面、系统，否则准备阶段的工作和研究阶段的工作都失去了意义。

4) 市场研究

市场研究的主要任务是对搜集资料阶段取得的资料进行鉴别与整理，并对整理后的市场资料进行统计分析和开展理论研究。

鉴别资料是指对取得的市场资料进行全面的审核，目的是消除资料中出现的虚假、错误、短缺等现象，保证原始资料的真实、准确和全面。

整理资料是对鉴别后的市场资料进行初步加工，使调研得到的反映市场现象个体特征的资料系统化、条理化，以简明的方式反映市场现象总体特征。对资料的整理主要是应用分组分类方法，对调研资料按研究问题的需要和市场现象的本质特征做不同的分类。

对资料进行统计分析，就是运用统计学的有关原理和方法，研究市场现象总体的数量特征和数量关系，通过统计分析可以揭示市场的规模、水平、总体结构和比例，市场现象的发展趋势等。市场调研的研究阶段是出成果的阶段，是市场调研深化和提高的阶段，是从感性认识向理性认识飞跃的阶段。在此阶段，研究人员的工作特别复杂繁重，市场调研成果水平的高低，根本上取决于调研阶段的资料是否准确、真实、全面、系统，很大程度上也取决于研究阶段工作的水平、质量和科学性。

5) 市场调研总结

市场调研总结是市场调研的最后阶段，主要任务是撰写市场调研报告，总结调研工作，评估调研结果。调研报告是市场调研研究成果的集中体现，是对市场调研工作最集中的总结；撰写调研报告是市场调研的重要环节，必须使调研报告在理论研究或实际工作中发挥重要作用，此外还应对调研工作的经验教训加以总结。评估调研结果主要有学术成果和应用成果两方面，目的是总结市场调研所取得的成果价值。认真做好总结工作，对于提高市场调研研究的能力和水平有很重要的作用。

在市场调研的实际工作中，市场调研的各阶段是相互联系、有机结合的完整过程。

2. 市场调研方法

市场调研是根据调研的目的和要求，选择最优的方法，通过逐项调查，搜集能够反映市场经济、社会现象以及与之相关联的市场资料的过程。选择适当的调研方法是调研工作能够顺利进行的保障，并且还能达到事半功倍的效果。以下介绍几种常用的市场调研方法。

1) 举办用户座谈会、产品鉴定会

广泛听取和收集用户意见，可了解到用户对产品的需求及对产品改进的建议。

2) 重点调研法与典型调研法

根据调研目的与要求，调查者在对被调研对象进行全面分析的基础上，应有目的地选择代表性企业进行系统周密的调研，通过典型调研达到对全部用户需求的基本认识，了解市场的大体趋势。例如，轮毂生产厂专门深入到各大汽车制造厂，了解汽车产量，可预测其对轮毂的需求量。

3) 实验调研法

实验调研法即在对某一个新产品大批量投产之前，先试产一小批产品并投放市场进行销售实验，观察市场的接受程度，收集用户反馈，包括新产品的质量、品种、规格、外观是否受欢迎，产品价格是否被用户接受。

4) 抽样调研法

抽样调研法即根据一定的原则，从抽查对象的总体中抽出一部分对象(样本)进行调研，从而分析推断总体的方法。

抽样调研法的优点是以最短的时间、最少的费用，获得最多、最准确的市场调查资料。

抽样调研法有随机抽样方法和非随机抽样方法。随机抽样方法有纯随机抽样法、机械抽样法、分层抽样法等；非随机抽样方法有判断抽样法、任意抽样法、配额抽样法等。总之，应根据调查目的和要求抽取样本。

市场调研是市场和产品开拓的基石。

三、市场预测

1. 市场预测的意义

科学的营销决策，要以市场调研为基础，以市场预测为依据，在进行充分的市场调查研究、分析的基础上，获得大量的最新资料信息后，运用科学的方法，对市场产品需求的发展趋势作出符合客观规律的科学估计和预测，回答现实的问题，回答未来的问题，根据一定的理论，采用系统科学的方法，得出比较可靠的答案。

市场预测包括市场需求预测、市场供给预测、市场潜量预测、产品价格预测、技术发展预测、竞争形势预测、销售潜量预测、国际市场预测等。其中，最主要的是市场需求预测，宏观上是分析与研究产品的社会需求量及其变化，微观上则是要解决企业本身产品的销售问题。

2. 市场预测的特点

市场预测的特点主要体现在以下三个方面：

(1) 实际调研资料是市场预测的依据。以现有资料提供的各方面信息作为指导，通过认识、比较各方面信息可进行市场预测。

(2) 经济理论是市场预测的基础。在一定的经济理论指导下，根据经济发展的历史和现状、客观的环境条件以及主观的经验教训，对经济的未来发展预先作出科学的推测。

(3) 数学模型是市场预测的手段。运用预测技术，即建立有关市场的数学模型，可提供市场预测的手段。模型即模拟，就是运用某种适当的数学方程式，模拟一个资料的一般变动结构，作为预测市场的模式。

3. 市场预测的步骤和方法

市场预测的步骤和方法如图 2-5 所示。

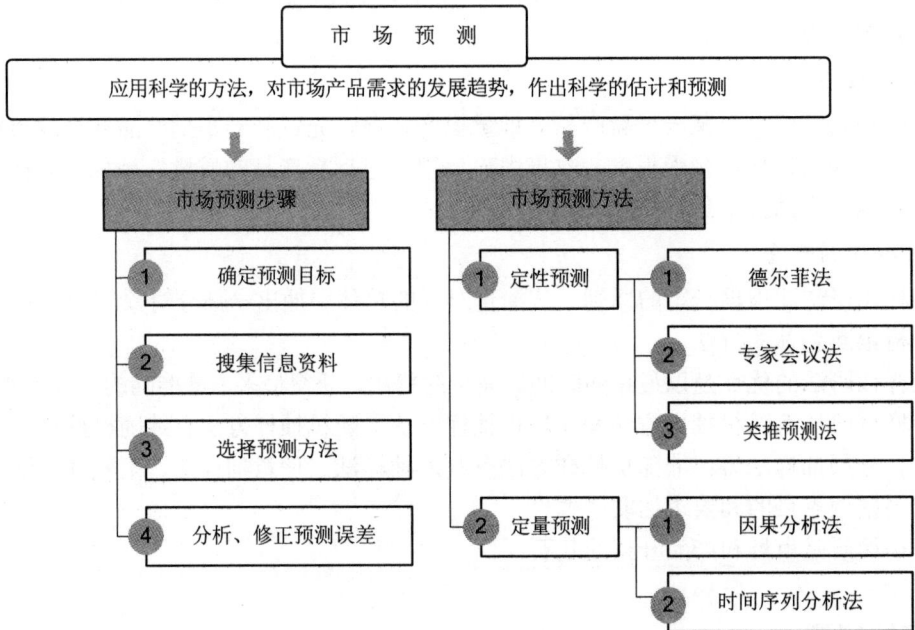

图 2-5　市场预测的步骤和方法

1) **市场预测步骤**

市场预测步骤如下：

(1) 确定预测目标。首先应明确市场预测要解决什么问题，然后根据所要解决的问题，去确定预测的对象、预测的项目、预测的内容，编制计划、组织实施。

(2) 搜集信息资料。通过市场调研搜集资料，这些资料应尽可能系统、完整、准确地反映来自社会和经济部门的历史和现实。

(3) 选择预测方法。根据市场预测的目的、所掌握的资料进行定量预测，建立数学模型；进行定性预测，建立设想的逻辑思维模型，进行预测计算。

(4) 对各预测结果进行整合、分析、判断、跟踪观察，分析预测误差，进行必要的修正。企业根据预测的结果制定相应的市场营销计划。

2) **市场预测方法**

常用的市场预测方法有定性预测方法和定量预测方法，其分类与特点见表 2-4。

表 2-4　常用的市场预测方法的分类与特点

项　目	定性预测方法			定量预测方法					
				延伸性预测法 (时间序列分析法)			因果分析法		
	专家 会议法	德尔菲法	类推 预测法	移动 平均法	指数 平滑法	趋势 外推法	回归 分析法	消费 系数法	弹性 系数法
方法 简介	组织有关方面专家,通过会议形式进行预测,综合专家意见,得出结论	专家会议法的发展,对专家匿名调查,多轮反馈整理,对结果进行统计分析	运用事物发展相似性原理,对相互类似产品的出现和发展过程进行对比性分析	为消除不规律性影响,取时间序列中连续几个数据值的平均值	与移动平均法相似,考虑历史数据远近期作用不同,给予不同权重,要求数据量少	运用数学模型,拟合一条趋势线,外推未来事物的发展	运用因果关系建立回归分析模型,包括一元线性回归、多元线性回归和非线性回归等	对产品在各行业消费进行分析,结合行业规划,预测需求总量	运用两个变量之间的弹性系数进行预测
时间 范围 及用途	长期 预测	长期 预测	长期 预测	短期 预测	短期 预测	短、中期 预测	短、中、 长期预测	短、中、 长期预测	短、中、 长期预 测
需要的 数据资料	市场历史发展资料和信息	将专家意见综合分析与处理	多年历史资料	数据最低要求 5～10 个	数据最低要求 5～10 个	至少 5 年数据	需要多年数据	需要多年数据	需要多年数据
精确度	较好	较好	尚好	尚好	较好	短期好	很好	很好	较好
预测所 用时间	较长	长	一般	短	短	短	取决于 分析能力	取决于 分析能力	短

(1) 定性预测。定性预测是指建立在经验判断的基础上,并对判断结果进行有效处理的预测方法。它适用于预测对象受到各种因素的影响,又无法对其影响因素进行定量分析的情况。定性预测的基本原理是运用逻辑学的方法,来推断预测对象未来的发展趋势。定性预测受个人经验判断的影响,具有一定的局限性。定性预测常用方法有专家会议法、德尔菲法、类推预测法等。

(2) 定量预测。定量预测常用方法有移动平均法、指数平滑法、趋势外推法、回归分析法、消费系数法、弹性系数法等多种方法。这些方法都是建立在历史数据和统计资料的基础上,通过建立合适的数学模型,经过分析和计算,从而推断未来的经济发展和市场变化情况。由于影响事物的因素是多方面的,很多因素的变化是不可预知的、难以量化的,如国家政策的变化、人们消费偏好的改变等,因此定量预测的结果也存在一定误差,需要进行修正。

不同的市场预测方法具有不同的条件、应用范围和预测精度,可根据预测周期、产品生命周期、预测对象、数据资料、精度要求、时间与费用限制等因素选择适当的方法，也可以同时采用几种方法，进行组合预测，相互验证或修正。在实践中，多采用定性预测与定量预测方法的组合。随着社会经济及科学技术的发展，预测方法将不断发展、完善。

知识点4　机电产品的目标市场营销战略

目标市场营销是指企业通过识别各个不同的消费者群的差别，有选择地确认一个或几个消费者群作为目标市场，发挥自己的资源优势，满足其全部或部分的需求。目标市场营销战略是市场营销理论和实践的极有意义的进步，成为现代营销的核心战略。目标市场营销战略主要包含三个步骤：市场细分(Segmenting)、目标市场选择(Targeting)、市场定位(Positioning)，因此又被称为 STP 战略。

一、市场细分

市场细分，就是企业根据市场需求的多样性和消费者购买的差异性，把整个市场划分为若干具有相似特征的用户群(即细分市场)。企业选择其中一个或若干个作为目标。例如，水泵市场可以细分为工矿企业水泵、农村排灌水泵、轮船水泵三个市场，企业应根据不同市场的不同需求，提供不同的水泵。

形成市场需求差异性的因素可以作为市场细分的依据。机电产品市场细分变量有一些与消费者市场细分变量相同，如地理因素、追求利益、使用者情况、使用程度、对品牌的信赖程度、购买准备阶段、使用者对产品的态度等。但由于机电产品市场自身的特点，机电产品市场的细分变量还包括最终用户、用户规模和用户地理位置及购买行为等因素。

1. 最终用户

在机电产品市场上，不同的最终用户对同一种产品的市场营销组合要求不尽相同。如飞机制造商对所需轮胎的安全性能要求比一般汽车制造商要高得多；豪华汽车制造商比一般汽车制造商需要更优质的轮胎；电脑制造商采购产品时最注重的是产品质量、性能和服务，而价格不是要考虑的主要因素。因此，企业应针对不同的最终用户设计不同的市场营销组合策略，以满足不同用户的需求，促进产品销售。

2. 用户规模

用户规模也是细分市场的一个重要变量，其规模不同，对企业产品销售有直接影响。在现代市场营销中，许多企业建立适当的制度分别与大客户和小客户打交道。许多时候，与一个大客户的交易量相当于与许多小客户的交易量之和，而失去一个大客户往往会给企业造成严重的后果。如一家办公室用具制造商按照顾客规模，将其顾客细分为大客户和小客户两类，大客户由该公司的全国客户经理负责直接联系，小客户则由外勤人员负责联系，也可以通过经销商联系。

3. 用户地理位置

由于用户地理位置的不同，其气候、资源、自然环境、交通运输和通信条件等都各有差异，因而企业就必须依据自己的资源和技术设备以及运输条件等状况选择目标市场。

细分市场是否成功，其衡量标准如下：

① 市场细分后，市场客观上必须存在明确的差异。

② 细分市场能够预测出现有的和潜在的市场需求规模或购买力。

③ 企业必须有能力进入细分市场，为之服务，并占领一定的份额。

④ 企业在细分市场上能够获取预期的利益。

⑤ 细分市场必须具有一定的稳定性，以利于企业实施其营销策略。

企业在细分市场时，实际上是通过一系列变数来进行的。下面以一家压铸机制造厂为例加以说明。压铸机制造厂细分市场如图 2-6 所示。

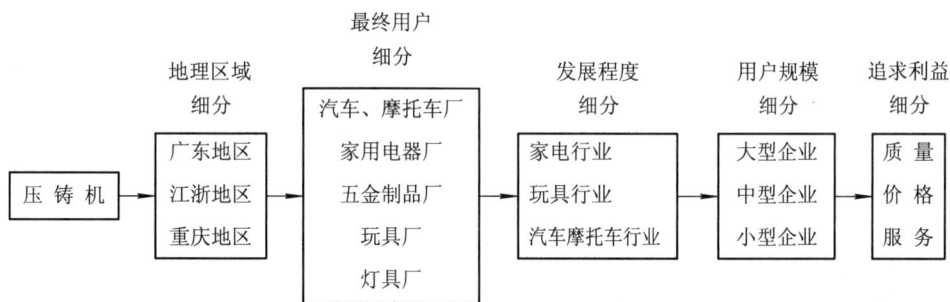

图 2-6　压铸机制造厂细分市场

1) 宏观细分

企业按地理区域、最终用户、发展程度、用户规模对市场进行宏观细分。

(1) 按地理区域细分。例如，广东省的压铸业最发达，年产压铸件十几万吨，产品覆盖国内市场及世界各地。

(2) 按最终用户细分。例如，压铸机市场可细分为玩具厂，五金制品厂，家用电器厂，灯具厂，汽车摩托车厂等。

(3) 按发展程度细分，压铸机市场可细分为家电行业和玩具行业。目前广东已成为世界玩具业的生产基地，也成为全国家电产品生产基地。

(4) 按用户规模细分，家电行业的中型企业发展潜力大，对压铸机的需求量增加；玩具行业大多是大型企业，因其产品主要面向世界市场，发展规模不断扩大，对压铸机的需求量也不断增加。

2) 微观细分

在家电行业中，对产品质量要求可靠、安全，质量第一。在玩具行业中，对产品的价格更为关注。

经过宏观细分和微观细分，压铸机厂的目标市场就明确具体，即以广东地区、家电行业及玩具业为目标市场，从而制定与市场相适宜的营销策略。

二、目标市场选择

市场细分的目的在于有效地选择并进入目标市场。目标市场是指企业经过比较和选择，决定作为服务对象的相应的子市场。在现代市场经济条件下，任何产品的市场都有许多用户群,他们的需求不同,而且分散在不同地区,因此,任何企业都不可能完全满足所有用户群的需求。企业必须选定市场中适合企业资源的特定用户群,并开发产品为其服务。同时,企业应根据自身相对优势的资源条件,如人、财、物、产、供、销等选择目标市场,并且对细分市场进行评价,从而确定一个或几个子市场作为企业决定进入的目标市场。

1. 评估目标市场

(1) 依据细分市场的规模和发展,对潜在的市场是否具有适度规模和发展前景进行评估。

(2) 评估细分市场的吸引力。吸引力指的是企业在目标市场上长期获利能力的大小,主要取决于五个群体:同行业竞争者,潜在的、新加入的竞争者,替代产品,用户,供应商。这五种力量对市场环境具有威胁性,应采取相应的防卫方法(如图 2-7 所示),具体如下:

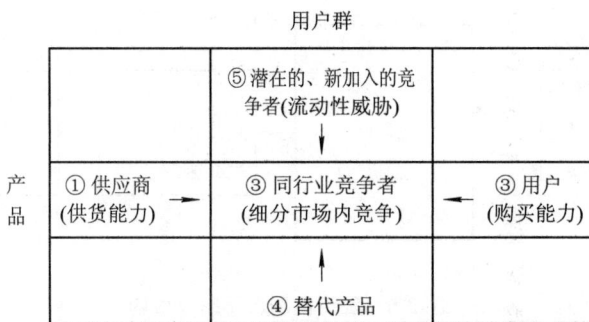

图 2-7　目标市场的五个群体

① 供应商:建立良好关系和开拓多种供应渠道。

② 用户:提供无法拒绝的优质产品。

③ 同行业竞争者:不断推出新产品。

④ 替代产品:密切注意其价格趋势。

⑤ 潜在的、新加入的竞争者:使其不易进入或设立较高的进入壁垒。

(3) 评估企业本身的目标和资源。如某个细分市场具有一定规模和发展特征,其组织结构也有吸引力,企业还必须对该市场是否符合企业的长远目标、企业是否具备获胜能力以及是否具有充足的资源等情况进行评估。

2. 制定目标市场营销战略

企业对目标市场进行科学评估后,当决定进入目标市场时,还必须制定相应的营销战略。

(1) 无差异市场营销战略。无差异市场营销战略不考虑市场局部需求的差异性,只针对整体市场的一般共性,以同一产品、统一价格,满足整体市场的所有需求(不需要细分市场)。如可口可乐公司在早期营销阶段,只提供一种瓶式包装、一种口味的饮料来满足所有顾客的需求,就是无差异市场营销的典型实例。

无差异市场营销战略结构形式如图 2-8 所示。

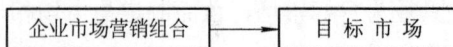

图 2-8　无差异市场营销战略结构形式

(2) 差异化市场营销战略。差异化市场营销战略在重视整体市场的一般共性需求的基础上,突出考虑市场局部需求的差异性,以不同特色、等级的产品,区分等级的差别价格,满足各个局部市场的差异需求(市场细分为基础),进而达到满足整体市场的所有需求。如通用汽车公司就针对不同财力、购买目的和个性的消费者,设计和生产不同种类、型号的汽车,分别推向各个细分市场。差异化市场营销战略结构形式如图 2-9 所示。

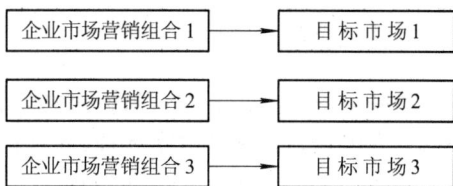

图 2-9 差异化市场营销战略结构形式

(3) 密集性市场营销战略。密集性市场营销战略是选择一个或少数几个细分市场作为目标市场,制定一套营销方案,集中力量为少数几个目标市场服务,争取在目标市场上占有大量份额。由于目标集中,产品更加适销对路,专业化经营,可降低生产成本和营销费用。如大众汽车公司集中经营小型汽车投放细分市场;国外有人开设专门提供左撇子用品的商店,以满足这一用户群的特殊需求。但这种营销战略也有风险,一旦市场发生变化,由于产品集中此市场,则会使企业亏损。密集性市场营销战略结构形式如图 2-10 所示。

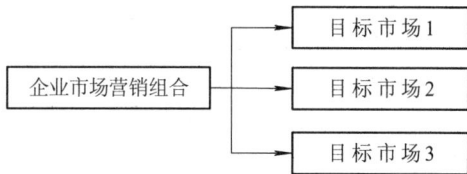

图 2-10 密集性市场营销战略结构形式

(4) 定制营销战略。定制营销又称个别化营销或一对一营销,是 20 世纪 90 年代后期发展起来的一种新型的营销策略。定制营销是在市场细分的基础之上,进一步针对个别消费者的特定需求提供个性化的满足。如完全按照消费者个人的喜好设计服装、手表、皮鞋等消费品;按照个人的需要和可能性制订学习计划,提供业余培训等。定制营销是比目标营销更有针对性,从而对顾客的满足程度也更高的营销方式,因此开展定制营销的企业就能更牢固地控制其目标群体,稳定其目标市场。

既然定制营销能增强企业的市场竞争能力,那么为什么在 90 年代后期才发展起来呢?关键在于定制营销与规模化生产之间的矛盾。因为只有大规模的标准化生产才可能使产品的生产成本降到最低,这几乎已成为一种经济学的常识,而定制营销对大规模的标准化生产提出了挑战,所以,在没有解决定制化生产导致成本上升的问题之前,定制营销是很难开展的。有人说"目标营销相对定制营销而言,是屈从于规模经济效应的一种无奈",此话是颇有道理的。

20 世纪 90 年代后,数码控制系统在生产领域的广泛应用使个性化定制和规模化生产的矛盾得到了解决,即"柔性生产技术"的问世。柔性生产通过数码控制技术可以在同一条流水线上生产出上百种不同规格和款式的产品。满足"定制营销"需要的另一种方法就是"组合技术",即由于许多产品和服务实际上是由各种部件或要素所组成的,消费者的个性需要往往只表现为对其中少数部件和要素的不同需要,有的甚至只是组合方式上的差异,因此在部件和要素的生产上仍然可以是批量化和规模化的,只需要在最后的组合上按照顾客的特定需要来组合,就能解决定制营销中的规模效应问题。现在许多企业就是这样做的。如戴尔公司会根据不同消费者提出的要求对电脑硬件进行不同配置,而各种电脑硬件的生产和采购则完全是批量化的。

企业在选择市场营销战略时,必须考虑的因素:企业的实力;产品的差异性及所处生命周期阶段;市场的差异及市场规模;竞争对手的营销战略。

三、市场定位

市场定位是指企业针对潜在顾客的心理进行营销设计，创立产品、品牌或企业在目标顾客心目中的某种形象或个性特征，保留深刻的印象和独特的位置，从而取得竞争优势。市场定位的目的是影响购买者的心理，增强企业及产品的竞争力，促进产品销售，提高企业的经济效益。

市场定位的步骤如图 2-11 所示，市场定位的实例如图 2-12 所示。

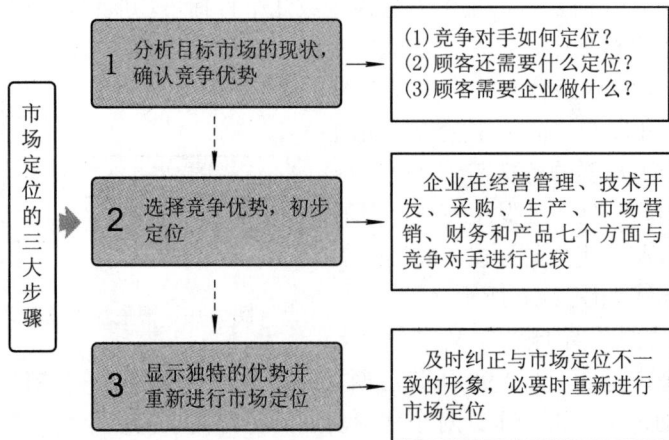

图 2-11　市场定位的步骤

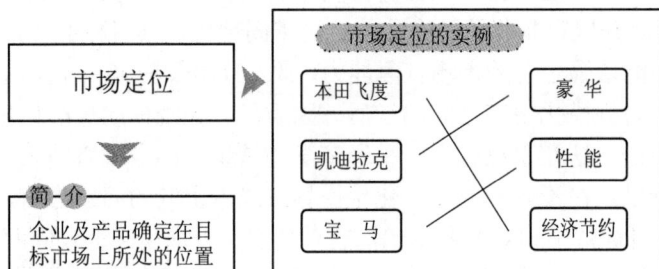

图 2-12　市场定位的实例

当企业选定一个目标市场后，同行的竞争对手也在争夺这一目标市场。如果大家都向目标市场推出同类产品，消费者就会向价格最低的公司购买，最终大家都降价，没有什么利益可得。唯一的办法是使自己的产品与竞争者的产品有差别，有计划地树立自己的产品的某种与众不同的理想形象，有效地促使自己的产品差异化，去获得差别利益。

产品定位是现代市场营销学中的一个重要概念，是市场细分化的直接后果。企业根据用户对所生产产品的需求程度，根据市场上同类产品竞争状况，为本企业产品规划一定的市场地位，即为自己的产品树立特定的形象，使之与众不同。

产品市场定位的实质是为了使企业的产品具有某些特色，并在目标顾客心目中占据一个独特的、有价值的地位。

例如，压铸机作为一种先进的精密零件制造设备，应用越来越广，国内外压铸机制造商都十分注重产品市场定位，精心为其产品赋予鲜明的个性，并迅速准确地传递给用户，使用户对企业及其产品形成良好的印象。如瑞士布勒压铸机以"品质第一"闻名，因而价格最贵；日本东洋压铸机以"技术服务周到"闻名，价格适中；深圳力劲压铸机以"好用、经济"闻名，大众买得起，成为全球热室压铸机制造的最大生产企业。准确的市场定位有利于企业脱颖而出。

【思考与练习】

1. 机电产品的主要类别有哪些？

2. 微观市场营销环境由哪些方面构成？它们各有何特点？宏观市场营销环境由哪些方面构成？它们各有何特点？

3. 举例分析：加入 WTO 后，中国国有企业的营销环境。

4. 机电产品市场预测的方法有哪些？各自的内容是什么？

5. 简述机电产品市场营销信息调研的步骤。

6. 对机电产品如何进行市场定位？

7. 东北某数控机床厂决定在华东地区开一家分公司，请为该厂做市场细分调查，选择目标市场并进行市场定位。

8. 请上网收集一家制造业的知名企业及其产品的相关信息，试分析以下问题。

(1) 该企业的目标市场是什么？它是如何选择目标市场的？

(2) 它的产品定位是什么？是如何定位的？

9. 阅读材料，从市场细分的角度谈谈自己的理解。

(1)《论语》："君子和而不同，小人同而不和。"

(2) 万隆会议中，周恩来总理提出来的求同存异的外交政策。

(3) 康德曾说："我尊敬任何一个独立的灵魂，虽然有些我并不完全认可，但我可以尽可能地去理解。"

10. 阅读材料，思考：在大数据时代，该如何促进市场的良性竞争和发展？

(1) 自 2015 年以来，某电商集团控股有限公司对平台内的商家提出"二选一"的要求，即禁止平台内的商家在与其具有竞争关系的其他平台上开店或参加促销活动。例如，某商家在天猫开了一家店铺之后，就不能在京东等其他平台上再开店或进行促销活动。

(2) 2020 年 12 月，国家市场监督管理总局对某电商集团控股有限公司在中国境内网络零售平台服务市场滥用市场支配地位行为立案调查。同年 12 月 24 日，调查组执法人员进驻某电商集团控股有限公司开展调查，对集团及部门相关负责人进行了调查询问，并提取了相关证据资料。

(3) 2021 年 4 月 10 日，国家市场监督管理总局公布《国家市场监督管理总局行政处罚决定书》，对某电商集团控股有限公司在中国境内网络零售平台服务市场实施"二选一"垄断行为作出行政处罚，处以其 2019 年度中国境内销售额 4557.12 亿元人民币 4%的罚款，共计 182.28 亿元人民币。

项目三　机电产品的产品策略

【项目导航】

市场营销以满足市场需求为中心，而市场需求的满足只能通过提供某种产品或服务来实现。因此，产品是一个企业市场营销组合中最重要的因素。产品策略直接影响和决定着其他市场营销组合策略，是企业市场营销成败的关键。

通过本项目的学习，应理解产品的整体概念及其营销意义，了解产品生命周期理论的基本原理及其在营销实践中的作用，掌握产品组合策略和产品生命周期的阶段特征及其营销策略，并掌握品牌与包装的基本策略。

【案例导入】

案例 3-1　雄狮正在苏醒——从中国制造迈向中国创造的历程

20世纪80—90年代，中国制造业开始崛起，成为全球工业化进程中最重要的一部分。中国制造业主要集中在低、中端产品，如鞋子、衣服、玩具等。中国制造业的主要优势在于劳动力成本低、生产效率高、规模经济优势明显等。中国制造的发展极大地提高了人们的生活水平和经济发展速度。

为了弥补制造业存在的缺陷，中国开始致力于实现从制造业到创造业的转型。在过去的十年时间里，中国创造业经历了爆炸性的增长。数个高新产业不断涌现出来，如芯片、5G等技术的发展，许多公司也通过自主创新提高了产品的附加值，达到了品牌升级的目的，实现了从"Made in China"到"Created in China"的转变。

目前，中国正在积极推行"中国制造2025"战略，希望提高制造业的技术含量和附加值，推动制造业向智能化、绿色化转型升级。中国政府鼓励企业提高自主创新能力，通过知识产权的保护和技术进步的推广来推动产业的转型升级。同时，中国开始增加信用体系建设，保护知识产权，鼓励创新和创业。

案例 3-2　把握市场机会，占领市场

广东增城运豪机铸有限公司(以下简称运豪公司)的产品主要出口美国及欧洲国家，其中精品汽车模型占据了美国市场30%的份额，并获美国三好(好品质、好价格、好服务)

评价。

1. 目标市场

拥有世界上各式各样的名车，是爱车者梦寐以求的愿望，但即使再有钱的人也不可能将所有车型都买下来，于是就有人用一种特别的方式来实现这种梦想，即欣赏、收藏世界名车模型。仿真汽车模型(简称车模)是严格按照真车等比例缩小制成的，不仅外观、形状、质感、颜色与真车一样，其内部结构如发动机、底盘、仪表盘、大小灯等也与真车一样，方向盘可操控车轮转动，车门可打开。这些汽车模型采用了先进的压铸技术制作零件，一个精品汽车模型，可用成百上千个零件组成，极为逼真。从世界上第一辆汽车的模型到21世纪新车型，车模是一百多年汽车工业飞速发展的见证。层出不穷的车型为厂家提供了广阔的市场机会。在日本、欧美、中国香港等发达国家和地区，仿真车模市场规模非常大。在中国，人们对生活的高品质追求以及新的都市时尚的流行为车模市场带来了可观的前景。

车迷、车模爱好者、玩车一族对车模的需求量和相应购买力，使车模市场存在着巨大的发展潜力，可使企业形成规模生产和销售，以达到预期利润目标。而运豪公司本身又具备规模生产能力、竞争的优势，保证企业能进入这一目标市场，并占领这一市场。

2. 产品定位

当汽车模型已成为世界玩具厂商的宠儿时，以这一类顾客为目标市场的生产厂家极多。在激烈的竞争中，需要有效地使自己的产品差异化，树立别具一格的产品形象，从而超过竞争对手。产品市场定位的实质，是为了使本企业产品具有某些特色，并在目标顾客心中占据一个独特的、有价值的地位，如"更精致"。

例如，同样是价格为100元的一个车模，一般由50个零件构成，运豪公司则用60个零件构成，表现出了更细致的部位，这样在同等价格下，运豪的车模更精细，自然更加吸引顾客来购买。

3. 价格定位

产品的价格是产品竞争力的主要内容，它不仅影响着顾客的购买力，也影响着产品的形象，因此产品的价格策略是企业市场营销最重要的策略。

例如，同一款1:18车模，在玩具商城、超级市场作为玩具销售，售价是19美元，销量大，但若在精品店销售，售价是29美元，销量小。在玩具商城和超级市场，价格低，给人一种儿童玩具的感觉；而在精品店，价格高，作为一种欣赏品，给人以上乘产品、气派的感觉。运豪公司考虑到产品的档次、价位以及目标顾客，最终决定在精品店销售汽车模型。实践证明，其策略是对的，运豪公司的精品汽车模型占据了美国市场的主导地位。

4. 创造市场

企业最基本的两个功能是贯彻市场观念和创新。面对日益激烈的市场竞争和不断变化的市场需求，企业唯有创新才能立足。层出不穷的新产品不仅能满足顾客的需求，同时也会带动这一类产品整体水平的提高。

美国是世界上经济最发达的国家，过去，美国人总是认为美国制造的东西才是最好的，包括对车模的看法也是这样。而运豪公司以先进的制造技术，不断把车模制造水平提高，把产品质量提高。由于运豪公司产品不断创新，档次更高，更精美，更完善，也就带动了车模市场产品整体水平的提高，使在中国制造的车模在美国市场上极受欢迎，并占有了绝大部分的市场份额。美国人把车模订单转由运豪公司生产，运豪公司的车模终于以自己的质量、价格、服务进入美国市场。

5. 营销策略

(1) 选车型。作为一个车模生产企业，开发一种新车模投入市场，如果车型选对了，就赢了市场，如果车型选不对，则无人购买。作为一种带欣赏性的产品，更多的是凭感觉决定车型选择，也就是说根据产品主要面向的国家和地区，了解当地人的感觉，选出相应车型。例如，一种名为"老虎狗"的车型非常丑怪，一般人都不会喜欢，可恰恰是在世界上很多地区都深受欢迎。香港人对"巴士"车模情有独钟；美国人对"甲壳虫古典老爷车"车模最偏爱；欧洲人喜欢"奔驰""宝马""劳斯莱斯"车模；中国人喜欢"红旗"车模。人们的喜好成了企业推出新车模的依据。

(2) 多渠道分销——建立庞大的销售网络。运豪公司在美国的分销商超过200个，分销商不仅推销运豪公司的产品，还与运豪公司结成贸易伙伴关系，即与之利害相关、成败与共，双方在发展中、利益上都有密切的关系。因为运豪公司每生产某一种汽车模型，必须获得这家汽车生产厂的授权准许证才能生产，正如要生产"红旗"车模，必须得到中国一汽集团的准许证，单靠运豪公司自己去争取，很难拿到那么多的厂家准许证，而这些长期经营车模销售的分销商手中，都有一家或几家公司的准许证，运豪公司与分销商建立起良好的合作伙伴关系，就可以从分销商那里获得生产各种车模的准许证，从某种意义上来说，分销商给运豪公司准许证、订单，并推销运豪的产品，而运豪公司以好品质、好价格、好服务使分销商从推销车模中获利。这些分销商遍布美国各地，对当地市场需求变化极为敏感，信息反馈也快。有的分销商直接面对顾客，也有的分销商下面还有更小的分销商，各有各的销售网络。正是依靠这庞大的销售网络，运豪公司的精品车模在美国市场上占据了很大的份额。

案例 3-3　准确的产品定位令企业脱颖而出

深圳力劲机械厂有限公司是国内最大的热室压铸机生产企业。

1. 压铸机市场发展趋势

香港的玩具在世界市场上极受欢迎，占世界出口量第一，现在这些玩具生产厂大多建在广东，单是一项锌合金仿真汽车模型，年产值超过亿元的就有很多家。有的厂仅压铸机就有 40 台，产值 10 个亿，可见生产规模之大。这些厂生产的世界名车模型风行全球，可以说玩具行业是压铸机、注塑机的大市场。

随着人民生活水平的提高，灯饰、建筑装饰纷纷进入家庭，而这些金属装饰零件很多是采用压铸机生产出来的，因此五金件、装饰件也是压铸机的大市场。

再加上汽车、摩托车中的压铸件，家用电器零件、锁具、金属扣、拉链头，很多是用压铸机生产的，所以应用压铸机的行业很多。随着新兴行业的出现和新产品的不断开发，作为一种精密零件制造技术的压铸机，市场前景看好。

2. 竞争形势

市场对压铸机的需求不断增加，压铸机生产厂家就越来越多，国外著名的压铸机生产厂也纷纷进入中国市场推销压铸机，使压铸机市场竞争形势非常激烈，处于供大于求的状况。

3. 市场定位

力劲公司生产的压铸机、注塑机的市场定位为"先进、高效、可靠、经济、好用、易修"，即性能先进，用户买得起，且容易操作。

4. 公司的发展导向

公司的发展导向是向高科技发展。为此，公司不断引进海内外先进技术，采用了现代化流水式作业生产线，配备多台日本生产的大型加工中心，引进先进的软件设计，将产品标准化、系列化，使企业具备了先进的生产制造能力和极强的新产品开发能力。市场上需要什么机型，公司就马上开发出所需要的机型。例如，顾客要求压铸机能适应小批量、高质量、高效率的生产，力劲公司马上开发出新型 Vision Series，以灵巧快捷的锁模油路，高速度的射料系统，简易的换模装置，使压铸一个循环只需要 2.1 s，具备了高效、优质、低成本、耗电小、设备占地小的优点，满足了小型压铸件的生产要求。

5. 营销策略："主动出击，服务在前"

力劲公司了解到某集团公司为广东第二大玩具制造商，拥有各类注塑机近千台。该集团成立已有 8 年历史，预测该集团注塑机的更换率为每年 6%～10%，即每年需新购入注塑机 60～100 台。为争取到这一笔生意，力劲公司制定出"主动出击，服务在前"的营销策略，首先提供下列服务。

(1) 为用户培训注塑机操作维修人员 30 名。

(2) 举办"玩具行业对注塑机性能特殊要求"研讨会，以听取用户对目前使用中的注塑机的意见和要求，去设计制造满足用户要求的新机型。5 月 20 日才开了研讨会，6 月份即拿出根据用户要求的新机型设计，7 月份制造出新款 PT130 机型，8 月份通过欧洲安全标准 CE 认证。该集团公司立即派人来力劲公司参观样机，详细了解机器性能后，兴奋地说："这就是我们所需要的机型"，一周后，一张购买 42 台注塑机的订单随之落到力劲公司。

6. 技术领先、步步领先

在现代企业竞争中，想远远地甩开竞争对手，必须不断加高自身的门槛，让对手难以超越，这是现代市场营销中的竞争策略之一，不断加高门槛，主要是指必须在本领域核心技术、服务等方面不断创新，从而领先竞争对手。当镁合金压铸件将作为一种新型轻质材料广泛应用于 IT 工业的手提电脑、掌上电脑、手机等电信领域，以及汽车行业产品中时，力劲公司预见到镁合金压铸的发展首先需要设备，就马上把握机会，研究开发出镁合金压铸机，成为国内第一家生产镁合金压铸机的厂家，从而引导了镁合金压铸潮流，处于行业领先地位。

知识点 1　产品整体概念

企业生产什么产品？为谁生产？生产多少？这似乎是经济学的命题，但其实是企业开展产品策略必须回答的问题。企业如何开发满足消费者需求的产品，并将产品迅速、有效地传送到消费者手中，构成了企业市场营销活动的主体。

产品是什么？这是一个不是问题的问题，因为企业时时刻刻都在开发、生产、销售产品，消费者时时刻刻也都在使用、消费和享受产品，但随着科学技术的快速发展，社会的不断进步，消费者需求特征的日趋个性化，市场竞争程度的加深加广，因此产品的内涵和外延在不断扩大。

一、产品整体概念的层次

产品是指能够给市场提供用于满足消费者某种欲望和需要的任何事物，包括实物、服务、场所、组织、思想、主意等。在现代市场营销学中、产品概念具有更加宽广的外延和深刻的内涵。

产品整体概念包括核心产品、有形产品、期望产品、附加产品和潜在产品五个层次的内容，如图 3-1 所示。

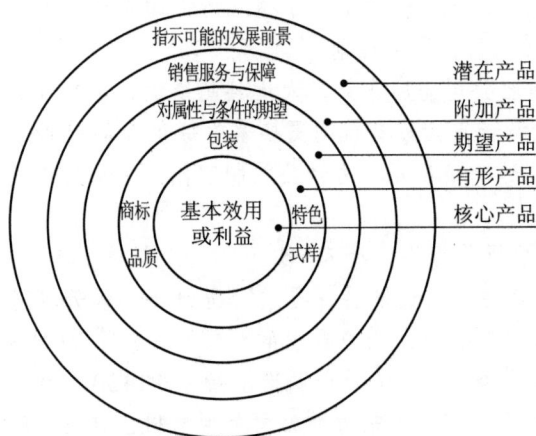

图 3-1　产品整体概念的五个层次

1. 核心产品

核心产品是产品整体概念中最基本和最实质的层次，即产品给顾客提供的基本效用和利益，是顾客需求的中心内容。顾客之所以愿意支付一定的货币来购买产品，首先就在于产品的基本效用，即拥有它能够从中获得某种利益或欲望的满足。

2. 有形产品

有形产品是核心产品借以实现的形式，即向市场提供的实体和服务的形象。如果有形产品是实体品，则它在市场上通常表现为产品的质量水平、外观特色、式样、品牌名称和包装等。产品的基本效用必须通过某些具体的形式才能实现。市场营销者应首先着眼于顾客购买产品时所追求的利益，以求更完美地满足顾客需要，从这一点出发再去寻求利益得以实现的形式，进行产品设计。

3. 期望产品

期望产品是指购买者购买某种产品或服务通常所希望和默认的一组产品属性和条件。一般情况下，顾客在购买某种产品或服务时，往往会根据以往的消费经验和企业的营销宣传，对其购买的产品或服务形成一种期望。如旅店的客人，期望的是干净的床、香皂、毛巾、热水和相对安静的环境等。顾客所得到的,是购买产品所应该得到的,也是企业在提供产品时应该提供给顾客的。对于顾客来讲,在得到这些产品的基本属性时,并没有太多的套路和形成偏好,但是如果顾客没有得到这些,就会非常不满意,因为顾客没有得到他应该得到的东西,即顾客所期望的一整套产品属性和条件。

4. 附加产品

附加产品指顾客因购买产品所得到的全部附加服务与利益,包括保证、咨询、送货、安装、维修等,能够给顾客带来更多的利益和更大的满足。随着科学技术的日新月异以及企业生产和管理水平的提高,不同企业提供的同类产品在实质和形式上越来越接近,因此附加产品在企业市场营销活动中的重要性日益突出,逐步成为决定企业市场竞争力高低的关键因素。

美国学者西奥多·莱维特曾经指出:"新的竞争不是发生在各个公司的工厂生产什么产品,而是发生在其产品能提供何种附加利益(如包装、服务、广告、顾客咨询、融资、送货、仓储及具有其他价值的形式)。"因此,企业要赢得竞争优势,就应向顾客提供比竞争对手更多的附加利益,这也是机电企业研究机电产品策略的出发点。

5. 潜在产品

潜在产品是指一个产品最终可能实现的全部附加部分和新增加的功能。许多企业通过对现有产品的附加与扩展,不断提供潜在产品,所给予顾客的不仅仅是满意,还使顾客在获得这些新功能时感到喜悦。潜在产品指出了产品可能的演变,也使顾客对于产品的期望越来越高。潜在产品要求企业不断寻求满足顾客的新方法,不断将潜在产品变成现实的产品,这样才能使顾客得到更多的意外惊喜,更好地满足顾客的需要。

二、产品的差异性

从产品整体概念的角度来看,除了产品的基本效用(即用以满足消费者核心利益需要的核心产品)之外,其他各个层次的产品概念是可以有所不同的。对具有同样效用的产品,不同消费者对其形态及附加利益的需求会有差别。如同样的洗衣机,有人喜欢全自动的,有人喜欢半自动的;有人喜欢双缸的,有人喜欢单缸的;有人喜欢上开门的,有人喜欢侧开门的。正是因为需求各不相同,而且会不断变化,所以能使企业有不断更新产品、增强竞争能力的机会。如中国山东的北极星钟厂,曾根据各种消费群体的不同需求特征,分别开发了适应农村市场需要的富有民族情趣的彩色雕刻木钟,适应城市市场需要的具有现代气息的艺术台钟,适应海外市场需要的仿古型立式座钟和挂钟等。其结果是产品的销售量不断上升,占据了行业的领先地位。

一般来说,有形产品的差异性可主要表现在一些基本要素上,例如,质量(可靠性、耐用性及产品精度)、功能(广度、深度)、式样、结构、特色,以及使用和修复的便利性等。企业只要在某一个或几个要素上能与同行业的竞争产品有明显差异,并能为消费者所接受,就能形成较强的竞争力。

现代企业产品外延的不断拓展缘于消费者需求的复杂化和竞争的白热化。在产品的核心功能趋同的情况下,谁能更快、更多、更好地满足消费者复杂的利益整合的需要,谁就能拥有消费者,占有市场,取得竞争优势。企业不断地拓展产品的外延部分已成为现代企业产品竞争的焦点，消费者对产品的期望值越来越多地包含了企业所能提供的服务、企业人员的素质及企业整体形象的"综合价值"。目前发达国家企业的产品竞争多集中在附加产品层次，而发展中国家企业的产品竞争则主要集中在期望产品层次。若产品在核心利益上相同，但附加产品所提供的服务不同，则可能被消费者看成是两种不同的产品，因此也会造成两种截然不同的销售状况。美国著名管理学家李维特曾说："新的竞争不在于工厂里制造出来的产品，而在于工厂外能够给产品加上包装、服务、广告、咨询、融资、送货或顾客认为有价值的其他东西。"

三、产品决策

产品决策是企业根据市场预测的结果，在企业经营战略的指导下，结合企业自身的具体条件，确定在未来一段时间内以什么样的产品(产品组合)满足目标市场需求及推出该产品的过程。任何一个自主经营的企业，都会把产品生产、产品组合、产品决策作为企业生命线。

1. 产品决策的内容

产品决策是市场营销的首要策略。产品决策的内容包括产品的开发、投产；现有产品的改进与更新换代；对现有产品进行最优组合、整顿和淘汰；合理利用企业的人力、物力和财力，力求达到最大的经济效益，向市场和用户提供适销对路的产品。

从市场观念看产品系统如图 3-2 所示。产品是企业一切经济活动的中心，产品决策是一项十分复杂的工作，与企业的经济、技术条件和所处的市场环境密切相关，需要从经营管理和生产技术两方面考虑，完成从产品构思到商品化的全过程。

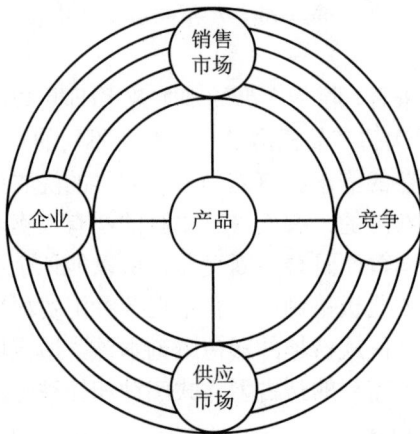

图 3-2　从市场观念看产品系统

产品开发和市场开拓的组合方式有以下几种：

(1) 市场渗透策略：在产品不变、市场不变的情况下，提高销售量。

(2) 市场开拓策略：产品不变，设法去寻找新市场、新用户。

(3) 产品开发策略：通过产品的更新换代或改进产品来满足现有市场的需求。

(4) 多边开发策略：把开拓新市场和开发新产品结合起来，采用多元化发展策略。

2. 产品决策在企业经营中的重要意义

产品决策在企业经营中有着重要意义。企业根据产品发展与市场发展两个方面来研究其策略，目的在于以何种规格、性能、质量的产品去满足目标市场的需求，使企业不断发展并开拓新的市场。

(1) 产品决策是企业经营决策的重要组成部分，是决定企业经营战略决策能否实现的首要保证。企业总体经营战略具有全局性、长远性的特点，企业总体经营战略目标最终要落实到如何满足用户的需求、如何满足市场的需求，落实到企业所提供的产品上，因此产品决策是企业经营战略目标的具体化。

(2) 产品决策在企业经营决策体系中居于重要地位，是企业经营战略决策的核心。企业一旦确定了所要经营的产品及品种结构，就要对生产和销售这种产品进行各方面的调整。有了产品，才有原材料的供应问题，才有产品销售的问题，甚至在一定条件下，企业还要为生产和经营该产品进行人事组织变动。产品决策是企业经营决策体系的灵魂。

(3) 产品决策对企业生存和发展有重要影响。一个企业能否不断发展壮大，要看其产品是否能满足市场需求，是否有较强的赢利能力和竞争能力，企业只有好的战略决策，而没有一个有发展前途的产品和产品结构，即使有再好的市场机会，也不可能给企业带来较好的经济效益。

知识点 2　机电产品生命周期与营销策略

一、产品生命周期

产品生命周期也称产品寿命周期，是指产品从进入市场到退出市场所经历的全过程。产品只有经过研究开发、试销，然后进入市场，它的生命周期才算开始。产品生命周期分为导入期、成长期、成熟期和衰退期四个阶段。每个时期都反映出用户、竞争者、经销商、利润状况等方面的不同特征，企业可以根据产品在生命周期各个阶段的显著特征制定最佳的产品营销策略，以满足用户需求，从而赢得长期利润。产品生命周期的不同发展阶段有着不同的市场特征，产品组合和营销策略也相应不同。对产品生命周期的分析主要是通过对产品的销售量和利润随时间的变化来进行研究的。

在科学技术高速发展的今天，产品生命周期越来越短，用户对产品的性能、价格等要求不断提高，企业唯有不断创新，快速响应用户要求，才能以具有特色和性能过硬的产品占领市场。

一般认为，产品生命周期可分为下列四个阶段：

(1) 导入期：企业开始批量生产产品并投入市场，此阶段产品的销售量低，用户从试用到接受产品需要一段时间，企业需要花费较高的宣传费用提高产品的知名度。

(2) 成长期：产品的知名度不断提高，初试产品的用户由于使用满意也会主动宣传。例如，机电产品的购买者在决定购买某一种产品时，往往会到已购买了这种产品的厂家去考察实际的使用效果，而好产品的声誉很容易从用户中传开，交叉影响能使新产品迅速向市场扩散。这一阶段中，产品的销售量迅速增长，利润显著增长。但竞争者的类似产品也可能会出现。

(3) 成熟期：产品开始大量生产和销售，市场基本饱和，销售量和利润达到高峰后开始下降，市场竞争日益激烈，产品的成本和价格趋于下降。

(4) 衰退期：新的替代产品出现，原有产品的销售量明显下降，利润减少。

产品生命周期是客观存在的，产品在不同的生命周期阶段，具有不同的市场特征。研究产品生命周期的意义在于指导企业的微观经济活动，企业可根据不同阶段的市场特征，制定和调整相应的市场营销策略，增强企业竞争力并提高经济效益。产品生命周期形态如图 3-3 所示。

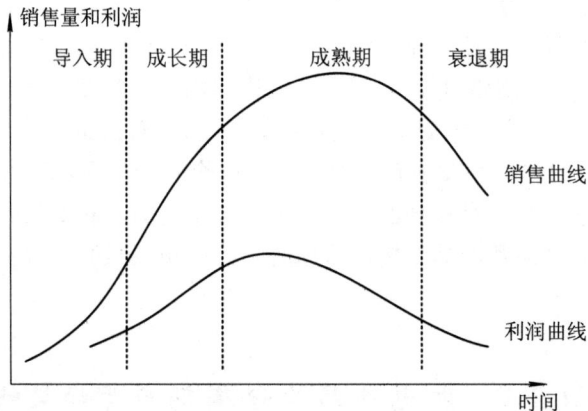

图 3-3　产品生命周期形态

二、市场营销策略

产品生命周期的四个阶段呈现出不同的市场特征，企业的营销策略也就以各阶段的特征为基点来制定和实施。产品生命周期四个阶段的营销策略如图 3-4 所示。

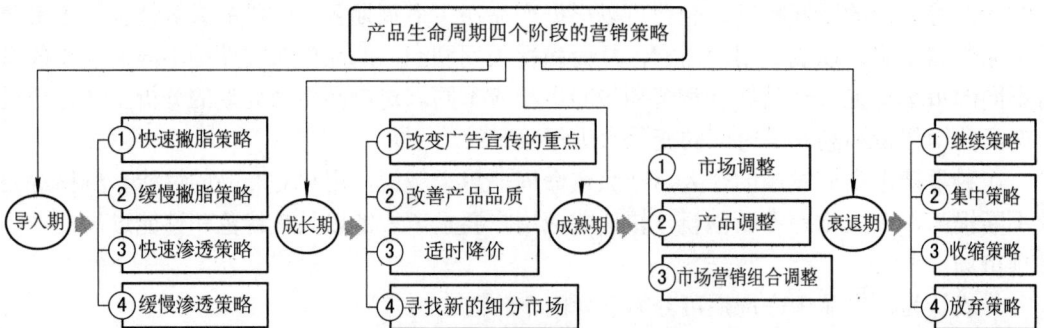

图 3-4　产品生命周期四个阶段的营销策略

1. 产品导入期的市场营销策略

产品导入期的特征是产品销售量低，促销费用高，制造成本高，销售利润很低甚至为负值。根据这一阶段的特点，企业应努力做到：投入市场的产品要有针对性；进入市场的时机要合适；设法把销售力量直接投向最有可能的购买者，使市场尽快接受该产品，以缩短导入期，更快地进入成长期。

在产品导入期，一般可以将产品、渠道、价格、促销四个基本要素进行组合，从而形成各种不同的市场营销策略。仅将价格高低与促销费用高低结合起来考虑，就有以下四种策略。

1) 快速撇脂策略

快速撇脂策略即以高价格、高促销费用推出新产品。实行高价策略可在每单位销售额中获取最大利润，尽快收回投资；高促销费用能够快速建立知名度，占领市场。实施这一策略须具备以下条件：产品有较大的需求潜力；目标顾客求新心理强，急于购买新产品；企业面临潜在竞争者的威胁，需要及早树立品牌形象。一般而言，在产品导入期，只要新产品比替代的产品有明显的优势，市场对其价格就不会那么计较。

2) 缓慢撇脂策略

缓慢撇脂策略即以高价格、低促销费用推出新产品。其目的是以尽可能低的费用开支求得更多的利润。实施这一策略须具备以下条件：市场规模较小；产品已有一定的知名度；目标顾客愿意支付高价；潜在竞争者的威胁不大。

3) 快速渗透策略

快速渗透策略即以低价格、高促销费用推出新产品。其目的在于先发制人，以最快的速度打入市场，取得尽可能大的市场占有率；随着销量和产量的扩大，单位成本降低，取得规模效益。实施这一策略须具备以下条件：市场容量相当大；潜在消费者对产品不了解，且对价格十分敏感；潜在竞争者较多；产品的单位制造成本可随生产规模和销售量的扩大迅速降低。

4) 缓慢渗透策略

缓慢渗透策略即以低价格、低促销费用推出新产品。低价可扩大销售，低促销费用可降低营销成本，增加利润。实施这一策略须具备以下条件：市场容量很大；产品的知名度较高；市场对价格十分敏感；存在某些潜在的竞争者，但威胁不大。

2. 产品成长期的市场营销策略

新产品经过导入期以后，消费者对该产品已经熟悉，消费习惯也已形成，销售量迅速增长，这时新产品就进入了成长期。进入成长期以后，老顾客重复购买，并且带来了新的顾客，销售量激增，企业利润迅速增长，在这一阶段达到高峰。随着销售量的增大，企业生产规模也逐步扩大，产品成本逐步降低，新的竞争者开始进入市场。随着竞争的加剧，新的产品特性开始出现，产品市场开始细分，分销渠道增加。企业为维持市场的持续成长，需要保持或稍微增加促销费用，但由于销量增加，平均促销费用有所下降。针对成长期的特点，企业为维持其市场增长率，延长获取最大利润的时间，可以采取下面几种策略。

1) 改变广告宣传的重点

企业应把广告宣传的重心从介绍产品转到建立产品形象上来，树立产品品牌，维系老顾客，吸引新顾客。

2) 改善产品品质

企业应对产品进行改进，如增加新的功能，改变产品款式，研发新的型号，开发新的用途等，提高产品的竞争能力，满足顾客更广泛的需求，从而吸引更多的顾客。

3) 适时降价

在适当的时机，企业可以采取降价策略，以激发那些对价格比较敏感的顾客产生购买动机并采取购买行动。

4) 寻找新的细分市场

企业应重新进行市场细分，找到新的尚未满足的细分市场，根据其需要组织生产，迅速进入这一新的市场。

3. 产品成熟期的市场营销策略

进入产品成熟期以后，产品的销售量增长缓慢，逐步达到最高峰，然后缓慢下降；产品的销售利润也从成长期的最高点开始下降；市场竞争非常激烈，各种品牌、款式的同类产品不断出现。根据成熟期的特点，企业宜采取主动出击的策略，延长成熟期，或使产品生命周期出现再循环。为此，可以采取以下三种策略。

1) 市场调整

市场调整不是要调整产品本身，而是通过发现产品的新用途、寻求新的顾客或改变推销方式等，以提高产品的销售量。

2) 产品调整

产品调整是通过调整产品自身的不同层次，以满足顾客的多样化需求，从而吸引各类型的顾客。任何层次的整体产品概念的调整都可视为产品的再次推出。

3) 市场营销组合调整

市场营销组合调整即通过对产品、定价、渠道、促销四个市场营销组合因素加以综合调整，刺激销售量的回升。常用的方法包括降价、提高促销水平、扩展分销渠道和提高服务质量等。

4. 产品衰退期的市场营销策略

产品衰退期的主要特点是产品销售量急剧下降；企业从这种产品中获得的利润很低甚至为零；大量的竞争者退出市场；消费者的消费习惯已发生改变等。面对处于衰退期的产品，企业需要认真地研究分析，决定采取什么策略，在什么时间退出市场。通常有以下几种策略可供选择。

1) 继续策略

继续策略是指继续沿用过去的策略，仍按照原来的细分市场，使用相同的分销渠道、价格及促销方式，直到这种产品完全退出市场为止。

2) 集中策略

集中策略是指企业应将能力和资源集中在最有利的细分市场和分销渠道上，从中获取利润。这样有利于缩短产品退出市场的时间，同时又能为企业创造更多的利润。

3) 收缩策略

收缩策略是指抛弃无希望的顾客群体，大幅度降低促销水平，尽量减少促销费用，以增加目前的利润。这样可能导致产品在市场上的衰退加速，但也能从忠实于这种产品的顾客中得到利润。

4) 放弃策略

放弃策略是指对于衰退比较迅速的产品，企业应该当机立断，放弃经营，对产品市场可以采取完全放弃的策略，如把产品完全转移出去或立即停止生产；也可采取逐步放弃的方式，使其所占用的资源逐步转向其他的产品。

产品生命周期各阶段的营销特点、目标和战略见表 3-1。

表 3-1　产品生命周期各阶段的营销特点、目标和战略

项　目	导　入　期	早期成长期	晚期成长期	成　熟　期	衰　退　期
顾客	创新者	早期采用者	早期大众	晚期大众	落后者
竞争	经常是垄断	进入竞争者	竞争更激烈	稳定的供求	收缩的需求
企业战略	抢先占领	跟随领先者	市场分割	模仿、跟随	
关键力量	研发	市场开发	市场调研	低成本	
产品	基本的	扩展的	差异化	产品线扩散	产品线合并
价格	高价	掠取或渗透		价格战或领导者定价	
促销		建立初步需求		选择性需求	
广告	教育性的	揭示产品新特性		强调品牌	数量少，强调忠诚
渠道	专门商店	新渠道		大量分配	
利润		高		低	
策略		推动		牵引	
动力		生产商		中间商	消费者
目标	尝试/知晓	市场份额		利润	收获

知识点 3　机电产品组合

为了适应市场的变化和提高经济效益，现代企业一方面要走专业化生产的道路，以分工细、规模大来提高劳动生产率和简化经营管理；另一方面要发展多品种生产来适应市场需求的多样化，因此优化企业的产品组合是产品决策的重要任务之一。

产品组合包括所有的产品线和产品项目。产品线是指企业经营的产品核心内容相同的一组密切相关的产品，产品项目是产品线中的一个明确的产品单位。

一、产品组合的概念

产品组合也称产品的各色品种集合，是指一个企业在一定时期内提供给市场的全部产

品线和产品项目在深度、宽度与关联性方面所采用的组合方式。好比人一样，产品都有由成长到衰退的过程，因此，企业不能仅仅经营单一类型的产品。世界上很多企业经营的产品往往种类繁多，如美国光学公司生产的产品超过 3 万种，美国通用电气公司经营的产品多达 25 万种。当然，并不是经营的产品越多越好，一个企业应该生产和经营哪些产品才是有利的，这些产品之间应该有些什么配合关系，这就是产品组合问题。

产品组合的概念如图 3-5 所示，包括产品项目、产品线、产品组合宽度、产品组合深度、产品组合长度和产品组合相关度。

(1) 产品项目：企业所生产的每一项产品，即列入生产和销售目录中的任何产品。

(2) 产品线：具有相关功能，但型号、规格不同的一组产品项目。

(3) 产品组合宽度：企业有多少条产品线，即有多少产品大类。

(4) 产品组合深度：每一条产品线中有多少个品种、规格。

(5) 产品组合长度：产品组合中所包含的产品项目的总数。

(6) 产品组合相关度：企业的各个产品大类在最终使用、生产条件、销售渠道等方面的密切相关程度。如小天鹅集团的产品都是围绕着"洗"的核心技术发展起来的，具有很强的相关性。但洗碗机与洗衣机之间在最终用途方面差异很大，因而缺乏相关性。一般多种经营的企业其产品线间的相关性小，有时会表现得毫无相关性。

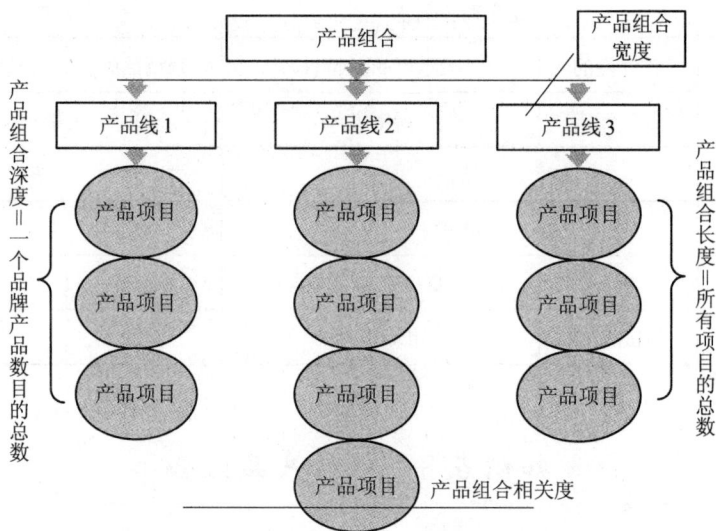

图 3-5　产品组合的概念

某企业是全国及东南亚规模最大、品种最多的燃气具阀门生产商，十几年来为国内外名牌燃气具提供"心脏"，在这个行业内声名显赫，是国内第一家通过英国 AOOC 公司 ISO 9002 国际标准认证的中国燃气具企业。该企业在产品发展策略中，充分利用本身的技术、设备、工艺、材料、市场销售网点，从制造阀门开始再到制造热水器、微波炉等，在进行多品种经营活动中不断发展壮大。凭借长青品牌的优势和市场影响，该企业开发适销对路的五金、家电产品，延伸现有产品线，从而合理调整现有资源配置，发挥潜在能力，占领市场。该企业的产品组合实例如表 3-2 所示。

表 3-2　产品组合实例

产品线	产品组合宽度	产品组合深度
产品线 1	阀门	单喷嘴阀、双喷嘴阀、三喷嘴阀、减压阀(共 48 个型号)
产品线 2	热水器	6L、6.5L、8L、9L
产品线 3	微波炉	WC850DB、WD850JB、W850DA、W850JA
产品线 4	吸油烟机	968A、968B、968E、968F、968C、968D
产品线 5	电开水瓶	CDK-969B、CDK-900A、CDK-30A
产品线 6	燃气饭锅	集体饭堂用

由表 3-2 可知，该企业的产品组合宽度为 6，产品组合深度最大为 48，产品组合长度为 65。实践证明，该企业通过不断拓宽产品，以创新求发展，从而不断有新产品推出市场。

二、产品组合分析

产品组合的宽度、深度、长度及相关度在市场营销战略上有着重要意义。增加产品组合的宽度，能够扩大经营范围，使企业产品面宽、接触市场面大、适应性更强，可减少单一产品经营的风险，可平衡产品线的盈亏，大大提高企业的经济效益；增加产品组合深度，可提供更多的品种、型号、规格来满足不同用户的需求；增加产品组合长度，可不断丰富企业产品，以适应市场多变的需求，提高产品的市场占有率；增加产品组合的相关度，能够提高企业在某一地区和行业中的声誉。企业应根据自身的特长和市场的需求，做好产品线与产品项目的决策，谋取更大的发展空间，以减少企业投资的风险，去获取更大的利润。

三、产品组合的优化

对于多种经营的企业，需要明确哪些产品需要企业提供大量资金，是企业发展的支柱；哪些产品最具有发展潜力，是企业未来的希望，应投入资金大力扶持；哪些产品应暂时维持现状；哪些产品应淘汰，有计划地调整产品组合，实现最优组合。产品组合优化如图 3-6 所示。企业在售产品分布在Ⅰ、Ⅱ、Ⅳ象限内，分别对应名牌产品、风险产品、厚利产品。企业利用厚利产品的盈利来扶持风险产品，风险产品以扩大市场占有率为目标；利用名牌

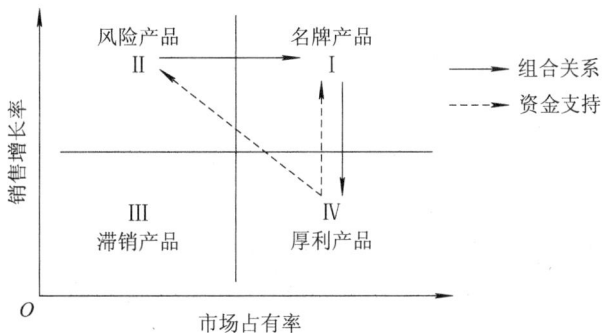

图 3-6　产品组合优化

产品和厚利产品为企业创造近期利润；利用风险产品和名牌产品的进一步发展，为企业创造远期的利润。这种产品组合有利于企业将短期利益和长远利益相结合，从而实现企业营销活动的良性循环。

产品组合的结构、作用、策略、分析相关内容见表 3-3。

表 3-3　产品组合的结构、作用、策略、分析相关内容

产品组合	产品线	具有相关功能，但型号、规格不同的一组产品项目
	产品项目	企业所生产的每一项产品，即列入生产和销售目录中的任何产品
产品组合的结构	宽度	企业有多少条产品线，即有多少产品大类
	深度	每一条产品线中有多少个品种、规格
	相关度	企业的各个产品大类在最终使用、生产条件、销售渠道等方面的密切相关程度
产品组合的作用	(1) 增加产品组合的宽度(即增加产品大类)，可以扩大经营范围，甚至跨行业经营，实现多角化经营，减少经营风险； (2) 增加产品组合的深度和长度(即增加产品项目、式样、规格)，可以迎合不同消费者的需求； (3) 增加产品组合相关度，可以充分利用企业的资源，提高企业的知名度	
产品组合的策略	(1) 扩大产品组合：拓展产品组合的宽度并加深产品组合的深度 (2) 缩减产品组合：删除那些获利很小或不获利的产品大类或产品项目	
	(3) 产品延伸	① 向下延伸是指在原来生产高档产品的基础上增加中、低档产品的生产 ② 向上延伸是指在原来中、低档产品的基础上增加高档产品的生产 ③ 双向延伸以原中档产品为基础，向上、下两个方面延伸
产品组合的分析	对企业产品组合策略进行分析时，特别要注意组合策略的有效性和时效性	

知识点 4　机电产品的品牌、商标与包装

品牌是用以识别产品或企业的特定标志。商标是经过登记注册的品牌要素。

一、品牌

品牌是一种名称、一个符号或一种设计的组合，蕴含了产品属性、名称、包装、价格、历史、声誉、广告风格等无形资产，使企业的产品能与其他竞争者的产品有所区别。品牌产品区别于其他产品最本质的特征是功能、质量和价格。品牌产品是质量的保证，为消费者带来实惠利益。品牌具有企业的文化内涵，良好的品牌有助于树立良好的企业形象，引导消费潮流，满足消费者深层次的需求。

品牌决策是企业整个产品战略的一个方面，是创建名牌的过程，也是促使企业调整和升级产业结构、提高实力的过程。品牌的建立，需要优质的产品和良好的服务作支撑。品牌的推广，更需要有一个强大的服务网络支撑，让尽可能多的用户熟悉并认同这一品牌。

企业可采取多品牌战略，对产品线中不同质量、不同档次的产品，采用不同的品牌，这将更利于产品的定位和宣传，迎合各个层次的消费者，而各个品牌各有竞争优势，当一个品牌市场占有率达到一定程度时，可用另一个品牌去占领市场。但多品牌难以统一形象，且宣传费用高。

当一个企业有了很好的品牌声誉，就可以充分利用品牌价值存量资产寻求新的经济增长点。

在中国加入世界贸易组织(WTO)之后，众多优秀企业加快了国际化的步伐。2023年，美的集团作为国内著名的家电产品制造企业，其营业总收入为2923.8亿元人民币。考虑到企业的飞速发展，产品家族的不断壮大，市场地位的提升和品牌国际化，美的集团启用了新的企业形象识别(CIS)系统。在新的品牌设计中，"美的"品牌明确定位为"创新领导者"，新标识由旋转的圆与"M"相连，表达了美的"致力创新、缔结完美和谐生活"的企业理念，反映出美的集团的本质特征、价值观念、文化内涵，体现了美的集团从"生产导向"到"市场导向"，从"产品经营"到"品牌经营"的转变，国际化经营战略的落地实施。

二、商标

品牌经过政府有关部门的审核，获准登记注册成为商标。商标受法律保护，企业拥有品牌的专用权，品牌的名称、标志均受法律保护，其他任何企业不得仿效使用。因此，商标是一种法律术语，也就是享有法律保护的某个品牌。企业的商标可在多个国家注册并受到各国法律的保护。

商标是企业为标示自己的产品所设计的一种特定图案和文字记号。商标是产品的有机组成部分，代表着产品的独特性质，具有信誉价值。在发达的商品经济条件下，商标是一种无形的资产，逐渐成为企业广告宣传、推销产品、争夺市场、与对手竞争的一种工具。

商标是产品的脸谱，代表产品的特征和质量，容易被消费者识别和记住，这有利于企业通过广告使消费者对商标所代表的产品有个好印象，进一步激发消费者的购买欲望，引导消费。

企业的产品有自己的商标后，还要不断在质量、性能、价格等方面提高商标的声誉，为广大消费者所承认。当某一型号产品成为名牌产品后，企业所生产的同一系列其他型号产品更容易进入市场并被消费者所接受，这就是品牌效应。

商标的设计要令人耳目一新，过目不忘。商标是由字母、曲线、图形、文字等要素组合而成，设计应简单明了，具有时代感，标新立异。一个好的商标会为企业树立起一个好的形象，并带来更大的利益。

作为知识产权，商标是一种思维劳动成果。作为工业产权，商标是一种物质财富。作为企业形象，商标代表着企业。驰名商标综合体现了企业的竞争实力、经济地位和管理水平。

好的商标设计应具有强烈的视觉冲击力和充满现代气息的图案与色彩，体现出企业的形象。部分品牌的商标如表 3-4 所示。

表 3-4　部分品牌的商标

序号	品　　牌	中文常用名称	国家	主要业务
1	Microsoft	微软	美国	软件
2	IBM.	国际商业机器公司	美国	信息技术
3	GE 通用电气公司	通用电气	美国	多样化
4	M	麦当劳	美国	快餐连锁
5	TOYOTA	丰田	日本	汽车
6	Midea	美的	中国	消费电器

三、包装

　　包装是为了在流通过程中保护产品、方便储运、促进销售，按一定的技术方法所用的容器、材料和辅助物等的总体名称。在现代市场营销中，一切进入流通领域的拥有商业价值的事物的外部形式都是包装。产品的包装一般有三个层次：内包装、中层包装、外包装。

　　标签也是包装的一个组成部分，是为了说明产品而贴在产品上的签条或印在产品包装上的信息。在标签上一般都印有包装内容和产品所包含的主要成分、品牌标志、产品质量等级、生产厂家、生产日期和有效期、使用方法等，有些标签上还印有彩色图案或实物照片，以促进销售。

　　包装主要有下列功能：

　　(1) 保护功能：保证产品在从出厂到运输、装卸、存放等过程中不致损坏，以保证产品的安全和完整。

　　(2) 便利功能：便于产品的运输、储存、计数，便于消费者使用。

　　(3) 销售功能：在包装上印上本企业商标，可方便消费者识别、传递商品信息，吸引消费者购买，也便于和竞争者的同类产品区别。

　　(4) 美化商品，提高价值：好的包装能提高商品的价值，特别是出口产品。

　　在设计产品包装时，主要考虑流通环境、包装材料、包装方法及操作工艺、包装成本等因素，应根据消费者的喜好来设计包装，使产品安全送达消费者的手中，以促进产品的销售和宣传。

此外，开发可回收利用的绿色包装材料是包装的发展趋势。

【思考与练习】

1. 产品整体概念的具体内容是什么？

2. 简述产品生命周期各阶段的市场特点与营销策略。

3. 产品组合的策略有哪些？

4. 阅读材料，请回答下列问题。

(1) "美的"品牌名称有何特色？

(2) 由"美的风扇"到"美的空调"，采用的是哪一种品牌决策？这种品牌决策有何优点和缺点？

材料：美的集团即广东美的集团有限公司，简称美的，1980 年时，它还只是广东省顺德县一个小镇的小作坊。"美的"创业之初，其条件并不是很好。在全国几千家电风扇厂家中，论设备和技术，美的都只是"小弟"，其生产风扇的历史也不长。但是，美的并不因此而裹足不前，相反，他们敢于开拓，敢为人先。美的在全国电风扇大战中率先采用塑料外壳代替金属外壳，大大降低了成本，在激烈的竞争中杀出一条生路。彼时，美的人在市场风浪的搏击中逐渐意识到市场需求正在不断发生变化，电扇产品不应是公司的唯一产品，随着人们生活水平的提高，空调必将是其替代品，应该及早开发和生产自己的空调产品。于是，1984 年公司开始全面实施品牌战略。

首先从企业的名称"美的"入手。作为企业、产品、商标"三位一体"的统一名称，用于表述产品质量优和企业形象美恰如其分，定能博得市场大众的认可。美的还充分考虑到这个名称足以涵盖各种产品、各行各业、国内国际市场。它是一种"美的事业"，它的形象给社会公众和消费者以亲切感、优美感、愉悦感，并使人产生无尽的联想。其次，美的集团在沟通策略上，提高了广告和促销活动的档次，突出品位高、质量高，目标是造就名牌和名流企业形象。它除了在全国主要报刊和中央电视台进行广告宣传外，还推出以明星为代言人的电视广告片，其核心是为突出美的"创造完美"的企业精神和经营理念。该集团的建筑文化、广告文化、销售文化、车间班组文化均有其特色。美的 CIS 中的标准色为蓝、白二色，犹如蓝天白云。美的工业城的现代建筑群、写字间、标牌、名片、办公用具、事务用品、运输工具、包装设计、食堂餐具、洗手间等，皆是一体的蓝白相间的色调，同其生产的"美的风扇""美的空调"等产品色彩相谐，给人赏心悦目、清凉优雅的感觉。这样精心的设计对于消费者来说，很难不产生一种诱惑，从而对企业及其产品产生好感。

项目四 机电新产品开发

【项目导航】

人类社会发展的车轮已把我们推向一个高速创新的时代。科学技术的飞速发展，经济全球化步伐的加快，市场竞争日益激烈，世界市场机会在不断转移，导致产品生命周期越来越短。在 20 世纪中期，"一代产品"的概念通常保持 20 年左右的时间，而到 90 年代，则不超过 7 年。20 世纪 80—90 年代，美国的产品生命周期平均为 3 年，1995 年已经缩短为不到 2 年。产品生命周期最短的是计算机行业产品，根据摩尔定理，计算机芯片的处理速度每 18 个月就要提高一倍，而芯片的价格却以每年 25% 的速度下降。这一切迫使企业即使不为了利润，也至少为了生存，必须不断开发新产品，以迎合市场需求的快速变化。产品创新已成为企业经营的常态。

企业得以生存和发展的关键在于不断地开发新产品。持续的新产品开发是企业稳定其利润水平的重要前提，是企业保证其市场竞争优势的重要条件，是企业的资源得到充分利用的保证。

通过本项目的学习，应认识新产品开发的重要意义、基本要求和内容体系，了解开发新产品的方式。

【案例导入】

案例 4-1 中国科技创新成果助力国家发展繁荣

近年来，中国在科技创新方面取得了显著成果，为国家的经济发展和社会进步作出巨大贡献，具体体现在以下方面。

1. 5G 技术：中国引领全球 5G 发展

中国在 5G 技术研发和应用方面走在世界前列。自 2019 年 5G 技术商用以来，中国的 5G 网络已覆盖全国所有地级市，并在全球范围内提供了广泛的 5G 基础设施建设。华为、中兴等中国企业在 5G 设备制造方面具有国际竞争力，为全球 5G 网络建设提供了关键技术支持。

2. 人工智能：中国企业崭露头角

在人工智能领域，中国企业如百度、阿里巴巴、腾讯等在全球范围内具有竞争力。这些企业在自然语言处理、计算机视觉、自动驾驶等领域取得了重要突破，为中国的科技创新和产业升级提供了强大动力。

3. 新能源汽车：中国品牌崛起

高度重视新能源汽车产业的发展，大力支持国内企业的研发和生产。比亚迪、蔚来等中国品牌在新能源汽车领域取得了显著成果，成为全球市场的领导者。

4. 太空探索：中国航天事业取得重大突破

中国航天事业取得了一系列重大突破，如嫦娥五号月球探测任务成功采集月球样本并返回地球、天问一号火星探测任务成功着陆火星等。这些成果展示了中国航天事业的实力和发展潜力，为人类探索宇宙作出了重要贡献。

案例 4-2　格力创新从核心技术突破产业难题

格力从关键技术创新、产品创新、服务创新、产业创新四个维度构建起格力在中国制造的标杆意义：作为最早举旗掌握核心科技的家电头部企业，格力在压缩机等关键技术领域的突破是中国制造崛起的开端；抓住消费者需求，从技术与需求两头着手实现产品创新是格力工业能力的体现；在流通渠道的服务创新则体现了格力强大的分销能力，更是在零售环节强化了产品的先进性；尤为重要的是，格力突破压缩机等技术的专利壁垒，带动了家电全行业链的创新，并从家电业拓展到整个高端智造领域。

2002 年，在中国空调业刚刚起步之时，格力在与国际巨头的竞争中就意识到：只有掌握核心科技，突破行业专利壁垒，坚持自主创新，才有中国产品崛起的机会。为此，格力提出了"掌握核心科技"的目标，科研投入实行"按需分配，不设上限"的原则，公司内部还设立最高达 100 万元的科技进步奖，通过多种措施激励科技创新。

依托自主创新，格力逐步打破了空调行业的技术瓶颈，用了不到两年时间一举攻克了日本耗时 16 年研发出的"多联式中央空调"技术；随后，格力又推出了中国首台离心式冷水机组，打破了国外对离心机技术的垄断；2005 年 11 月，世界第一台超低温数码多联机组在格力中央空调生产基地顺利下线，一个世界性的难题被攻克——空调不仅可以给 −25℃ 的寒冷地区送去温暖，而且能实现高效制热，省电节能。

如今，走进格力，全球最大的空调研发中心便矗立眼前。在这里，格力攻下一连串顶尖技术难关：每台每年可节电 440 度的 1 赫兹变频空调，摆脱氟利昂依赖的 R290 环保冷媒空调，改变北方传统供暖模式的双级变频压缩机，无稀土磁阻变频压缩机……截至 2022 年 9 月，格力已累计申请专利 102 835 件，其中发明专利 53 126 件；累计发明专利授权 15 986 件，是唯一一家连续六年进入中国发明专利授权量前十的家电企业。

凭借技术创新和过硬的品质，格力赢得了更大的国际市场，得到了世界的尊重，业务遍及全球 100 多个国家和地区。

案例 4-3　苹果产品成功的关键

1. 创新之最

苹果产品之所以成功，是因为它在技术和外形设计方面的创新能力和产品品质，是很多企业无法实现的。苹果公司从不因循守旧，总是勇于否定自己，超越自己，不断推出更时尚、更具魅力的新产品。

2. 大胆尝试

苹果的缔造者——乔布斯，大胆地将电脑、音乐和电影三个完全不同的世界巧妙地结合在一起，奉献给消费者一连串目不暇接的惊喜。从原始的苹果机到后来糖果颜色的 iMac，再到无论是设计还是功能都堪称经典的 iPod 系列产品，苹果产品注定成为标注不同时代特征的物质符号。这些做法是其他公司所不敢想象的，也不可能执行的。

3. 优秀的研发团队

苹果公司在整机技术领域多年积累，致力于以最优秀的人才打造其核心资源，成就了苹果公司在技术和产品上远远超出竞争者的实力。

营销启示：对于每件产品来说，只有不断改良、不断创新，才能避免被市场淘汰的命运。宣传并不是获得长期成功或发展的关键，产品开发与创新才是硬道理。苹果公司正是秉承着创新这一理念，不断地否定自己，不断地推陈出新，在 IT 这个竞争激烈的领域里占据着重要地位。

知识点 1　机电产品的发展趋势

在知识经济时代，创新是一个民族进步的灵魂，是国家兴旺发达的不竭动力。知识经济是以不断创新的知识和对这种知识的创造性应用为主要基础发展起来的。科学技术的迅速发展，全球化市场的形成，使国内外市场竞争日益加剧。随着经济的发展和社会物质财富的丰富，使得人们对产品多样化的需求日益突出，这对机械制造业提出了更高的要求。

一、赢得竞争必须提高市场占有率

企业若想赢得竞争，提高产品的市场占有率，必须具备下列条件：
(1) 时间竞争能力：新产品上市快，生产周期短，交货及时。
(2) 质量竞争能力：产品质量可靠，性能先进。
(3) 价格竞争能力：产品生产成本低，销售价格适中。
(4) 创新竞争能力：产品多元化、个性化、有特色，适应性广。

先进制造技术是传统制造技术不断吸收计算机技术、信息自动化技术、新材料技术和现代系统管理技术的新成果，并将其综合应用于产品开发和设计、制造、管理、销售、使用的全过程，这为加快新产品的开发提供了新的技术手段。例如，柔性制造系统(FMS)、计算机集成制造系统(CIMS)、敏捷制造系统(AMS)、并行工程(CE)、精良制造(LP)、智能制造系统(IMS)、生物制造系统(BMS)、虚拟制造系统(VMS)、独立制造岛、全能制造系统、全球制造系统、绿色制造等新方法、新技术、新观念、新思想，都是为了适应这个时代对新产品开发的需求，使传统制造技术发展为现代先进制造技术而产生的。这些变革，给整个机械制造业带来了十分巨大的影响，从而大大改变了世界的生产和经济形式，使之步入一个经营和制造活动全球化的时代。

现代市场已经由过去的卖方市场转变为买方市场，消费者对产品要求精益求精是永恒的主题，这与人类的物质文明与精神文明不断发展提高相适应。消费者对产品要求也日益向多元化、个性化方向发展，而传统的机电产品难以满足消费者的需求。因此，开发与生产机电一体化产品是 21 世纪机电行业发展的趋势。

二、机电产品的构成与发展趋势

1. 机电产品的构成

机电产品主要由下列三部分构成：

(1) 机械部分。这部分是整个产品的母体，包括动力部分，用于具体实现消费者需要的各种功能。

(2) 信息处理部分。这部分包括控制系统和计算机，是产品的神经部分。

(3) 传感器部分。这部分包括各种物理量传感器，是产品的感官部分。

纵观国内外机电一体化的发展现状和高新技术的发展动向，未来机电一体化产品将朝着智能化、网络化、绿色化、光电一体化、柔性化、模块化等多方向发展。机电产品的构成与发展趋势如图 4-1 所示。

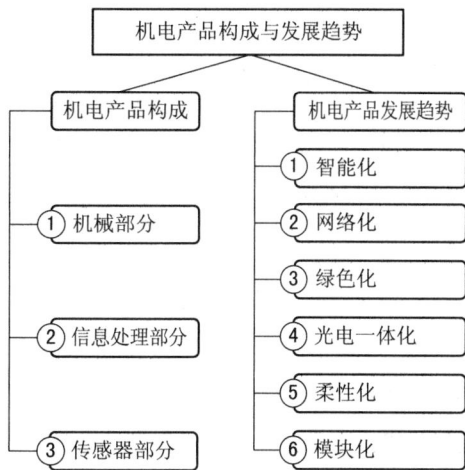

图 4-1　机电产品的构成与发展趋势

2. 机电产品的发展趋势

(1) 智能化。随着计算机、模糊技术、混沌学、人工智能等领域的发展及其在机电一体化领域的广泛应用，使得很多机电产品具有自主判断、逻辑思维和自主决策的能力，促使机电一体化产品的功能和工作效率有了较大的提高，使用的领域更加广泛。在军事领域，如战斧式巡航导弹和 X47-B 无人机，能自动识别、自主判断，对目标发动攻击。在家庭方面，如各类家庭机器人，已经在国内外开始推广使用。在其他方面如电子产品的人脸识别系统、语音识别系统，能够使产品的使用更加方便、安全。

(2) 网络化。随着网络的发展和普及，网络不断改变着人们的生活。很多机电设备都需要借助网络平台实现工作，如各式各样的 ATM 终端、校园网自动充值终端、云端控制的智能教室等。网络具有功能强大、实时性强、使用方便等优点，使用者可以在远离工作环境的情况下对设备进行远程操控，从而避免恶劣工作环境对人体造成的伤害。机电产品网络化能够让使用者享受高科技带来的便捷。

(3) 绿色化。随着经济的发展，人们在享受到发展成果的同时，也面临着资源枯竭、环境污染严重等问题，这些问题对人类的生存环境构成了严重的威胁，严重制约着我国的经济发展。绿色化就是将节能、环保的概念融入机电产品的设计、制造、使用、销毁的过程中去，使研发的机电产品在制造和使用的过程中能够达到人与自然和谐相处的目的。

(4) 光电一体化。随着光电技术的发展，以及在更多的机电设备中的应用，光机电一体化已经成为机电一体化发展的另一个重要趋势。例如，具有视觉功能的自动焊接设备、食品行业的自动装箱设备、激光测距仪、自动驾驶汽车等已开始应用。光电技术具有非接触式测量、抗干扰能力强和对目标持续长时间稳定跟踪等优点。

(5) 柔性化。在机电产品设计的过程中，设备的控制系统跟执行系统应尽可能有足够的冗余空间，以便应对突发事件，提高系统的稳定性跟可靠性，使系统更加灵活。在设计的过程中要保证每个子系统之间有一定的独立性，以防止某个系统出现问题而影响整个系统的使用性能。

(6) 模块化。目前，国内机电产品的生产厂家数量众多，而且生产的产品类型也较为复杂，由于产品都是按照自己企业的标准制定的，导致不同产品之间的零部件的互换性较差。在产品的研发过程中，企业要自己制定标准，在产品的后期维护过程中产品零部件的更换只能从原厂家购买，对产品的维护极为不方便。因此，各个机电产品厂家应该联合起来，制定统一的行业标准，让每个零部件规范化、模块化，以便于在设计的时候可以直接用现成的模块进行组装，减少设计成本，在后期维护的过程中，使用者可以直接在市场上买到相匹配的零部件，降低采购成本。

从资源经济走向知识经济，对机电制造业的影响表现在以下几个方面：强调人和社会与技术的和谐发展；对产品和消费观念的改变，是在物质形态中注入更多的知识形态，保证在产品的整个生命周期都能让消费者满意，产品的知识含量成为核心竞争力；产品的设计和制造过程中的数字化和智能化，经营和制造活动的全球化，促使企业提高对动态且多变市场的适应能力和竞争能力。

知识点2　新产品开发的基本要求与战略

新产品开发是指从研究选择适应市场需要的产品开始到产品设计、工艺制造设计，直到投入正常生产的一系列决策过程。从广义而言，新产品开发既包括新产品的研制也包括原有产品的改进与换代。新产品开发是企业研究与开发的重点内容，也是企业生存和发展的战略核心之一。企业新产品开发的实质是推出不同内涵与外延的新产品。对大多数企业来说，是改进现有产品而非创造全新产品。

一、新产品分类

为了便于对新产品进行分析研究，可以从多个角度进行分类，如图4-2所示。

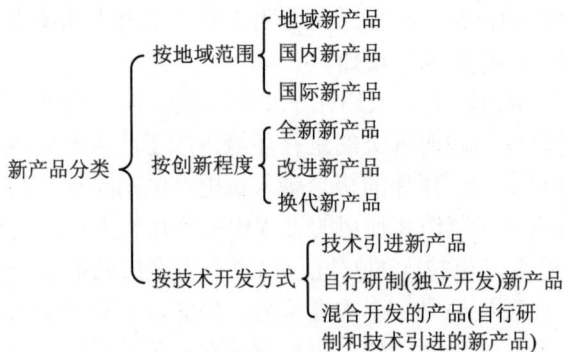

```
                    ┌ 地域新产品
         按地域范围 ┤ 国内新产品
                    └ 国际新产品

                    ┌ 全新新产品
新产品分类 按创新程度 ┤ 改进新产品
                    └ 换代新产品

                    ┌ 技术引进新产品
       按技术开发方式 ┤ 自行研制(独立开发)新产品
                    └ 混合开发的产品(自行研
                       制和技术引进的新产品)
```

图4-2　新产品分类

1. 按地域范围分类

(1) 地域新产品，指在国内其他地区或企业已经生产但该地区或该企业初次生产和销售的产品。

(2) 国内新产品，指在国外已经试制成功但国内尚属首次生产和销售的产品。

(3) 国际新产品，指在世界范围内首次研制成功并投入生产和销售的产品。

2. 按创新程度分类

(1) 全新新产品，指利用全新的技术和原理生产出来的产品。

(2) 改进新产品，指在原有产品的技术和原理的基础上，采用相应的改进技术，使外观、性能有一定改善的新产品。

(3) 换代新产品，指采用新技术、新结构、新方法或新材料在原有技术基础上有较大突破的新产品。

3. 按技术开发方式分类

(1) 技术引进新产品，指直接引进市场上已有的成熟技术制造的产品，这样可以避开自身开发能力较弱的难点。

(2) 自行研制(独立开发)新产品，指从消费者所需要的产品功能出发，探索能够满足功能需求的原理和结构，结合新技术、新材料的研究独立开发制造的产品。

(3) 混合开发的产品(自行研制和技术引进的新产品)，指在新产品的开发过程中，既有自行研制的部分，又有技术引进的部分，将两者有机结合在一起而制造出的新产品。

二、新产品开发的基本特性要求、原则与开发战略

新产品开发的基本特性要求、原则与开发战略如图 4-3 所示。

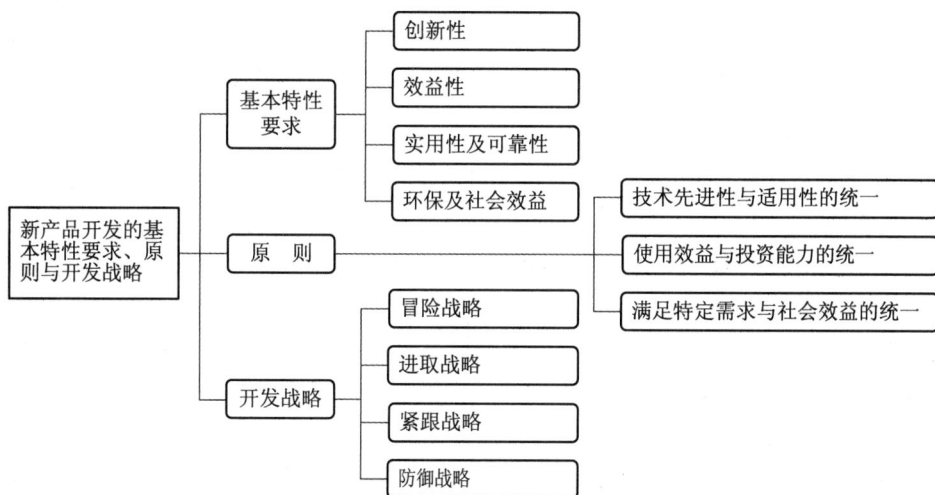

图 4-3　新产品开发的基本特性要求、原则与开发战略

1. 新产品开发的基本特性要求

(1) 创新性。创新是新产品的一种本质特征，这种新的特征可以是应用新的原理，也

可以是应用新的结构、新的材料、新的技术，从而扩展原有产品的功能、使用方式。例如，传统的压铸机，如果采用先进的电脑控制系统，就可以提高机械系统的自动化程度，使人在更舒适的环境中工作，可实现无人操作的全自动生产过程，整个生产过程依靠程序操作，不再需要靠人去观察、控制等，使生产效率大大提高。又如，汽车零件材料从铝合金改用镁合金，可大大减轻汽车的重量，还可减少能源消耗，提高车速和汽车性能。用先进的产品代替落后的产品是社会发展的客观规律，创新可贯穿于制造全过程，从产品创新、生产工艺过程创新、生产手段创新，到管理创新、组织创新及市场创新。

(2) 效益性。在市场经济中，从生产者到使用者都追求经济效益，如果一种产品在技术性能上非常先进，但生产成本巨大，资源消耗巨大，使生产者做不起，用户买不起，那么这样的新产品，尽管是新的，却没有市场。因此，开发一个新产品必须与整个国民经济水平、消费水平相符合。一个新产品只有比老产品有更优越的性能，且生产成本和售价都有所降低，具有明显的效益性，才会有市场前景。

(3) 实用性及可靠性。由于机电产品主要用于生产制造过程及各种装备，更注重其实用性、可靠性，使用起来要安全、方便、维修容易，因此开发的新产品要求好用、耐用、效率高、适应性广。特别是机电产品是由很多零部件构成的，构成产品的零部件通用化、标准化程度越高，用户使用、维修就越方便。

随着高科技的发展，机电设备也在向高性能化、智能化、网络化、微型化、系统化和轻量化发展。机电产品在使用过程中的正常运行，完全有赖于产品和系统的可靠性和安全性。

(4) 环保及社会效益。资源、环境、人口是当今人类社会面临的三大主要问题，特别是环境问题，正对人类社会生存与发展造成严重威胁。制造业虽是创造人类财富的支柱产业，但在生产过程中会产生大量的废弃物，如物料废弃物、能源废弃物、产品终结后的废弃物等，会对环境造成污染。在使用机电产品过程中也会产生废气、烟雾、噪声等，造成对环境的污染。因此，在新产品开发时需要充分考虑到对环境的影响和资源利用效率。现代绿色制造，其目标是从产品设计、制造、使用到报废处理整个生命周期中，提高资源利用率，减少废弃物，减少能耗，把对环境的污染降到最低，同时使产品成本降低。

2. 新产品开发应遵循的原则

新产品要被社会和消费者所接受，必须符合以上最基本的特性要求，并遵循下述原则：

(1) 技术先进性与适用性的统一。产品技术的先进性必须与企业开发这个产品的投资能力、使用能力、生产能力、配套能力相适应，即综合考虑技术、资金、资源、劳力之间的相互关系来决定新产品开发。

(2) 使用效益与投资能力的统一。开发新产品最终是为了给企业带来效益，但是发展新技术的需要性与迫切性，往往受到现有经济能力的制约，因此，必须衡量项目对国民经济发展的影响程度和本身的经济能力。

(3) 满足特定需要与社会效益的统一。任何一种新产品的产生都有其特定的目标，满足特定的需要，但同时也必须满足社会效益。

3. 新产品开发战略

新产品开发战略的类型是根据新产品战略的各维度组合而成的，包括产品的竞争领域、新产品开发的目标及实现目标的措施。下面是几种典型的新产品开发战略。

1) 冒险战略

冒险战略是一种具有高风险性的新产品战略。通常，企业在面临巨大的市场压力时，常常会孤注一掷地调动其所有资源投入新产品的开发，期望风险越大，回报就越大。该战略的产品竞争领域是产品最终用途和技术的结合，企业希望在技术上有较大的发展甚至是一种技术突破；新产品开发的目标是迅速提高市场占有率，成为该新产品市场的领先者；创新期望是首创，甚至是首创中的艺术性突破；以率先进入市场为投放契机；创新的技术来源采用自主开发、联合开发或技术引进的方式。实施该新产品战略的企业须具备领先的技术、巨大的资金实力、强有力的营销运作能力。中小企业显然不适合运用此战略。

2) 进取战略

进取战略是由以下要素组合而成的：产品竞争领域在于产品的最终用途和技术方面，新产品开发的目标是通过新产品市场占有率的提高使企业获得较快的发展；创新程度较高，频率较快；大多数新产品选择率先进入市场；开发方式通常是自主开发；以一定的企业资源进行新产品开发，不会因此而影响企业现有的生产状况。新产品创意可来源于对现有产品用途、功能、工艺、营销策略等的改进，改进型新产品、降低成本型新产品、形成系列型新产品、重新定位型新产品都可成为其选择，也不排除具有较大技术创新的新产品开发。该战略的风险相对要小。

3) 紧跟战略

紧跟战略是指企业紧跟其行业实力强大的竞争者，迅速仿制竞争者已成功上市的新产品，来维持企业的生存和发展。许多中小企业在发展之初常采用该战略。该战略的特点是：产品竞争领域是由竞争对手所选定的产品或产品的最终用途，企业无法也无需选定；新产品开发的目标是维持或提高市场占有率；仿制新产品的创新程度不高；产品进入市场的时机选择具有灵活性；开发方式多为自主开发或委托开发；研究开发费用小，但市场营销风险相对要大。实施该战略的关键是紧跟要及时，全面、快速和准确地获得竞争者有关新产品开发的信息是紧跟战略成功的前提；对竞争者的新产品进行模仿式改进会使其新产品更具竞争力；强有力的市场营销运作是该战略的保障。

4) 防御战略

目的是保持或维持现有的市场地位的企业通常会选择新产品开发的防御战略。该战略的产品竞争领域是市场上的新产品，新产品开发的目标是维持或适当扩大市场占有率，以维持企业的生存。企业多采用模仿型新产品开发模式，以自主开发为主，也采用技术引进方式。产品进入市场的时机通常较滞后，致使新产品开发的频率不高。成熟产业或夕阳产业中的中小企业常采用此战略。

知识点 3　新产品开发的内容与组织形式

一、新产品开发的内容

新产品开发的内容(如图 4-4 所示)是非常广泛的，涉及产品技术条件开发、产品整体性能开发和产品市场营销开发等。

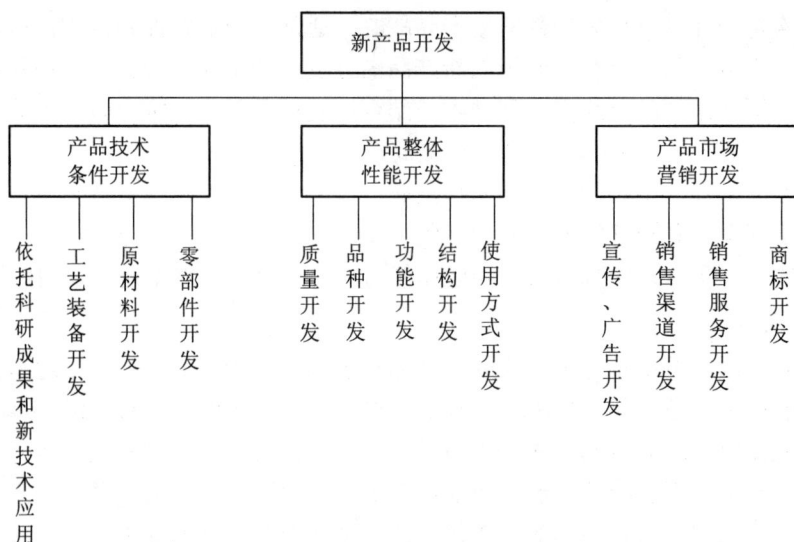

图 4-4　新产品开发的内容

1. 产品技术条件开发

产品技术条件开发是新产品开发的基础，为产品整体性能开发提供必备的条件和手段。

(1) 依托科研成果和新技术应用，收集了解机械制造领域的最新科研成果，最新技术发展状况，探讨机电新产品发展的趋势，提出和分析新一代产品的设想及设计方案。

(2) 工艺装备是新产品开发必备的生产条件。开发新产品前需要考虑现有的生产设备能否满足要求，是否需要开发具有先进技术水平的工艺装备来满足新产品开发的需求，或是改进现有工艺装备的功能、提高自动化程度来满足新产品对装备的要求。

(3) 原材料开发，即开拓选取材料的新资源、新品种；提高原材料的品质和效能，使用新型的节能材料；探索综合利用原材料的新途径、新方法及回收处理等。

(4) 零部件开发是指改进零部件的性能及结构，研究新的零部件组合及制造方法，提高零部件的标准化、系列化、通用化，以及研制生产零件的新材料。

2. 产品整体性能开发

产品整体性能开发是新产品开发最重要的工作，决定产品的品质、开发的成败。其内容包括：

(1) 质量开发：新产品标准的改进或提高，使产品性能更先进；质量保证所需要的测试手段；对影响质量的各种因素分析；开拓新产品提高质量性能的途径。

(2) 品种开发：探索新产品品种的发展方向，发展品种的系列化，增加品种的个性化，适应各种需求。

(3) 功能开发：扩大新产品的功能，增加产品的特殊功能，进一步挖掘产品的新功能，通过价值工程应用，使功能与成本匹配。

(4) 结构开发：研制和设计出产品的新型结构，向精密化、轻量化、微型化方向发展。创新产品的结构、新的构成原理，确立新的产品形象，包括产品的美感，外观造型。

(5) 使用方式开发：使产品的使用方式向自动化发展。研究产品使用过程的安全性、方便性、灵活性、可靠性，并增加新的使用方式。

3. 产品市场营销开发

产品市场营销开发是新产品实现其效益的关键性工作，企业要想赢得市场竞争，就要做好产品的市场营销开发工作。

(1) 宣传、广告开发。针对机电产品，除了在报纸、电视等传播媒介上大力宣传外，更有效的方法是在专业杂志、专业会议、专业展览会上进行推广介绍，面向真正的用户，营销效果会更好。

(2) 销售渠道开发。开拓新的销售市场，寻找销售对象。增加销售网点，扩大销售能力，加大市场覆盖面。采用最有效的销售方式及合理的销售路线。

(3) 销售服务开发。研究消费者满意的服务形式，完善销售服务的手段，提高销售服务的水平。

(4) 商标开发。确定企业的品牌，设计和使用有效的商标，树立企业的形象和信誉，保护企业的产品以防止假冒和侵权，扩大企业和产品的知名度。

二、新产品开发的组织形式

创新需要激情，避免纯理性；需要分权，否定集中；需要更多的激励和容忍，抛弃限制和惩罚；需要竞争，避免按章行事。创新的特点决定了新产品开发组织与一般管理组织相比具有其突出的特点，即有高度的灵活性和简单的人际关系，高效、快速的信息传递系统，较高的管理权力，充分的决策自主权等。总的原则是使新产品开发能快速、高效地进行。

新产品开发组织的特征使新产品开发组织的形式多种多样。一般常见的新产品开发组织有新产品委员会、新产品部、产品经理、新产品经理、项目团队、项目小组六种形式。

1. 新产品委员会

新产品开发委员会是一种专门负责新产品开发的组织形式，该委员会通常由企业最高管理层与各主要职能部门的代表组成，是一种高层次的新产品开发的参谋和管理组织。其优点是可以汇集各部门的想法和意见，强化信息沟通，使决策更加民主化和科学化；缺点是委员会成员之间的权责不清，容易发生互相推诿的现象，且当各职能部门的目标与企业总体目标不一致时，较难统一意见。新产品开发委员会属于矩阵式组织结构，可分为决策型、协调型和特别型三类。决策型新产品委员会的主要职能是制定新产品开发战略，配置新产品开发所需的企业内外部资源，评价及选择新产品开发项目等，通常是由企业最高领导者牵头。协调型新产品委员会的主要职能是负责新产品开发活动中各职能部门的协调。特别型委员会是新产品开发的智囊团，对新产品开发过程中出现的问题和困难提出建议和对策，如技术障碍、构思筛选的评价问题、设计问题、工艺问题、商品化过程中出现的问题等，由各种专家和职能部门的关键人物等组成。

2. 新产品部

新产品部也称产品规划部、技术中心或研究所等，即从若干职能部门抽调专人组成一个固定的独立性的开发组织，集中处理新产品开发过程中的种种问题，如提出开发的目标，制定市场调研计划，筛选新产品构思，组织实施控制和协调等。该部门的主管拥有实权并与高层管理者有着密切联系。新产品部是新产品委员会最恰当的补充管理组织，其优点是权力集中，建议集中，见解独立，有助于企业进行决策，并保持新产品开发工作的稳定性和管理的规划性；缺点是不易协调各职能部门之间的矛盾。

3. 产品经理

许多公司把新产品开发作为产品经理的一项重要职能，但产品经理往往只会对他所负责管理的产品或产品线投入更多的时间和精力，对新产品的开发无法尽全力。

4. 新产品经理

企业根据所实施的新产品项目的多少在产品经理下面设置若干新产品经理，一个新产品经理对一个或一组新产品项目负责。从新产品策划一直到新产品投入市场，都由新产品经理负责进行。这种组织形式主要适用于规模较大，资源丰富，新产品项目多，主要依靠新产品参与竞争的企业。

5. 项目团队

项目团队正日趋成为一种最强的横向联系机制。团队是一种长期的任务组，经常和项目小组一起使用。当在一段较长的时间内需要部门的协调活动时，设立跨部门项目团队是明智的选择。例如，波音公司在设计和生产其新的 777 型飞机时大约使用了 250 个团队，其中一些团队是围绕飞机的部件设立的，比如机翼、驾驶室、发动机团队。为特殊的顾客服务也可以组成相应的团队。

6. 项目小组

有些企业会为不定期的新产品开发设立临时的项目小组，由来自各个不同职能部门的人员组成，是一种矩阵式的组织形式。项目小组通常向企业的最高管理层直接报告工作，并具有为新产品制定政策的权力。它的工作期限不定，到完成任务时为止。不同的开发项目，其成员不同，但成员往往具有较强的革新和开拓精神。项目经理对整个新产品开发负责，但对项目组成员并不拥有加薪、升职、雇佣和解雇的权力，这种权力属于职能部门管理者。项目经理需要有出色的人际关系协调能力，需要通过专业知识和沟通能力来实现协作。

知识点 4　新产品开发的程序

企业开发新产品要承担很大的风险，为了降低风险，新产品的开发就必须按照一定的科学程序来进行。通过这些程序对各种新产品的构思和创意进行层层筛选和试制，就能使新产品的开发效益得到比较可靠的保证。

新产品开发是一项复杂的系统工程，也是一个创新并充满风险、矛盾的过程。从新产品的构思、设计、试制、鉴定、试销、规模生产到营销，一环扣一环，涉及面很广。新产品开发的程序如图 4-5 所示。

市场存在需求 本身拥有技术 最新科研成果	市场分析 经济分析 可行性分析	确定开发方案 准备生产	设想具体化 工艺装备 原材料准备	工程 实验	生产能 力配置
↓	↓	↓	↓	↓	↓
实际应用产品 构思、设想	筛选、评价产品 确定开发的产品	编制新产品 计划书	产品设计 优化、分析	产品试制 产品评定 产品试销	规模 生产

试销反馈意见
改进、完善

市场销售
市场开拓

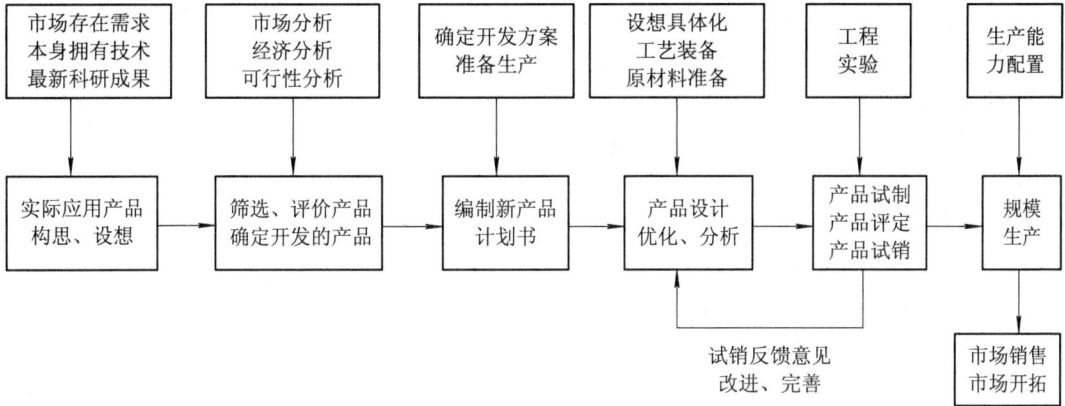

图 4-5　新产品开发的程序

一、新产品构思

构思不是凭空瞎想，而是有创造性的思维活动。新产品构思实际上包括两方面的思维活动：一是根据得到的各种信息，发挥人的想象力，提出初步方案；二是考虑市场需要什么样的产品及其发展趋势，提出具体的产品设想方案。可以说，新产品构思是把信息与人的创造力结合起来的结果。

新产品构思的来源很多，如用户、企业营销人员、市场研究机构、专家、竞争对手、广告代理机构等，用户则是其中一个十分重要的来源。据美国 6 家大公司调查，成功的新产品设想中 60%到 80%来自用户的建议。一种新产品的设想，可以提出许多的方案，但一个好的构思，必须同时兼备以下两点：

(1) 构思要非常奇特。创造性的思维，就需要有点异想天开。富有想象力的构思，才会创造出具有生命力的新产品。

(2) 构思要有可行性，包括技术和经济上的可行性。根本不能实现的设想，只能是一种空想。

二、新产品筛选

从各种新产品设想的方案中，挑选出一部分有价值的方案进行分析、论证，这一过程就是筛选。筛选的目的不是接受或拒绝这一设想，而是确定这一设想是否与企业目标相一致，是否具有足够的可实现性和合理性以保证有必要进行可行性分析。新产品筛选要努力避免以下两种偏差：

(1) 轻易放弃有开发前途的产品设想，失去成功的机会。

(2) 错误选择没有开发价值的产品设想，导致投产后失败。

筛选时必须根据一定的标准对新产品的设想方案逐项进行审核与技术评价，评价内容包括产品开发的必要性与重要性、产品的先进性与技术档次、产品的适用性及可靠性、所需要的投资、经济效益与社会效益、技术成功的概率、研制开发周期，以及是否符合国家产业政策、资源利用和环境影响。

在筛选阶段，企业必须避免两种错误。一种是误舍错误，即将一个存在某些缺陷，但只要稍加修改即可带来良好经济效益的创意舍弃。例如，日本对个人电脑的开发实际上是同美国差不多同时起步的，但他们却忽视了这一具有极大潜在市场的产品，结果在个人电脑市场上就远远落伍了。另一种是误用错误，即企业允许一个错误的创意投入开发和进行商业化批量生产。

三、编制新产品计划书

编制新产品计划书是在已经选定的新产品设想方案的基础上，具体确定产品开发的各项经济指标、技术性能，以及各种必要的参数。它包括产品开发的投资规模、利润分析及市场目标，产品设计的各项技术规范与原则要求，产品开发的方式和实施方案等。这是制定新产品开发计划的决策性工作，是关系全局的工作，需要企业的领导者与各有关方面的专业技术人员、管理人员通力合作，共同完成。这一步工作做好了，就为新产品的实际开发铺平了道路。

四、新产品设计及制造过程准备

新产品设计及制造过程准备是从技术、经济等方面进行综合评估和分析后，把新产品设想变成现实的一个重要的阶段，是实现社会或用户对产品的特定性能要求的创造性劳动。新产品设计直接影响产品的质量、功能、成本、效益，甚至会影响到产品的市场竞争力。以往的统计资料表明，产品的成功与否、质量好坏，其中 60%～70%取决于产品的设计工作。因而，新产品设计在新产品开发的程序中占有十分重要的地位。

设计要遵循三个原则：有明确的目的；从用户的角度出发；从掌握竞争优势来考虑。现在，许多企业为了赢得市场，在新产品设计时都十分重视采用现代化的设计方法，如价值工程、可靠性设计、优化设计、计算机辅助设计、正交设计等。产品设计的科学性，是与科学的设计方法分不开的。产品制造过程的准备，产品制造过程所采用的技术，所应用的工艺流程、生产组织，所需要的设备及工艺装备、检测手段及仪器、原材料的选择，这一切都需要进行周密的计划及安排，以保证新产品制造过程中各项工作的衔接及连续性。

五、新产品试制

新产品试制是按照一定的技术模式实现产品的具体化或样品化的过程。它包括新产品试制的工艺准备、样品试制和小批试制等几方面的工作。新产品试制是为实现产品大批量投产的一种准备或实验性的工作，因而无论是工艺准备、技术设施还是生产组织，都要考虑实行大批量生产的可能性，否则产品试制出来，也只能成为样品或展品，只会延误新产品的开发进度。同时，新产品试制也是对设计方案可行性的检验，要避免设计与成品不相符，设计脱离产品的实用性，与新产品开发的目标背道而驰，否则会导致失败。

新产品试制应由企业的科研部门和生产部门负责，但是企业的最高管理部门与营销部门要共同参与，把握新产品试制的进程，提供各种有用的信息，这有利于新产品试制顺利完成。

六、新产品评定

新产品试制出来以后，要从技术、经济等方面对产品进行全面的试验、检测和鉴定。这是一次重要的评定工作，对产品的技术性能的试验和测试分析是不可缺少的，主要内容包括：系统模拟实验、主要零部件功能的试验以及环境适应性、可靠性与使用寿命的试验测试，以及操作、振动、噪音的试验测试等。对产品经济效益的评定，主要是通过对产品功能和成本的分析、对产品投资和利润目标的分析、对产品社会效益的评价来实现的，并需要确定产品全面投产的价值和发展前途。对新产品评定是一个过程，实际上贯穿于产品开发过程的始终。这一阶段的评定工作是非常重要的，它不仅有利于进一步完善产品的设计，消除可能存在的隐患，而且可以避免产品大批量投产后可能带来的巨大损失。

七、新产品试销

新产品试销是指在限定的市场范围内，将新产品投入市场销售的一次试验。通过试销，可以了解消费者对新产品的真实需求和市场反馈，根据试销结果及时修正产品并重新制定产品决策。一次必要和可行的试销，对新产品开发的作用是很明显的。其主要表现为以下三方面：

(1) 可以比较可靠地测试或掌握新产品销路的各种数据资料，从而对新产品的经营目标做出适当的修正。

(2) 可以根据不同地区进行不同销售因素组合的比较，以及市场变化趋势，选择最佳的组合模式或销售策略。

(3) 可以根据新产品的市场试购率和再购率，对新产品正式投产的批量和发展规模作出进一步的决策等。

当然，也并不是任何产品都要进行市场试销，有的产品可以直接推向市场，如价格昂贵的特殊品及高档消费品以及市场容量不大的高价工业品等。市场试销主要是针对那些使用面较广，市场生命周期较长，以及市场容量较大的产品。

八、进入商业性规模生产

进入商业性规模生产包括新产品的正式批量投产和销售工作。产品的批量上市并不意味着新产品开发已经取得成功，反而正是检验新产品能否真正被市场接受的关键时刻。如果策略不当，产品仍然可能存在滞销的危险。企业必须在新产品批量上市的时间、地点、渠道、方式上作出正确的决策，进行合理的营销组合。如新型的保暖用品选择在突然降温的时候推出，其吸引顾客注意的可能性就会大得多；一般产品若在万商云集的大都市推出比其在中小城市推出影响面也会大得多。良好的上市策划往往能使一些新产品的市场导入期大大缩短。菲利浦·科特勒曾说过："市场营销就是考虑如何在适当的时间、适当的地点将适当的产品，以适当的价格和适当的方式卖给适当的顾客。"这一观念同新产品的上市策划思想是完全一致的。因此，企业在组织新产品上市时一定要对市场的环境条件进行认真的分析，准确把握时机，精心设计方案，以确保新产品顺利进入市场。

知识点 5　新产品开发的经济分析

在新产品开发的全过程中，每一阶段都需要进行经济分析和评价，从而提供新产品开发投资决策的科学依据，使新产品的整体结构、技术性能与经济性能得到最好结合。新产品开发的经济分析是为了解决新产品的功能与制造费用的优化问题，以及分析新产品的生产规模的合理性与投资项目的营利性问题。

一、新产品开发的经济评价

在进行新产品开发的经济评价时，要考虑一系列有关的因素，主要有国家经济发展规划、政策、法令、法规；社会需求、市场容量；企业自身的技术能力、生产能力、管理水平、资金能力、成本费用、交货期等。综合考虑这些因素，可以获得一个准确的新产品开发评价。

1. 新产品的评价项目

新产品的评价项目随产品性质的不同做具体选定，一般机电产品包括下列各项：
(1) 产品基本功能，即满足用户基本效用和需求的程度。
(2) 产品性能质量，即效率、精度、可靠性等内在质量和外在质量要求的程度。
(3) 产品和零件结构工艺性，即生产加工的可能性、合理性、经济性。
(4) 操作维修方便性，即易于掌握和操作、维修的方便程度。
(5) 安全性与环保影响，即符合安全法规及环保要求的程度。
(6) 寿命周期成本，即制造成本与使用成本的合理性和可接受的程度。

2. 新产品评价的常用方法

新产品评价常用方法有定量评价法(即在定量分析的基础上进行评价)、评分法(包括评价等级、分数标准及加权方法)、计算各评价项目因素的期望值等。企业通过这些方法可以获得最终的评价结果，同时可将其作为新产品开发的决策依据。

二、新产品开发的经济分析

一项新产品的开发在通过了技术经济评价后，能否实施，还应进行企业盈利性的经济分析。只有符合企业盈利目标的新产品，才有开发的意义。任何一个企业，其生存、发展的基础是利润。

新产品开发的经济分析，可采用以下方法。

1. 损益平衡分析法

损益平衡分析法是通过对新产品在某一时期内生产成本、销售量和利润关系的分析，考查企业获得经济收益的可能性。损益平衡分析法包括线性损益平衡分析法和非线性损益平衡分析法。

(1) 线性损益平衡分析法。当新产品的销售总收入、总成本同销售量呈线性关系时，企业可以采用这种分析方法来判断开发新产品的盈利或亏损。其公式如下：

$$E = R - C = PQ - (F + VQ) \tag{3-1}$$

式中，E 表示利润；P 表示产品售价；R 表示销售总收入；C 表示生产总成本；F 表示固定成本；V 表示单位产品变动成本；Q 表示销售量。

当损益平衡时，即

$$E = 0$$

$$PQ_0 = F + VQ_0 \tag{3-2}$$

其中 Q_0 表示盈亏平衡点的销售量，即

$$Q_0 = \frac{F}{P - V} \tag{3-3}$$

结论：当 $Q > Q_0$ 时，企业盈利；当 $Q < Q_0$ 时，企业发生亏损；当 $Q = Q_0$ 时，企业不亏不盈。

如果已知企业目标利润 E，则新产品的发展规划及销售量必须达到某一规模才有盈利，即

$$Q = \frac{F + E}{P - V} \tag{3-4}$$

式中，要明确时间界限，如果时间界限为一年，Q 表示年产销量，F 表示每年应回收的固定成本，E 表示企业对本方案的年度目标利润额，则损益平衡图如图 4-6 所示。

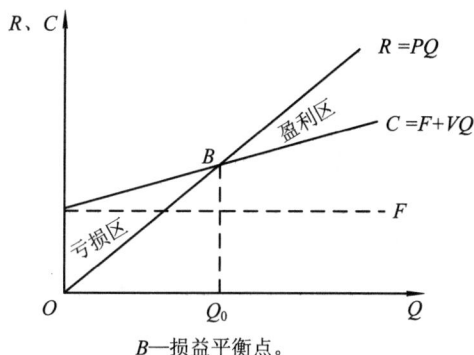

图 4-6 损益平衡图

(2) 非线性损益平衡分析法。该方法用于当新产品的销售收入 $R(Q)$、成本 $C(Q)$ 同销售量呈非线性关系时的情况，如图 4-7 所示。

E 为利润曲线(产销售量函数)：

$$E(Q) = R(Q) - C(Q) \tag{3-5}$$

当销售量为 Q_1、Q_2 时，企业利润为 0。

当 Q 在 Q_1 与 Q_2 区间内时，利润达到最大：

$$\frac{dE}{dQ} = \frac{dR}{dQ} - \frac{dC}{dQ} = 0 \tag{3-6}$$

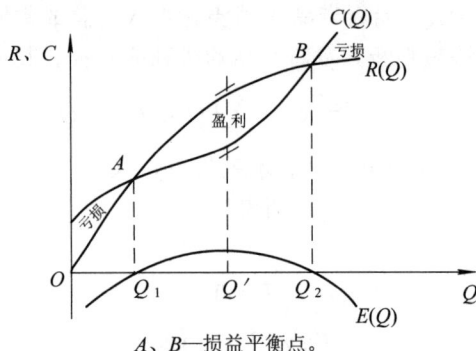

A、B—损益平衡点。

图 4-7　总收入、总成本和利润曲线图

利润最大化的条件为

$$\frac{dR}{dQ} = \frac{dC}{dQ} \tag{3-7}$$

式中，dR/dQ 是销售总收入曲线上某一点切线的斜率，称为边际收益；dC/dQ 是销售总成本曲线上某一点切线的斜率，称为边际成本。当边际收益等于边际成本时，企业获得的利润最大。

2. 现金流量分析法

新产品开发是一个投资方案寻求回报的过程。现金流量分析法考虑资金的时间价值因素，对投资方案进行动态经济评价。其原理是把预计新产品在市场生命周期中所收回的收入(即现金流入量)折算为现值，同新产品的投资支出(即现金流出量)的现值加以比较，通过比较的结果来评价新产品投资的经济效益。现金流量分析法包括净现值法、内部利润率法、年度等值法和动态投资回收期法等。

3. 价值分析

在开发新产品的过程中，能以最低费用生产出用户需要的产品，实现这个要求所使用的一套方法被称为价值工程，即价值分析。

产品的功能是指产品的用途和作用，是由每一个零部件的功能来实现的。通常，少数关键零件的成本占去了成本的大部分，所以应选择关键零件作为价值工程对象来进行评价分析。

价值分析的核心是产品功能分析，该方法已成为使产品或工程项目具备必要功能以降低产品成本的有效方法，得到普遍应用。其计算公式为

$$V = \frac{F}{C} \tag{3-8}$$

式中，V 表示价值；F 表示功能；C 表示成本。

价值是评价成本与功能匹配是否得当的指标：当 $V = 1$ 时，表示功能与成本匹配；当 $V > 1$ 时，表示能以较低的成本取得较多的功能；当 $V < 1$ 时，表示为取得功能需花费过多的成本。

通过寻求功能与成本之间的最佳关系，从而达到提高产品价值的目的的有以下五种途径：

(1) 功能不变，降低成本。

(2) 成本不变，增加功能。

(3) 既增加功能，又降低成本。

(4) 增加少量成本，使功能大大增加。

(5) 功能稍有减少，成本大大降低。

知识点 6　开发新产品的方法

新产品开发的方法很多，企业可根据内外部条件做适当的选择。但是，新产品开发的成功率很低，而且有很大的风险。新产品开发的方法与风险如图 4-8 所示。

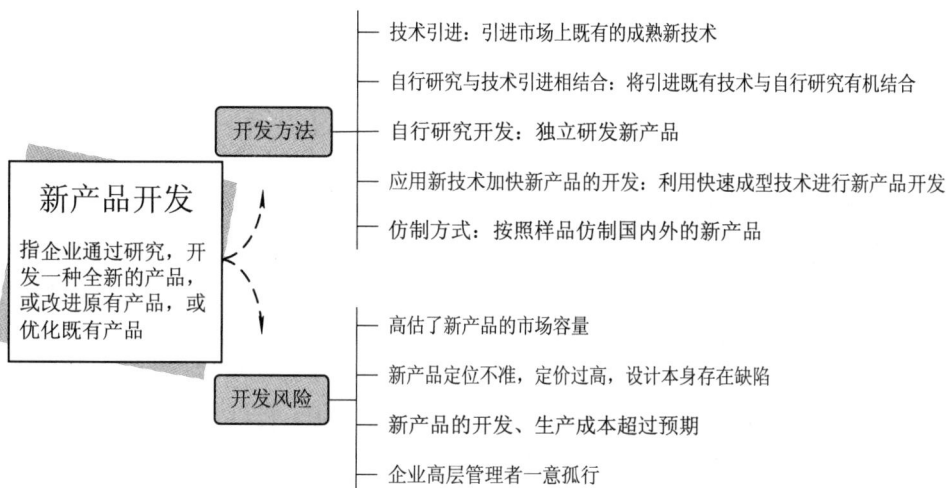

新产品开发
指企业通过研究，开发一种全新的产品，或改进原有产品，或优化既有产品

开发方法
— 技术引进：引进市场上既有的成熟新技术
— 自行研究与技术引进相结合：将引进既有技术与自行研究有机结合
— 自行研究开发：独立研发新产品
— 应用新技术加快新产品的开发：利用快速成型技术进行新产品开发
— 仿制方式：按照样品仿制国内外的新产品

开发风险
— 高估了新产品的市场容量
— 新产品定位不准，定价过高，设计本身存在缺陷
— 新产品的开发、生产成本超过预期
— 企业高层管理者一意孤行

图 4-8　新产品开发的方法与风险

1. 技术引进

技术引进是指通过与外商进行技术合作、补偿贸易，向国外购买专利技术、关键设备等，引进比较先进和成熟的新技术。其优点是，能够利用有限的资金和技术力量，较快地掌握先进的生产技术，缩短与国外产品的技术差距，提高企业的竞争力，也有利于企业顺利进入国际市场。但是，由于这种产品的市场往往已被别人率先占领，技术引进的代价也较高，只能有选择地重点引进，引进以后，而要在一定时间、一定范围内产生产品市场优势才是可取的。所以应用这种方式时要注意引进的技术应该是较为先进的，对于企业生产技术水平的提高具有推动和启发作用的。

2. 自行研究与技术引进相结合

企业若想要尽快吸收国际上的新技术，就应发挥企业的独创精神，以技术引进为起点，与本国、本企业的科研成果相结合，才能创造出技术先进的新产品。

自行研究与技术引进相结合的形式大体有以下两种：

(1) 在充分消化引进国外先进技术的基础上，结合企业自身特点进行创新。

(2) 立足于自身技术的基础上，引进某些新技术以弥补自己的不足，这样既能充分发挥企业自身的技术优势，又能更好地发挥引进技术的作用，使开发出来的产品具有先进性、见效快的特点。

3. 自行研究开发

自行研究开发分为以下三种情况：

(1) 从基础理论研究到应用技术研究，再到产品开发研究的全部过程都靠企业自己的力量进行。

(2) 利用社会上基础理论研究的成果，进行应用技术研究和产品开发研究。

(3) 利用社会上应用技术的研究成果，进行产品开发研究。

第(1)种和第(2)种如果自行研究开发成功，可使企业独占新产品的优势地位，但是需要从探讨产品的原理与结构、新材料、新技术开始，一般适用于技术经济实力雄厚的大型企业。

综上所述，自行研究开发方式是一种独创型的新产品发展策略，目的是发展有企业特色的新产品，从而在市场上占据有利地位。

4. 应用新技术加快新产品的开发

激烈的市场竞争使产品的更新换代速度加快。随着中国加入 WTO，产品生产与国际接轨，传统的制造方法已不能适应市场的需求。新产品的研制开发是一个复杂而精密的过程，涉及材料、结构、性能、工艺、外观等一系列因素，从设计、工艺分析、工艺装备、加工制造到样品，使用传统的制造方法短则需要几周，长则需要几个月的时间。

目前，快速成型技术为新产品的开发提供了全新的方法。这是一种集精密机械、计算机、数控、激光、新材料于一体的高新技术，采用这种技术，能在几小时至几十小时内将CAD(计算机辅助技术)三维实体模型制成零件原形，然后对所设计的零件进行评价、测试(如几何尺寸、装配关系、性能等)，如不满意可修改模型后再制出零件原形，大大缩短了产品从设计到定型的时间。快速成型技术特别适合于机械行业的复杂零件、特殊零件和模具制造。在新产品开发过程中，快速成型技术为机电新产品的设计开发人员建立了一种崭新的产品开发模式。运用快速成型(RP)技术能够快速、直接、精确地将设计思想转化为具有一定功能的实物模型，不仅缩短了开发周期，还降低了开发费用，有利于企业在激烈的市场竞争中抢占先机。

5. 仿制方式

按照样品仿制国内外的新产品，是迅速赶上竞争者的一种有效地开发新产品的方式。其优点是仿制费用低、成功率高。其缺点是市场占有率较领先发展新产品的企业要低。但是，如果能在仿制时有所创新，则可获得后发制人的效果。此种方式的运用要注意不能违反有关新产品专利权和其他知识产权的法规。

以上五种方式，企业可单独应用也可并行采用，以利于产品的不断推陈出新。

【思考与练习】

1. 新产品开发策略有哪些？请举例说明。

2. 新产品开发的基本特性要求有哪些？

3. 新产品开发的一般工作程序是什么？

4. 开发新产品的方法有哪些？

5. 新产品开发是生产型企业的经营命脉。一个企业要想发展，就要自主创新，不断开发新产品；否则，企业只会逐渐衰退。阅读以下材料，谈谈你的看法。

材料：华为是一张中国"名片"，也是中国民营企业的一面旗帜。华为从创业时做贸易起家，历经磨难，深刻体会到了自主研发对于打造企业核心竞争力、保证企业可持续发展的重要性。为此，华为人20多年坚持不懈地自主研发和创新，成就了今日全球信息通信产业中实力超群的中国企业。

5G技术让人们看到了华为的强大科研能力以及"板凳要坐十年冷"的科研精神。作为一家通信科技公司，华为历来非常重视研发，每年研发投入占营收的10%以上。

华为在操作系统、人工智能技术和数据库领域取得了重大突破，展现了科技创新的实力和能力。华为鸿蒙操作系统在国内市场迅速崛起，为用户提供了多样化的操作系统选择。华为盘古大模型具备强大的内容生成和跨模态生成能力，为人工智能领域的发展注入了强大的推动力。华为高性能分布式数据库GaussDB解决方案提高了国家信息安全和数据主权的保障。

华为最新公布的2023年营收报表显示，华为实现了超7000亿元人民币收入。

6. 中兴事件无疑成为2018年社会各界所热议的话题。随着中兴公司支付10亿美元罚款，以及一系列处罚后，中兴总算是逃过了生死劫。回顾该事件始末，有哪些是值得我们反思的？我们又该如何应对呢？阅读以下材料，谈谈你的看法。

材料：2016年3月，美国商务部对中兴通讯实施出口限制措施，导致公司暂时停牌交易。禁运事件爆发后，在双方政府协调下，美国商务部给中兴颁布了临时许可证，从而保证中兴通讯可以正常采购美国元器件和软件。

2017年3月，总部在深圳的中兴通讯因被控违反美国的制裁，同意接受处罚，并支付了11.9亿美元的罚款。

2018年4月16日晚，美国商务部发布公告称，美国政府在未来7年内禁止中兴通讯向美国企业购买敏感产品。

2018年4月20日，中兴通讯发布关于美国商务部激活拒绝令的声明，表示在相关调查尚未结束之前，美国商务部工业与安全局执意对公司施以最严厉的制裁，对中兴通讯极不公平，不能接受！

2018年5月，中兴通讯发布公告：受拒绝令影响，公司主要经营活动已无法进行。

2018年6月7日，美国商务部部长罗斯接受采访时表示，美国政府与中兴通讯已经达成协议，只要后者再次缴纳10亿美元罚金，并改组董事会，即可解除相关禁令。

2018年7月12日，据《美国之音》消息，美国商务部表示，美国已经与中兴通讯签署协议，取消近三个月来禁止美国供应商与其进行商业往来的禁令，中兴通讯将恢复运营，禁令将在中兴通讯向美国支付4亿美元保证金之后解除。

项目五　机电产品价格策略

【项目导航】

价格策略的制定和执行是市场营销活动中很重要的部分。价格策略对市场营销组合中的其他策略会产生很大影响，并与其他营销策略相结合，共同作用于营销目标的实现。价格是企业参与竞争的重要手段，其合理与否会直接影响企业产品或服务的销路。由于价格对市场供求的影响总存在某些不确定因素，因此营销活动中的价格策略必须是以科学规律为依据，以实践经验为手段的统一过程。

虽然营销组合中其他要素的重要程度日益提高，但价格决策的重要性并未因此而下降。如何协调顾客需求与企业发展之间的关系，科学地进行价格决策，仍是所有企业家都必须要面对并要处理好的问题。

对价格的探讨，不仅依赖于理论指导，更依赖于实践。通过对本项目的学习，要求重点掌握价格调整的原因与走出价格竞争的途径、影响企业定价的因素、企业定价的方法及策略。

【案例导入】

案例 5-1　央视 "3·15" 晚会，改变了什么？

"3·15" 晚会是由中央电视台联合国家政府部门为维护消费者权益在每年 3 月 15 日晚共同主办并现场直播的一台大型公益晚会，迄今为止已经举办了 34 届。"3·15" 晚会作为中央电视台的品牌节目，自 1991 年起，每年 3 月 15 日晚通过中央电视台向全国直播。它唤醒了消费者的权益意识，成为规范市场秩序、传播国家法规政策的强大平台。其专题调查、权威发布等都成为广大观众最期待的节目亮点。

每一届 "3·15" 晚会都在为维护消费者权益、规范市场经济秩序、完善法律法规而努力。晚会一贯致力于推动法治建设、依法维权的价值追求，倡导在法治的阳光下，消费者更有尊严地维护自己的合法权益，经营者更诚实守信地参与竞争，监管者有法可依、执法必严，忠实维护市场经济秩序。

"3·15" 晚会已成为一个符号，成为亿万消费者信赖的舆论阵地，成为国家有关部委规范市场秩序的重要力量，"3·15"也从一个简单的数字变成了维护消费者权益的代名词。

案例 5-2　"格兰仕"的价格策略

中国的微波炉行业起于 20 世纪 90 年代初，在格兰仕进入微波炉行业的 1993 年，整个中国的市场容量仅为 20 多万台，此时的龙头老大蚬华的销售规模为 1 万台，且大半市场集中在上海，连许多大城市的居民也不知微波炉为何物，更不习惯于用微波炉烹饪。此时该行业未充分发育，主要对手也很弱，只要全力投入，就很容易在规模上把对手远远甩在后面，单机成本也会随之远远低于竞争品牌，这给格兰仕迅速崛起带来了机会。

格兰仕价格战的目标设计明确。据了解，格兰仕降价的目的是最大程度地扩大市场份额。格兰仕的价格战打得比一般企业出色，其规模每上一个台阶，就下调一个幅度的价格。当格兰仕的规模达到 125 万台时，它就把出厂价定在规模为 80 万台的企业成本以下。此时，格兰仕还有利润，而规模低于 80 万台的企业若也以此价格来出售产品，那就会多卖出一台多亏一台，除非对手能形成显著的品质技术差异。当规模达到 300 万台时，格兰仕又把出厂价调到规模为 200 万台的企业的成本线以下，结果规模低于 200 万台的且技术无明显差异的企业便陷入亏本的泥潭，这样对手将缺乏追赶上其规模的机会，而格兰仕则在家电业创造了市场占有率达到 61.43% 的优势。

成功的市场和产品定位是格兰仕微波炉确立行业地位的基础。在产品和市场良好定位的基础上，格兰仕用规模降低成本，然后用低成本进一步扩大规模，从而大幅度降低了成本，进而大幅度降低了产品价格。格兰仕通过建立规范、完善的成本管理模式，严格控制劳动成本、提高劳动效率，保证了在同规模下的生产、销售、服务等成本最低。

案例 5-3　富士公司成功的定价策略

某天，日本富士公司业务主管藤野先生飞抵东南亚一发展中国家，计划与该国某公司 A 签订一个关于从日本进口复印机的合同。不料 A 公司老板却冷冷地告诉他："我们不打算签那份合同了。"藤野虽对 A 公司中途毁约甚为不满，但并未流露出任何不悦神态。他断定其中定有变故，随即飞回日本。三天后，藤野再次来到 A 公司老板面前，开门见山地说："我此次来是想与您商谈有关复印机的进口问题。我们提供的复印机价格比另一家的供货价格低三成。"

原来，藤野回到日本之前将情况向公司做了汇报，公司经过调查发现，另一个厂家 B 抢走了他们的生意。A 公司老板心中暗喜，重新与富士公司签订了进口复印机的合同。

签完合同的藤野立刻飞回日本，第二天便来到专门生产复印机的厂家，请厂家把经销权交给富士公司，同时，愿再加一成价格，条件是复印机的辅助材料和设备由富士公司独家经营。两家签订了合约。

数月后，复印机如期运往 A 公司。由于价格低廉，富士公司的这笔生意不仅没赚，反而亏损了不少。但 A 公司很快发现：他们不仅要购买复印机，而且还需要大量的辅助材料和设备。

知识点 1　价 格 竞 争

价格竞争是指企业运用价格手段，通过价格的提高、维持或降低，以及对竞争者定价或变价的灵活反应等，来与竞争者争夺市场份额的一种竞争方式。价格竞争是市场运作中不可避免的一种经济规律，关键在于如何根据自身的资源及所处的环境采取有效的措施，使企业在竞争中得以生存与发展。

企业间竞争的核心在于资源实力的较量，通过资源的优化配置，可繁衍出一系列竞争方式，而价格竞争仅是其中之一，且是资源消耗最大的一种。

一、价格的本质

所谓产品价值，就是凝结于产品中的一般的人类劳动或物化劳动，是由生产它的社会必要劳动量决定的，社会必要劳动量又是用社会必要劳动时间来衡量的。所以，生产产品所消耗的社会必要劳动时间就代表着产品价值。同时，产品价值又必须通过产品交换过程才能实现。货币产生以后，产品的价值交换就通过货币来实现。因此，价值是价格的基础，产品价格是产品价值的货币表现形式。

价值决定价格，但价格并非与价值保持一致。由于产品的供求变化、市场竞争状况、国家经济政策等多种因素的影响，在市场交易活动中不可避免地出现产品价格与价值背离的现象。但从一个较长时期的价格平均值来看，无论是什么产品，价格与价值的过度背离都不会长久，价格总是围绕价值上下波动。也就是说，产品价格与产品价值的背离是价值规律作用的表现，产品价值总是产品价格波动的中心。

然而，科学地制定合理的价格就一定能增加产品的竞争优势吗？就一定能在 4P 组合策略中发挥出应有的作用吗？答案是：不一定。有实例表明，在泰国首都曼谷一家专营儿童玩具的商店里摆放着造型相似、质量相同、标价相同且合理(标价均为 3 角 9 分)，仅产地不同的两种机械玩具小鹿，然而销量却一直很不景气，后来经营者改变了原有对于相似产品采用相同价格的定价策略，转而采用相似产品拉开价格档次的新定价策略，即维持由日本生产的玩具小鹿的价格不变，将由台湾生产的玩具小鹿的价格提高到 5 角 6 分，结果由日本生产的玩具小鹿随即销售告罄。此时，商店又将由台湾生产的玩具小鹿的标价降回到原有水平，而顾客在大幅度的降价刺激下，也开始踊跃购买由台湾生产的机械玩具小鹿。由此案例可以看出，价格的制定不仅是一门科学，也是一门艺术。合理的价格只有在正确的价格策略中才能发挥其应有的作用。

二、价格竞争

企业价格调整与走出价格竞争的途径如图 5-1 所示。

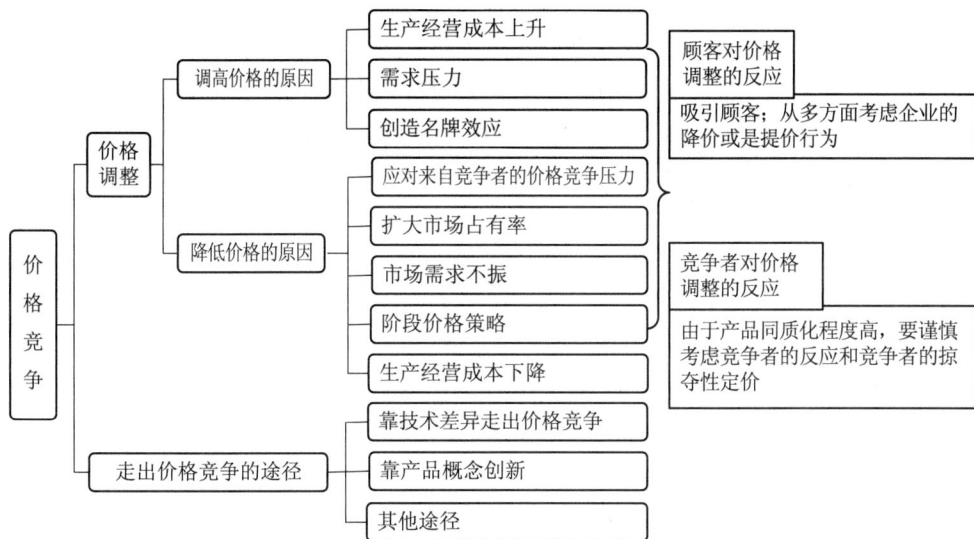

图 5-1　企业价格调整与走出价格竞争的途径

1. 价格是企业竞争的重要手段

价格策略是营销组合中的重要组成部分。价格策略是营销组合中最活跃的因素，也是唯一产生收入的营销策略。

价格决策与企业的市场占有率、市场接受新产品的快慢、企业及其产品在市场上的形象等都有着密切的关系。价格策略的正确与否对企业成败至关重要，与竞争者相比，企业所提供的产品价值与价格比率的高低将决定竞争过程中的优势归属，决定竞争的胜负。在竞争过程中，谁能以较低的价格向市场提供较大的价值，谁就可能成为竞争中的赢家。反之，如果价格决策失误，缺乏价格策略与营销组合中其他策略之间的协调，即便企业所提供的产品的内在质量优异、外形设计符合消费意愿，仍无法得到市场的认同和接受。几乎所有的企业，包括那些拥有显赫的市场地位的企业，在制定产品价格时，也都必须要慎重地考虑自身的价格行为对市场可能产生的影响，必须考虑来自竞争者的可能的价格威胁。

2. 价格调整的原因

价格竞争的内容很多，除企业适用的定价方法和价格策略外，另一个就是价格调整。企业经营面对的是不断变化的环境，在采用一定方法并确定定价策略后，企业仍需要根据环境条件的变化，对原定价格进行调整。

企业对原定价格进行调整可分为两种情形，一是调高价格，二是降低价格。对价格进行调整的必要性源于企业经营内外部环境的不断变化。

1) 调高价格的原因

具体地说，企业往往在下述一种或几种原因同时出现时需要调高产品的现有价格：

(1) 生产经营成本上升。在一定价格情况下，成本上升将直接导致利润的下降。因此，在整个社会发生通货膨胀或产品的原材料成本大幅度上升的情况下，调高价格是企业保持利润水平的重要手段。

(2) 需求压力。在一定的供给情况下，需求的增加会给企业带来压力。对于某些产品而言，在出现供不应求的情况下，可以通过提价来相对遏制需求。这种措施同时也可使企业获取比较高的利润，为以后的发展创造一定的条件。

(3) 创造名牌效应。为了企业的产品或服务与市场上同类产品或服务拉开差距，作为一种价格策略，企业可以通过提价创造名牌效应，充分利用顾客"一分价钱、一分货"的心理，使其产生高价优质的心理定势，从而提高企业及产品的知名度和美誉度。

2) 降低价格的原因

企业往往在下述原因出现时采用降低价格的措施：

(1) 应对来自竞争者的价格竞争压力。在绝大多数情况下，反击直接竞争者价格竞争见效最快的手段就是"反价格战"，即制定比竞争者的价格更有竞争力的价格。

(2) 扩大市场占有率。在企业营销组合的其他各个方面保持较高质量的前提下，定价比竞争者低，能给企业带来更大的市场份额。对于那些仍存在较大的生产经营潜力的企业，调低价格可以刺激需求，进而扩大产销量，降低成本水平，是一种较为理想的选择。在竞争激烈的汽车市场中，大众朗逸凭借其出色的品质和合理的价格，一直受到消费者的青睐。2024 年 1 月，大众朗逸进行降价促销，取得 30 天内售出 32 419 辆汽车的亮眼成绩。这一数字不仅证明了大众朗逸的市场魅力，更验证了降价策略的有效性。

(3) 市场需求不振。在宏观经济不景气或行业性需求不旺时，价格下调是许多企业借以渡过难关的重要手段。比如，当企业的产品销售不畅，而又需要筹集资金进行某项新产品开发时，可以通过对一些需求价格弹性大的产品予以大幅度降价，来增加销售额以满足企业回笼资金的目的。

(4) 根据产品生命周期阶段的变化进行调整。这种做法也被称为阶段价格策略。在从产品进入市场到被市场所淘汰的整个生命周期过程中的不同阶段，产品生产和销售的成本不同，消费者对产品的接受程度不同，市场竞争状况也有很大不同。阶段价格策略强调根据生命周期阶段特征的不同，及时调整价格。例如，相对于产品导入期时较高的价格，在其进入成长期后期和成熟期后，市场竞争不断加剧，生产成本也有所下降，下调价格可以吸引更多的消费者、大幅度提高销售量，从而在价格和生产规模之间形成良性循环，为企业获取更多的市场份额奠定基础。例如，中国手机行业的竞争。由于外观、功能上等趋于同质化，手机生产企业不再把手机定位于通信工具，而是将手机定位于饰物；随着不断推出新的款式，企业为了把损失降低，被迫将老款手机的价格一降再降，其目的是收回资金。这种现象对于那些产品生命周期短、更新换代快的行业尤为普遍。

(5) 生产经营成本下降。在企业全面提高经营管理水平的情况下，产品的单位成本和费用有所下降，此时企业就具备了降价的条件。对于某些产品而言，由于各企业的生产条件、生产成本不同，最低价格也会有差异。显然，成本最低者在价格竞争中占有优势地位。

3. 价格调整中的顾客反应

适当的价格调整能够产生良好的效果。但是，若调整不当，则适得其反。无论是调高价格还是降低价格，企业都必须要注意到各方面尤其是顾客的反应。衡量定价成功与否最重要的标志是顾客将如何理解价格调整行为；企业所确定的价格能否被顾客所接受。企业打算向顾客让渡利润的降价行为可能被理解为产品销售状况欠佳、企业面临经济困难等状况，这会使一个动机良好的价格调整行为产生十分不利的调整结果。因此，企业在进行调

整前，必须慎重研究顾客对价格调整行为可能的反应，并在进行调整的同时加强与顾客的沟通。

4. 价格调整中竞争者的反应

在竞争市场上，企业制定某种价格水平、采用某种价格策略的效果取决于竞争者的反应。在竞争者的策略不会做任何调整的情况下，企业降低价格可能会起到扩大市场份额的效果；但在企业降低价格的同时，竞争者也降低价格，甚至降低幅度更大，企业降价的效果就会被抵消，销售和利润状况甚至不如之前。同样，在企业调高价格后，如果竞争者不提高价格，则对企业来说，原来供不应求的市场可能会变成供过于求的市场。鉴于此，企业在实施价格调整行为前，必须分析竞争者的数量、可能采取的措施，以及其反应的剧烈程度。

三、走出价格竞争的途径

企业可以依靠技术差异化、产品概念创新以及其他途径，走出价格竞争。

1. 依靠技术差异化走出价格竞争

差异化战略，作为企业竞争的一种重要手段，指的是企业通过提供与众不同的产品或服务，满足消费者的特殊需求，从而在激烈的市场竞争中脱颖而出。这种战略的核心在于创造独特性，使消费者能够将本企业的产品或服务与其他竞争对手相区分。

实施差异化战略的企业，需要对市场进行深入研究，了解消费者的需求和偏好，以及竞争对手的产品特点和市场策略。通过精准的市场定位和产品创新，企业可以打造出具有独特卖点的产品或服务，吸引消费者的注意并激发其购买欲望。差异化战略不仅有助于提升企业的市场竞争力，还能够为企业带来更高的利润空间。因为独特性往往意味着更高的附加值，消费者愿意为此支付更高的价格。同时，差异化战略也能够提升企业的品牌形象和知名度，为企业的长期发展奠定坚实基础。

TCL 王牌彩电郑州公司开业时，面对"长虹、康佳降价风波""高路华低价抢占市场"的巨大影响，从知名品牌的市场中夺得较大的市场份额，不能不说是个奇迹。其成功切入市场有两个要点：一是面对中原地区彩电市场瓜分完毕之态势，TCL 王牌彩电郑州公司引导顾客需求，进行技术创新，由 21 寸彩电转向导购 25 寸彩电，投其市场空当；二是营销技术手段创新，把 4～5 月的彩电销售淡季市场"炒热""炒爆"，打出"时间差"这张出奇制胜牌。这使得 TCL 王牌彩电郑州公司的销售量猛然攀升。当中原区域市场的家电厂商回过神儿来时，TCL 王牌彩电郑州公司已在中原市场强行登陆并牢固地建立起滩头阵地。

2. 依靠产品概念创新走出价格竞争

企业要走出价格竞争，首先是观念的创新，其次是策略的创新。

(1) 观念的创新。随着中国加入 WTO，价格竞争国际化的状况更趋激烈。即使不打价格主动战，也可能要打价格被动战；不仅要打价格战，还要打质量战、品牌战、服务战。与此同时，国外企业在中国市场日益本土化，使国内企业以前所拥有且引以为豪的价格优势逐渐消失，低价将不再是国内企业参与国际竞争的重要法宝，因为国外企业也会利用低价策略争夺市场份额。在这样的市场背景下，国内企业在指导思想上一定要重新认识价格战的地位与作用，在观念上树立起价格战"并非坏事"的思想。

长期以来，我国某个企业一说要打价格战，同行便纷纷群起而攻之，甚至急忙组织价格联盟，联手对付挑起价格战的企业，但事实上，价格战只不过是企业经营策略的一部分。企业间的价格战是一种常见的竞争策略。作为企业，关键不是要不要打价格战的问题，而是和谁打、怎样打，要在观念上重视价格战，不怕打价格战，还要敢于打价格战，更要善于打价格战。

(2) 策略的创新。价格战的策略必须注重消费者的需求。许多企业在进行价格战时，更多的是考虑企业的经营成本状况，即利润空间和降价空间，因而一打价格战便立即引起同行和社会各界的关注，甚至有人怀疑企业是否违反了《中华人民共和国反不正当竞争法》。境外的一些大型综合超市，例如家乐福、沃尔玛等在进入我国商业零售领域以后，以超低价格进行产品销售和经营，却获得了广大消费者和社会各界的认同。同样是价格战，社会反响却大相径庭。这个问题的关键在于我国企业更多地采用的是成本导向定价策略，而西方国家更多地采用的是需求导向策略。在市场已由卖方市场转变为买方市场的情况下，企业所提供的产品或服务的价格已不再是由企业单方面说了算，而是由消费者说了算。消费者的需求决定一切，企业生产的产品或提供的服务需要花费多少成本，是不以企业或其管理者的意志为转移的，而消费者愿意花费多少代价来获取企业生产的产品或提供的服务，成为企业定价的最高限额。在决定产品或服务价格高低的许多因素中，生产经营成本虽然是最基本因素，但最终的决定因素仍然是供求关系。可见，企业在进行价格战时，应更多地考虑需求因素，采用需求导向型策略，而不是主要考虑成本因素或成本导向型价格策略。

3. 走出价格竞争的其他途径

走出价格竞争尚有以下途径：

(1) 靠品牌优势不参与价格竞争；

(2) 靠服务特色规避价格竞争；

(3) 靠高标准控制上游供应商，不打价格战；

(4) 靠规模效益降低总成本，以价格优势走出价格竞争。

走出价格竞争的方式很多，组合使用的威力尤为明显。

价格竞争以降价为主要手段来吸引购买者，从而达到扩大市场份额、排挤竞争对手的目的。它能通过企业间的价格竞争实现优胜劣汰，实现市场资源优化配置。但价格竞争是一种低层次的竞争，就当前我国国情而言，价格竞争是企业间展开竞争的主要手段，但在现今消费者层次多样化、国外企业冲击加剧的情况下，仅在成本、价格这一层次上展开竞争是远远不够的。因此，无论对企业自身还是对整个企业而言，价格竞争都不是最有效的竞争。随着收入水平的提高，消费者对价格的敏感度越来越弱，而服务、质量、技术构筑而成的品牌形象和知名度却日益备受关注。

价格优势可换回暂时的市场份额，却换不回消费者对品牌的忠诚度。企业竞争更应该重视产品创新、服务创新、人事创新和形象创新。这正是国内企业在市场竞争中应重视的问题，也是在价格竞争时要注意的问题。

知识点 2　定价的程序

企业制定产品价格必须依据科学的方法和程序，综合考虑影响和约束产品价格的各种因素，明确定价的目标，即企业期望以产品销售而获得的回报；还要考虑为达到定价目标所采用的定价方法。定价方法的选择、定价策略的运用与产品自身的特点、竞争对手的产品价格、国家的物价指数等密切相关。

一、定价的程序

企业的定价目标和原则确定之后，就可以按照一定的程序和步骤制定产品的价格。定价程序是指在综合考虑影响定价的诸多因素的基础上，结合企业具体情况，制定或调整产品价格的一系列步骤。遵循这些程序与步骤，才能使得制定或调整的价格建立在细致、严谨、科学的基础上，避免凭经验或感觉带来的不良后果。

显然，由于竞争对手、成本的不断变化，产品定价也必须适时应变。定价的程序如图5-2 所示。

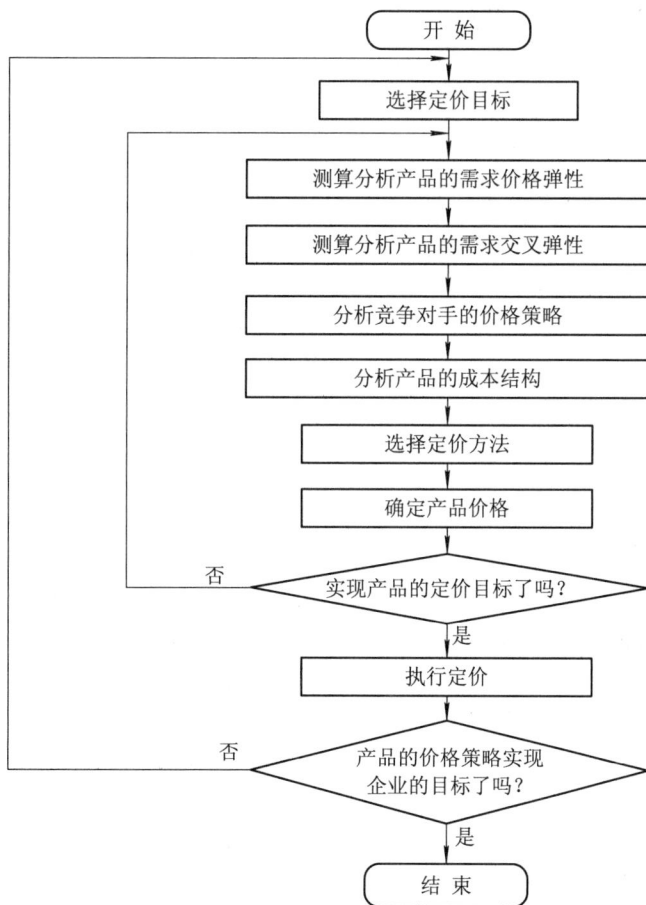

图 5-2　定价的程序

二、定价目标的选择

定价目标是企业在对其生产或经营的产品制定价格时，有意识地要求达到的目的和标准。它是指导企业进行价格决策的主要因素。

定价目标取决于企业的总体目标，如图 5-3 所示。不同行业的企业、同一行业的不同企业，以及同一企业在不同的时期、不同的市场条件下，都可能有不同的定价目标。

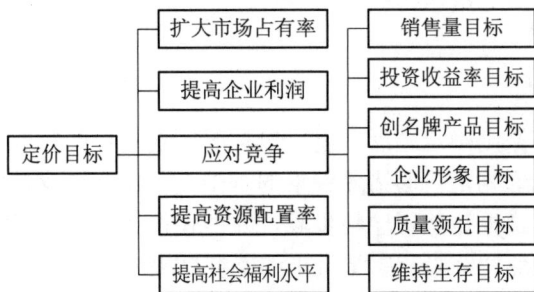

图 5-3　定价目标

1. 以扩大市场占有率为目标

市场占有率的高低是企业经营状况、产品竞争力的主要衡量指标。较高的市场占有率代表了产品较高的销量，为企业赢得长期的利润回报奠定了坚实的基础，对于企业取得行业霸主地位的关系极大。一旦企业的霸主地位形成并得以稳固，控制市场的能力就会增强。因此，不少企业为扩大市场占有率会采取高低杠策略，即先以低价进入市场，待占领市场并取得一定的顾客信任度后，便提高价格。

2. 以提高企业利润为目标

通常，利润目标是指利润最大化目标。所谓利润最大化，指的是企业在一定阶段可获得的最大盈利。企业盈利来源于销售收入扣除全部成本之后的余额。如果企业一味地追求最高售价，则可能会导致销量下降、社会总需求减少。因此，实现利润最大化的定价目标，必须与企业的竞争实力、消费者对产品的认可程度及整个经济形势的状况联系起来，以追求合理或最大的利润作为定价目标。

3. 以应对竞争为目标

1) 销售量目标

以追求一定的销售量为目标的定价方法，旨在表现企业业绩的提升，并通过销售量的提高，引导生产量的提高。在大批量的生产中，工人、管理人员的技术会愈来愈成熟，原材料的价格在一定的供货规模下也会降低，其目的是以销量的增加获得规模经济的效果，通过生产成本的下降，在价格竞争中保证产品低价出售仍有利可图。

2) 投资收益率目标

以投资收益率为目标的定价，往往受企业投资收益率高低的影响。当企业需要迅速收回投资，或者当企业需要迅速获取高额利润以快速收回产品的开发费用时，往往会采用高价策略。投资收益率的确定往往有其自身的规律：根据经济学原理，当投资主要来源于企业自有资金时，投资收益率必须大于银行同期存款或其他证券的利率；当投资来源于银行借贷资金或其他方投资时，投资收益率必须大于同期贷款利率或借贷利率。利率越高，产品价格越高。因此，任何新产品的开发都应在市场调研的基础上进行可行性分析。

3) 创名牌产品目标

以创名牌产品为目标的定价方法，主要应考虑创名牌产品较之一般产品所必须投入的长期费用，包括广告、包装、质量改进、销售等方面的费用支出，投入越高，成本越高，价格也就越高。事实上，一旦产品成为名牌，不仅能给予消费者高质量、高性能的产品以及优质的服务，还能给消费者带来无形资产，如显示顾客的商品品位、高消费级别等。因此，名牌产品可以定高价，消费者也能接受高价位的名牌产品。

4) 企业形象目标

以保持或配合建立一定的企业形象为目标的定价方法，通常属于整合营销的一个分支。实际上，单纯地为定价而定价是毫无意义的，是不可能收到良好效果的。因为，价格常服务于总体营销目标，它与传统营销中的"3P"(即销售渠道、营销推广和产品)环环相扣、不可分割。价格的标定表明了产品的市场定位，而关于价格高低的评价，主要参照竞争对手的价格以及目标消费者的反馈意见。企业制定的价格应尽可能与目标消费者的心理价位及需求相符。例如，消费者心目中的"地摊货"就是低档廉价的产品，因此，精品不可能通过地摊销售。

5) 质量领先目标

以质量领先为目标的定价方法，主要是从价格上体现产品质量方面的优势。一般而言，质优产品的成本要高于其他产品。因此，质量领先产品的价格定位一般要高于普通质量的产品，以迎合消费者"便宜没好货，好货不便宜"的心理。例如，佛山"鹰牌"地砖一般比同类产品价位高，但因其质量遥遥领先，深受消费者认可而十分畅销。

6) 维持生存目标

以维持生存为目标的定价方法，常用于特殊背景下的企业经营销售，如市场极易疲软；新产品加速更新换代；市场竞争恶化；产品原有的优势不再而进入衰退期；新材料价格突然高涨；产品大量积压，难以维持正常销售；原材料供应严重短缺等。

当企业的经营销售出现上述情况时，企业常采用大幅度降价的措施，力争保本甚至于亏本经营，以赢得寻求对策所需的喘息时间。显然，这类方法不能长期或频繁使用，因为，若出此下策仍不能力挽狂澜，往往就只剩下最后一条出路——倒闭。

4. 以提高资源配置率为目标

在全世界倡导经济可持续发展，整个世界的经济和社会的发展要与自然资源环境承载力相匹配的背景下，一些企业开始将提高资源配置率作为制定产品价格的目标之一。作为国家经济的实体和主要支柱力量，企业应当为其自身、国家和整个人类的可持续发展作出应有的贡献，而对于资源消耗的约束以及提高有限资源利用率将是企业最主要的贡献。

从整个世界来看，在社会经济发展的同时，人口急剧膨胀、资源逐渐枯竭、环境污染加重、生态平衡遭到破坏，使人类面临严重的危机。资源的过度开采严重影响了地球的生态平衡，导致酸雨增加、海平面上升、臭氧层出现空洞、气候变化明显、沙漠面积扩大、人均耕地减少以及失业人口增加等问题，这一切体现了经济的高速增长伴随的是生态环境的破坏。

因此，企业应充分提高资源的利用率，从粗放型生产经营模式转变为集约型生产经营模式已经成为企业求生的唯一途径。一些企业已经开始考虑利用价格(如影子价格)来反映资源优化配置的需要。这些企业不是用产品的生产成本作为定价的成本依据，而是在总成本中增加机会成本这一反映资源配置效率的成本要素。

5. 以提高社会福利水平为目标

在市场上存在着两种相互矛盾的抉择：一是满足消费者的需求，一切从保护消费者利益的角度出发，在这种指导思想下，企业制定的产品价格必然以最大性能价格比为最高目标，消费者自然就能买到物美价廉的产品；二是从企业自身利益的角度出发，以获取最大利润和企业最大经济效益为最高目标，在这种指导思想下，企业制定的产品价格必然是较高的。

虽然，任何企业在制定价格策略时不可能完全从保护消费者的利益出发，但是，如果完全损减消费者利益，那么企业就失去了存在的基础，必然受到来自消费者的强大抵抗和消费者委员会的制裁。客观地说，主观为企业、客观为消费者是一般企业的现状。但是，企业要想在市场竞争中保持常胜，必须以最大限度地提高社会福利水平为定价目标之一，这是社会经济发展的大趋势。事实上，随着电子商务的发展和完善，人们足不出户便可轻易获取产品的信息，作出合理的购买选择。因此，找出消费者关注的产品特点、标出消费者心中的价格才是关键。以空调产品为例，消费者以前很难获取不同品牌空调产品之间差异化的相关资料，来帮助他们作出正确的购买决定，但随着电子商务的发展，消费者能方便地在各大电商平台上查询有关各种品牌空调产品的所有资料。

三、不同机电产品的需求价格弹性

产品的需求价格弹性是指产品因价格变动而引起的需求变化的相对变化率。它是衡量产品对价格变动敏感程度的量化指标，是制定产品价格的科学依据。

1. 产品的需求价格弹性

假设市场对某机电产品的需求量为 Q，该机电产品的价格为 P，需求量 Q 为在一定时期(t)内、一定条件下，用户(或消费者或顾客)愿意购买某种产品或服务的总量，则

$$Q = f(A, B_1, B_2, P_1, P_2, T, W, Y, Z, P) \tag{5-1}$$

其中，A 表示广告费；B_1 表示该产品目标顾客群的收入；B_2 表示该产品销售地区的人均收入；P_1 表示同期替代产品的销售价格；P_2 是同期互补产品的销售价格；T 表示消费者的消费偏好(趋势量)；W 表示其他因素；Y 表示该产品的供求关系；Z 表示同期物价指数。

显然，Q 是 A、B_1、B_2、P_1、P_2、T、W、Y、Z、P 等自变量的函数，而它们本身又是时间的函数。当时间变化时，P、B_1、B_2、P_1、P_2、A、Y、W、T、Z 也会有所变化，与之相应的 Q 必然随之发生变动。

为简化起见，这里仅研究反映产品价格 P 与产品需求量 Q 之间关系的曲线，即给定这样的边界条件：假设在需求函数中的其他自变量(除 P 外)均保持不变，只讨论 Q 与 P 之间

的相互对应关系,即产品的需求价格弹性。其弹性的大小以弹性系数来表征。

假设 ε_ρ 为产品的需求价格弹性系数,则

$$\varepsilon_\rho = \frac{\dfrac{\Delta Q}{Q} \times 100\%}{\dfrac{\Delta P}{P} \times 100\%} = \frac{Q_1 - Q_0}{P_1 - P_0} \times \frac{P_0}{Q_0} \tag{5-2}$$

因为

$$Q = f(P)(根据前面的假定)$$

$$\frac{Q_1 - Q_0}{P_1 - P_0} \approx \frac{\partial Q}{\partial P} = \frac{\mathrm{d}Q}{\mathrm{d}P} \tag{5-3}$$

所以

$$\varepsilon_\rho = \frac{\mathrm{d}Q}{\mathrm{d}P} \times \frac{P_0}{Q_0} \tag{5-4}$$

进一步研究表明,绝大多数机电产品的需求价格弹性系数的取值范围为[-10,0],通常将 ε_ρ 的取值分为三个区间,因为在这三个不同的区间内,产品表现出完全不同的需求价格弹性。

(1) $|\varepsilon_\rho| < 1$,即 $-1 < \varepsilon_\rho < 1$, $-1 < \dfrac{\Delta Q}{\Delta P} < 1$。

① 当 $0 \leqslant \dfrac{\Delta Q}{\Delta P} < 1$ 时,若 $\Delta P > 0$,则 $\Delta Q \geqslant 0$,所以总收入上升;若 $\Delta P < 0$,则 $\Delta Q \leqslant 0$,所以总收入下降。

② 当 $-1 < \dfrac{\Delta Q}{\Delta P} < 0$ 时,若 $\Delta P > 0$,则 $\Delta Q < 0$, $\Delta Q > -\Delta P$,所以总收入上升;若 $\Delta P < 0$,则 $\Delta Q < -\Delta P$,且 $\Delta Q > 0$,所以总收入下降。

综上所述,当 $|\varepsilon_\rho| < 1$ 时,产品的销售收入随价格的增加而增加,随价格的降低而减少,产品表现出非弹性需求或缺乏弹性。因此,改变价格的意义不大。因为即使降价,收入也随之减少,起不到以降价刺激需求从而提高销售收入的作用。此外,若提价,在理论上可增加销售收入,但实际上价格上升常使产品在市场上缺乏竞争力,更难以达到增加销售收入的目的。

(2) $|\varepsilon_\rho| > 1$,即 $\varepsilon_\rho > 1$ 或 $\varepsilon_\rho < -1$, $\dfrac{\Delta Q}{\Delta P} > 1$ 或 $\dfrac{\Delta Q}{\Delta P} < -1$。

① 当 $\dfrac{\Delta Q}{\Delta P} > 1$ 时,若 $\Delta P > 0$、 $\Delta Q \geqslant \Delta P$,则 $\varepsilon_\rho > 1$,但极少出现,这里不予以讨论。

② 当 $\dfrac{\Delta Q}{\Delta P} < -1$ 时,若 $\Delta P > 0$、 $\Delta Q < -\Delta P < 0$,则总收入下降;若 $\Delta P < 0$、 $\Delta Q > -\Delta P > 0$,则总收入上升。

综上所述,当 $\varepsilon_\rho < -1$ 时,产品的销售收入随价格的增加而下降,随价格的下降而增加,产品表现为弹性需求。因此,当弹性系数落在此区间或当产品表现出需求弹性时,改变价格的作用很大,调整价格具有实际意义。此时提价,需求量损失会很大,虽然售出一件产品可获厚利,但大量产品因销售困难而造成产品积压,导致企业资金周转不灵。提价的关

键应当是瞄准销售收入这个目标,而此时显然行不通。若是降价,虽售出一件产品获利甚微,但销量很大,可积少成多,总体上销售收入是增加的,这就是营销领域中所谓的薄利多销。

(3) $|\varepsilon_p| = 1$,即 $\varepsilon_p = 1$ 或 $\varepsilon_p = -1$,$\dfrac{\Delta Q}{\Delta P} = 1$ 或 $\dfrac{\Delta Q}{\Delta P} = -1$。

① 当 $\dfrac{\Delta Q}{\Delta P} = 1$ 时,这种情况极少出现,因此这里不予以讨论。

② 当 $\dfrac{\Delta Q}{\Delta P} = -1$ 时,若 $\Delta P > 0$、$\Delta Q = -\Delta P < 0$,则总收入不变;若 $\Delta P < 0$、$\Delta Q = -\Delta P > 0$,则总收入仍不变。

综上所述,当 $\varepsilon_p = -1$ 时,产品的销售收入将不随产品价格的变化而变化,即产品的销售收入不受产品价格的影响。因此,此时改变价格的做法是毫无意义的。在这个弹性区间,产品的需求价格弹性表现为单一弹性。

2. 点弹性与弧弹性

在需求有弹性的范围内降价,产品的销售收入就一定会增加吗?回答是:不一定。牺牲价格并不一定能保证有利可图,需求价格弹性表现为弹性需求只是调价的一个必要条件,而非充分条件。企业在进行价格决策时,一定要分析降价后的边际收入是否能补偿新增产量的边际成本,除了考虑产品的点弹性,还要考虑产品的弧弹性和交叉弹性。

1) 边际收入

在经济学中,边际收入是指产品销售每增加一个单位时所引起的销售收入的增加量。假设 B 为收入,MB 为边际收入,则根据定义,MB 可用 B 关于 Q 的一阶导数来表示,即

$$\mathrm{MB} = \frac{\mathrm{d}B}{\mathrm{d}Q} = \frac{\mathrm{d}(P \times Q)}{\mathrm{d}Q} = P \times \left[1 + \frac{1}{\dfrac{P}{Q} \times \dfrac{\mathrm{d}Q}{\mathrm{d}P}} \right]$$

$$\mathrm{MB} = P \times \left(1 + \frac{1}{\varepsilon_p} \right) \tag{5-5}$$

由式(5-4)得:当 $\varepsilon_p = -1$ 时,MB=0;当 $\varepsilon_p < -1$ 时,MB>0;当 $-1 < \varepsilon_p < 0$ 时,MB<0。

2) 边际成本

根据经济学的定义,边际成本是指每增加一个单位生产的产品(或者购买的产品)带来的总成本的增量。假设 C 为成本,MC 为边际成本,则

$$\mathrm{MC} = \frac{\mathrm{d}C}{\mathrm{d}Q} \tag{5-6}$$

当产品表现为弹性需求时,降价可导致产品需求量(销售量)上升,但是,产品销量的上升可能会附带产品成本的上升。比如,需要扩大生产规模中的固定生产规模会导致产品费用的增加。因此,除了考虑弹性系数的取值之外,在降价时,产品还应满足约束条件,即 $MB > MC$。这样,企业的降价才真正有利可图。

3) 点弹性和弧弹性

产品的需求价格弹性系数 ε_p 是以式(5-4)为基础的,是用需求曲线上的点坐标来描述的。

式(5-4)表示产品需求在某一点时对价格变化的灵敏度，因此，称之为点弹性系数，简称点弹性。若要表现需求对价格变化的平均灵敏度，则式(5-4)显然就不合适了。需求对价格变化的平均灵敏度表示产品需求在某一点时对价格变化的平均灵敏度，则必须用另一指标，即弧弹性来表示。

设需求价格的弧弹性用弧弹性系数 E_p 表示，则

$$E_p = \frac{\dfrac{Q_2 - Q_1}{Q_2 + Q_1} \times 100\%}{\dfrac{P_2 - P_1}{P_2 + P_1} \times 100\%} \tag{5-7}$$

式(5-7)表明当某产品的价格从 P_1 变至 P_2 时，其产品需求的平均变化程度。

[例 5-1] 某机床厂生产的机床售价为 3000 元，需求量为 30 台。后来，该机床厂采取新的价格策略，将价格下调为 2800 元，此时机床需求量变为 45 台。求该机床的弧弹性系数 E_p。

解　从题意可知，$P_1 = 3000$ 元，$P_2 = 2800$ 元，$Q_1 = 30$ 台，$Q_2 = 45$ 台，再由式(5-7)可得

$$E_p = \frac{45 - 30}{2800 - 3000} \times \frac{2800 + 3000}{45 + 30} = -5.8$$

即当该机床的价格从 3000 元下调为 2800 元时的平均需求价格弹性为 −5.8，表明在此范围内，价格平均变化 1%，产品需求量平均反向变化 5.8%。

4) 需求价格交叉弹性

几乎任何产品都有互补产品和替代产品。互补产品(简称互补品)是指在使用时可互相配套、互为补充的产品，例如，洗衣粉和洗衣机。所谓替代产品(简称替代品)，是指在使用中可以互相替代的产品，例如，洗衣粉和肥皂。顾客的需求不仅可在生产相同产品的竞争厂家之间平移，而且也可在不同产品之间转移。在现实生活中，经常出现这样一些现象。比如，当猪肉涨价时，人们对日常食用的蛋白质需求就从猪肉转移到牛肉或其他肉食品上，转移的程度常视猪肉、牛肉或其他肉食品的价格差别程度而定。由此可知，产品的销售状况不仅与同行竞争对手密切相关，也与互补品、替代品的价格或销售密切相关，这与波特竞争模型是完全吻合的。因此，企业在考虑产品定价时，不仅要参考竞争对手的价格，还必须考虑互补品、替代品的价格。通常，描述产品与其替代品、互补品之间关系密切程度的指标称为需求价格交叉弹性。

需求价格交叉弹性是指因一种产品价格变动而引起其他相关产品需求量相应变动的变化率，用 E_p 表示。

例如，$E_B P_A$ 表示因产品 A 价格的变动而引起产品 B 需求量变化的相对变化率，即

$$E_B P_A = \frac{\text{产品 } B \text{ 的需求量变动百分比}}{\text{产品 } A \text{ 的价格变动百分比}} \tag{5-8}$$

显然，$E_B P_A$ 反映的是一种产品需求量的变化对另一种相关产品(互补品或替代品)价格变化的敏感程度。例如，当洗衣粉的互补品洗衣机的价格下调时，洗衣机的需求量会上升，它将带动洗衣粉需求量的上升。

当 $\Delta P_A < 0$，$\Delta Q_B > 0$ 时，由式(5-8)可得

$$E_B P_A = \frac{\Delta Q_B}{\Delta P_A} < 0$$

即洗衣粉与互补品洗衣机之间的需求价格交叉弹性系数小于 0。相反，当同样用于洗涤目的的洗衣粉替代品肥皂的价格上涨时，洗衣粉和肥皂之间的原有价格平衡被打破，比价发生变化，此时，消费者必然会根据两者之间的差价，以一定的比例将购买行动转移到洗衣粉上，从而导致两者需求量的变化。

当 $\Delta P_A > 0$，$\Delta Q_B > 0$ 时，由式(5-8)可得

$$E_B P_A = \frac{\Delta Q_B}{\Delta P_A} > 0$$

即洗衣粉与替代品肥皂之间的需求价格交叉弹性系数大于 0。

四、竞争对手价格分析

通常情况下，企业看好的顾客，竞争者也会看好。当某一部分顾客对某种产品和服务产生需求的时候，市场就产生了。与此相对应，竞争者(即那些生产经营与本企业产品相似的或可以互相替代的产品并以同一类顾客为目标市场的其他企业)也就应运而生。企业在确定业务领域时还必须对行业进行深入分析，正所谓"知己知彼，百战不殆"。

企业制定产品价格时的一个重要环节就是了解竞争对手产品的价格、市场定位、性能、特点及其相关策略，建立价格参照体系，确定产品的目标价格。价格目标属于企业的二级目标，必须与企业的其他同级目标相匹配才能实现企业持续盈利的最高目标。当企业与竞争对手实力相当且产品属于同质、同类时，可考虑将产品价格定位在竞争对手的水平。否则，若定价太高，则将受到消费者的抵制；若定价太低，又有倾销之嫌，将会受到国内或其他国家同行的抵制。对此，《中华人民共和国价格法》第十四条第 2 款有明文规定，同行有行业自律价，国际贸易中也有相应条文约束。但是，如果企业与竞争对手相比，实力雄厚，知名度很高，产品属于本地、国内或国际名牌，那么完全可以高价出售产品，获得名牌产品的巨额利润。与此相对应，若企业形象较差，产品质量也比竞争对手低一个等级，那么，产品价格就应与对手拉开距离，以廉价吸引顾客。根据对一些地摊货的销售进行调查，发现十元三双的"金利来"袜子仍有不少人购买。究其原因，一是与正规商店的"同类产品"相比，十元三双的价位要低得多；二是虽然极少人相信或明知这里出售的"金利来"袜子是冒牌货，但是购买者看重的是廉价及名牌效应。因此，以廉价吸引顾客也是切实可行的。当然，这种策略不能长期使用，随着人们品位的提高，这种经营方式的作用也将会十分有限。

了解竞争对手的定价体系对企业而言是十分重要的，了解的一般方法是搜集信息，再加以分析，其周期一般为半年或一年。其具体做法为：首先，调查竞争对手同类、同质产品的价格以及替代品、互补品的价格，然后根据企业自身的定价目标、产品的市场定位以及企业的经营状况，确定产品的平均价格。例如，企业可以将产品总体价格水平定位在高于或低于市场平均价格水平的 5% 或相当于市场的平均价格水平，然后制定产品价格的变

动范围，以灵活的价格策略应变市场，与竞争对手抗争。

以相机为例，一个正在考虑买相机的消费者在作出购买决策之前，会比较市场上各个品牌的相机，如佳能、奥林巴斯、三星和索尼等的价格、质量和外观及其他各个方面，再结合自己的预算，作出决定。如果索尼采取高价格、高利润战略，其他竞争对手也进入这个细分市场，那么采取低价格、低利润的战略可有效地阻止竞争对手进入市场或是把他们淘汰出局。因此，在制定价格之前，应该对市场上竞争对手的产品价格、质量和各方面的性能有一个全面了解，并以此为基础对自身的产品进行定位，才能使产品价格更具有针对性和竞争力。

知识点 3 定 价 方 法

一、影响定价的因素

价格是一个变量，它受到许多因素的影响和制约，包括企业的内部因素和外部因素。内部因素主要是定价目标、价格的构成要素、产品的分销渠道和促销策略等；外部因素主要是市场和需求情况、货币流通状况、市场竞争、国家法律和政策、社会心理等。归纳起来，影响企业定价的因素大体上可以分为成本、需求、竞争和其他因素四个方面，如图 5-4 所示。

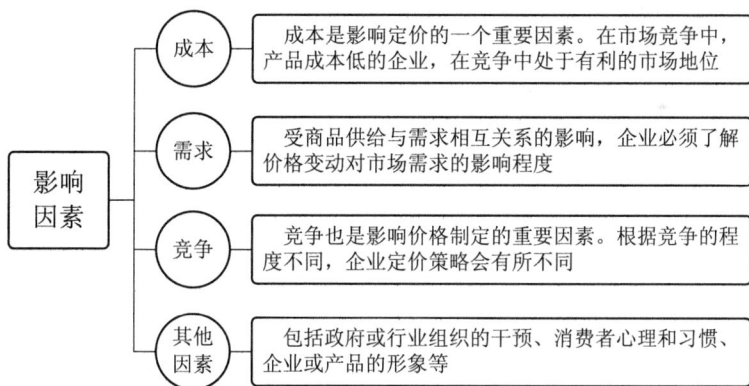

图 5-4 影响企业定价的因素

1. 成本

任何企业都不能随心所欲地制定价格。某种产品的最高价格取决于市场需求，最低价格取决于这种产品的成本费用。从长远看，任何产品的销售价格都必须高于成本费用，只有这样，才能以销售收入来抵偿生产成本和经营费用，否则企业就无法继续经营。因此，企业制定价格时必须估算成本。

2. 需求

产品的市场需求是影响企业定价的最重要的外部因素。从产品价格与市场供求关系可以看出，企业可能收取的每一种价格都将导致一个不同水平的需求，以及由此对其营销目标产生的不同效果。在正常情况下，需求和价格是反向关系，也就是说，价格越高，需求越低。需求的价格弹性表示在一定时期内一种产品的需求量变动相对于该产品的价格变动的反应程度。企业在制定或变动产品价格时，一定要考虑产品需求价格弹性的大小，这样才能更好地利用价格策略，在竞争中求得生存与发展。如对电视机、电冰箱等需求弹性较大的产品可用降价来刺激需求，扩大销售；对那些名、优、特、新等需求弹性较小的产品，当市场需求强劲时，则可以适当提价以增加收益。

3. 竞争

在开放性的市场上，几乎每种产品都有或多或少的竞争品及竞争对手。对企业来说，竞争的影响主要表现为价格竞争对产品价格水平的约束。消费者在选购商品时，总是要在同类商品中比质量、比价格，从中选择那些既能满足消费需求，又符合自己支付意愿的品牌商品。

如果说需求决定价格的上限，成本决定价格的下限，那么在一定限度内，竞争品的价格决定了企业定价的浮动方向和幅度。企业掌握在价格和质量方面的情报，并在此基础上将竞争对手的定价和产品情况作为自己定价的参考系数。如果企业的产品与竞争品相似，那么价格也应该相近；如果企业的产品与竞争品相比存在明显的差异，则可根据实际情况决定价格的高低。同时，还应估计到竞争对手可能采取的回应措施。企业应认识到，同类产品的竞争是全面的竞争，价格竞争仅仅是一个方面，必须把价格竞争同其他形式的竞争进行紧密联合。价格水平与其他因素结合而成的综合指标(如质量价格比等)才是消费者完整的、现实的评判标准。

4. 其他因素

企业的定价还受到其他因素的影响和制约，例如社会经济形势等。在经济繁荣时期，社会需求量增加，产品价格容易上涨；在经济衰退时期，由于需求量减少，产品价格便会出现回落。通货膨胀的出现、银行利率的调整都会影响生产成本和消费者对产品价格与价值的理解，从而影响企业对定价方法和策略的选择。另外，国家的有关政策法令对产品价格会产生影响，有时，政府会对产品的市场价格进行直接干预。世界各国对市场物价都有相应的规定，这些监督性的、保护性的、限制性的规定，企业在定价时都不得违反。企业定价必须重视和研究政策因素。企业若想进入国际市场，就更应了解所在国对输入货物的管理要求，无论是输入配额或是关税限制，都将影响价格的制定。

二、定价方法

实际工作中，企业的定价方法有很多，一般来说，定价方法的具体运用不受定价目标的直接制约。不同目标、不同市场竞争能力的企业，以及不同营销环境中的企业所采用的定价方法是不同的，即在同一类定价方法中，不同企业所选择的价格计算方法会有所不同。因此，从价格制定的不同依据出发，可以把定价方法分为成本导向定价法、需求导向定价法和竞争导向定价法三大类，如图 5-5 所示。

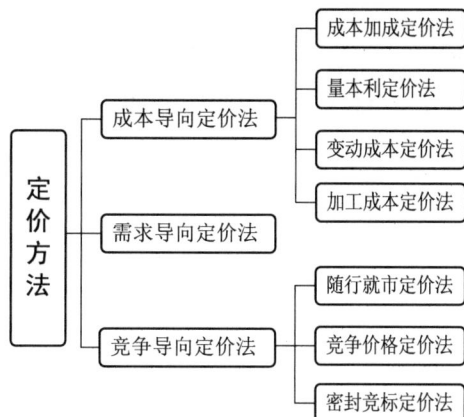

图 5-5　定价方法

1. 成本导向定价法

以营销产品的成本为主要依据制定价格的方法统称为成本导向定价法，这是最简单且应用较广泛的一种定价方法。成本导向定价法强调产品的成本，它采用成本加上预期利润的方法来确定产品的价格。这一类定价方法有很多具体形式，这里介绍几种最常见的方法。

1）成本加成定价法

成本加成定价法是以产品的完全成本为基数，加上一定比例的利润来确定产品价格的方法，即

$$产品价格 = 单位完全成本 + 成本利润率 \qquad (5\text{-}9)$$

$$单位完全成本 = \frac{变动成本 + 固定成本 + 机会成本}{销售量} \qquad (5\text{-}10)$$

式(5-9)中，成本利润率是指单位产品的利润。

2）量本利定价法

量本利定价法是从产品的成本、预期利润、销售量入手，通过盈亏平衡分析来确定一定利润水平之下的产品价格的方法，即

$$产品保本价格 = \frac{固定成本 + 机会成本}{盈亏平衡时的销售量} + 单位变动成本 \qquad (5\text{-}11)$$

$$盈利时的产品价格 = \frac{固定成本 + 机会成本 + 预期利润}{销售量} + 单位变动成本 \qquad (5\text{-}12)$$

3）变动成本定价法

在特殊情况下，企业产品的销售严重受阻，任何决策的机会成本几乎为零，而由于沉没成本的客观存在，因此企业在确定产品价格时，仅以产品的单位平均变动成本作为定价的起点，这种方法就是变动成本定价法，即

因为

$$产品边际贡献 = 产品销售收入 - 产品变动成本$$

所以

$$\begin{cases} 产品价格 = 单位产品边际贡献 + 单位产品平均变动成本 \\ 产品价格 > 单位产品平均变动成本 \end{cases} \quad (5\text{-}13)$$

4) 加工成本定价法

加工成本定价法是指定价时只考虑产品的加工成本而非全部成本，即

$$产品价格 = 外购成本 + \frac{加工成本 \times (1 + 加工成本利率)}{1 - 增值税率} \quad (5\text{-}14)$$

2. 需求导向定价法

需求导向定价法是企业根据市场需求状况和消费者对产品的感觉差异来确定价格的方法。制约价格的因素有很多，除了产品的成本外，影响价格的另一要素是市场对产品的供求关系。产品的市场需求包括潜在和显在的需求，需求的种类包括消费需求、投资需求和信贷需求等。根据文献的统计分析，引起物价波动的因素可按影响程度的大小依次排列为

市场需求→生产成本→经济结构→货币供应量→惯性因素

因此，根据市场需求确定产品价格的方法是一种符合现代市场营销的方法。它的指导思想是以市场营销的方法为基础，根据企业的市场定位，找出目标市场消费者可接受的价格带，然后逐级求出各流通环节中产品的价格。

产品价格的计算步骤：企业通过市场调查，了解消费者心中产品的零售价格带，或通过实验调查法，经过实销求得消费者能接受且企业也能承受的零售价格水平。以玩具市场为例，30～50 元是一个中小型塑料玩具车的价格带，100～200 元是一个国产中小型压铸仿真模型车的价格带，300～500 元是一个中型进口压铸仿真模型车的价格带。企业将价格定位在价格带中，有利于提高产品的竞争力。

显然，以需求为导向的定价方法，是从消费者利益的角度出发，以消费者为中心的。但是，企业同时也必须维护自身的利益，因此，必须要对产品成本加以控制。根据产品的出厂价可求得产品的目标成本，即

$$产品的目标成本 = \frac{产品的出厂价}{1 + 产品的利税率} \quad (5\text{-}15)$$

3. 竞争导向定价法

竞争导向定价法是企业通过研究竞争对手的生产条件、服务状况、价格水平等因素，依据自身的竞争实力，参考成本和供求状况来确定产品价格的方法。这是以市场上竞争对手的类似产品的价格作为企业产品定价参照的一种定价方法，具体可分为随行就市定价法、竞争价格定价法、密封竞标定价法。在现代市场营销活动中，竞争导向定价法被企业广泛采用。

1) 随行就市定价法

随行就市定价法是以同行业的平均价格水平作为定价的依据，在竞争对手众多、竞争

势态不明确、企业缺乏明显优势的情况下，向同行表示和平共处的一种策略。这种方法多用于实现"和为贵"的竞争思想。

2) 竞争价格定价法

与随行就市定价法相反，竞争价格定价法是一种主动竞争的定价方法。一般实力雄厚或独具产品特色的企业大多采用此方法。定价步骤如下：

(1) 将市场上竞争产品价格与企业估算价格进行比较，分为高于、低于、一致三个层次。

(2) 将企业产品的性能、质量、成本、样式、产量与竞争企业进行比较，分析造成价格差异的原因。

(3) 根据以上综合指标确定企业产品的特色、优势及市场定位。在此基础上，按定价所要达到的目标，确定产品价格。

(4) 跟踪竞争产品的价格变化，及时分析其中的原因，并对企业产品价格作出相应调整。

3) 密封竞标定价法

密封竞标定价法主要用于投标交易方式。一般情况下，在同类同质产品之间，价格相对较低的产品更具有竞争力。在市场营销活动中，投标竞争是一种常用的营销竞争方式，投标竞争的过程往往就是价格竞争的过程，竞争的结果产生实际的成交价格。

企业参加竞标总是希望中标的，而能否中标在很大程度上取决于企业与竞争对手投标报价水平的比较。因此，投标报价时要尽可能准确地预测竞争对手的价格意向，然后在正确估算完成招标任务所耗成本的基础上，定出最佳报价。

一般情况下，报价高，利润大，但中标机会小，如果因价高而招致败标，则利润为零；反之，报价低，虽中标机会大，但利润低，其机会成本可能大于其他投资方向。因此，报价时既要考虑实现企业的目标利润，也要结合竞争状况考虑中标概率(中标概率的测算取决于企业对竞争对手的了解程度，以及对本企业能力的掌握程度)。最佳报价应该使预期收益达到尽可能高的价格。

以上介绍的一些定价方法供企业在实际营销活动中采用。每一种定价方法不仅各有特点和要求，而且相互补充。因此，企业要全面考虑成本、需求及竞争状况并结合使用各种定价方法。

知识点4　价格策略

价格策略是根据购买者各自不同的支付能力和使用情况，结合产品进行定价，从而实现最大利润的定价方法。

价格策略不仅被视为一种科学，更是营销的艺术，企业在进行价格决策时，不仅要按成本定价，同时要考虑到顾客的购买动机，了解市场供需及竞争情况。价格策略如图5-6所示。企业以全部成本作为基础来决定价格，市场上未必能接受，因此定价策略在价格决策中显得非常重要。企业在营销活动中要综合考虑各种因素，选择适合的价格策略。

价格策略
├─ 新产品价格策略 —— 有3种截然不同的形式：即渗透定价、吸脂定价和追随定价策略
├─ 折扣价格策略 —— 及早付清货款、大量购买、淡季购买，降低基本价格
│   ├─ 促销折价策略
│   ├─ 季节折价策略
│   ├─ 累计折价策略
│   ├─ 批量折价策略
│   ├─ 金额折价策略
│   └─ 保证折价策略
├─ 分地区价格策略 —— 不同的地区运用不同的价格
│   ├─ FOB原产地定价
│   ├─ 统一交货定价
│   ├─ 分区定价
│   ├─ 基点定价
│   └─ 运费免收定价
└─ 心理定价策略 —— 根据顾客心理动机制定价格
      ├─ 尾数定价策略
      ├─ 整数定价策略
      ├─ 声望定价策略
      └─ 招徕定价策略

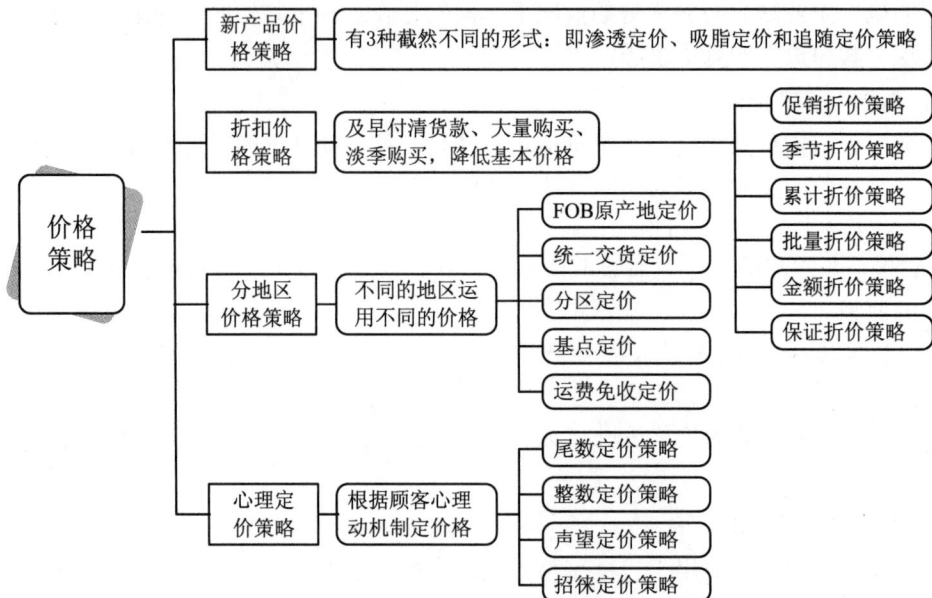

图 5-6　价格策略

一、新产品价格策略

当产品处于投入期，即当新产品投放市场时，由于顾客对新产品不了解，而且对产品的使用也有一个熟悉过程，因此，一些企业采用低价进入市场的策略，争取以价格方面的优势吸纳顾客；而另一些企业则采取高价进入市场的价格策略，以高姿态应对同行竞争，利用顾客价格质量匹配的心理，树立优质的产品形象。事实上，每种价格策略各有特点，分别有不同的适用范围。

1. 渗透定价策略

渗透定价策略的指导思想是快速占领市场，提高产品的市场占有率和销售量，让一些无法支付高价的顾客也能成为实际的购买者，阻止实力不足的竞争者加入本行业。因此，渗透定价策略往往是低价策略，此时，利润已不是企业近期的主要目标；顾客对产品产生依赖后，利润会源源不断而来。

2. 吸脂定价策略

吸脂定价策略的指导思想是希望像奶油蛋糕中的脂肪或海绵吸水一样，加速获取利润，期望利润愈大愈好。显然，这是一种高价策略。由于高价会使产品失去价格优势，因此，除非产品有强劲的势头、旺盛的市场需求、科技含量较高且不易被仿制，否则，即使产品能快速牟取高额利润，也难以长久维持高利润率，企业扩张市场必将受到阻碍。

3. 追随定价策略

追随定价策略又称满意定价策略，其指导思想是当新产品进入市场时，可采用行业平均成本价，以满足市场需求。该策略介于吸脂定价与渗透定价策略之间，取中庸之道，吸取两者的长处。事实上，当新产品差别优势明显、技术资金密集度高、生产成本难以降低、

产品缺乏弹性、企业生产能力难以提高、产品生命周期短、产品被仿制的难度极大且市场需求强势时，新产品在进入市场的较长一段时期内，可持续采用吸脂定价策略，此时，高利润率、高市场占有率的目标几乎可以同时实现，当然，这是一种接近理想的状况。

二、折扣价格策略

折扣价格策略包括促销折价策略、季节折价策略、累计折价策略、批量折价策略、金额折价策略和保证价格策略。

1. 促销折价策略

促销折价策略是指对有利于企业产品销售活动的相关机构和个人实施价格优惠。它有力地调动了销售人员及机构的积极性，对增加产品销售量贡献极大。目前，企业常在产品展销和促销期间，给予销售机构、人员、消费者在价格方面的优惠。例如，一些机电企业采用促销折价策略，给批发商、经销商很多折扣，导致经销商的产品零售价比产品出厂价还低，从而有效地保护了商家的利益，加强了企业与商家之间长期合作的伙伴关系。

2. 季节折价策略

季节折价策略是指在不同的季节，企业给予顾客不同的价格优惠。许多产品都有销售淡季、旺季之分。企业为鼓励顾客在淡季消费，往往在淡季折价销售产品，以提高淡季的销售额，而对顾客来说，在淡季消费可以较少的投入获得最多的回报，消费行为自然因趋利转向淡季，从而减缓企业旺季生产、销售的压力，对厂家的均衡生产也极为有利。

3. 累计折价策略

累计折价策略是指对购买本企业产品累计达到一定数量后，给予顾客的价格优惠。显然，这种策略是鼓励顾客的长期购买行为，对提高企业顾客忠诚度极为有效。稳住老顾客、吸纳新顾客，企业才能长盛不衰。

4. 批量折价策略

批量折价策略是指对一次性购买产品达到一定数量的顾客采取价格优惠的策略。目前，许多商家批发、零售兼营，当顾客购买量达到一定数额时，商家就会以批发价出售，这样既可鼓励顾客多消费，也可降低销售成本，对买卖双方均有利。

5. 金额折价策略

金额折价策略是指一次性消费本企业产品达到一定金额时，给予顾客的价格优惠。这种策略往往比单纯的折价促销策略更为有效。

例如，"100 万元买 110 万元的产品"比"买 100 万元的产品打九折(即卖 90 万元)"的折扣要少些，前者的利润率比后者高 0.9%，但前者给人的感觉是货币的使用价值提高，而后者则给人以削价处理的印象，此外，前者多提供的 10 万元也是对另一部分产品的促销。

6. 保证价格策略

保证价格策略是指企业承诺，若今后因产品降价而使商家原购进的产品未售完时的损失由企业负责补偿。显然，这种策略使商家的经营风险部分地转移到了企业，是一种典型的以商家为中心的价格策略。有些企业还承诺，对于季节性很强的产品，若过了销售季节仍未售完，则未售完的产品可退回企业，商家的利润按销量提成。这样，既免去了商家的后顾之忧，也为企业广开了销售渠道。在技术创新飞速的今天，机电产品的加速折旧，使批发商、经销商难以承受风险，而此策略则可起到缓解风险的作用。

三、分地区价格策略

价格与许多因素相关，包括销售地区的收入水平、顾客偏好、社会文化环境、竞争因素等，而不同地区的同一定价因素相差甚远。因此，企业应采取分地区价格策略，即在不同的地区运用不同的价格策略。但是，必须杜绝价格歧视。

价格歧视是指经营者(企业)向两个以上商品批发或零售商出售产品，在同等交易条件下却实行不同等的价格交易，从而客观上造成进价高的经营者(商家)在竞争中处于不利的地位。事实上，为规范市场，我国于1998年5月1日开始实施《中华人民共和国价格法》第十四条对价格歧视作出了明确的禁止性规定。

四、心理定价策略

心理定价策略是运用心理学原理，根据不同类型的顾客购买商品的心理动机来制定价格，引导顾客购买的价格策略。心理定价策略包括尾数定价策略、整数定价策略、声望定价策略和招徕定价策略。

1. 尾数定价策略

尾数定价策略也称非整数定价策略，即给商品定一个以零头数结尾的非整数价格。顾客一般认为整数定价是概括性定价，定价不准确，而尾数定价可使顾客产生减少一位数的看法，产生这是经过精确计算的最低价格的心理。同时，顾客会觉得企业定价一丝不苟，甚至连一些高价商品看起来也不太贵了。

一般来说，产品在5元以下的，末位数是5的定价最受欢迎；在5元以上的，末位数是9的定价最受欢迎；在100元以上的，末位数是98或99的定价最畅销。当然，尾数定价策略对那些名牌商店、名牌优质产品就不一定适宜。

2. 整数定价策略

整数定价策略即企业在定价时，采用合零凑数的方法制定整数价格，这也是针对顾客心理状态而采取的定价策略，如把一套西装的价格定在500元而非499元。因为现代商品太复杂，许多交易中，顾客只能利用价格辨别商品的质量，特别是对一些名店、名牌商品或不太了解的产品，整数价格反而会提高商品的"身价"，使顾客有一种"一分钱、一分货"的想法，从而利于商品的销售。

3. 声望定价策略

声望定价策略即针对顾客"价高质必优"的心理，对在顾客心目中有信誉的商品制定较高价格。价格档次常被当作商品质量最直观的反映，特别是顾客识别名优商品时，这种心理意识尤为强烈。因此，高价与性能优良、独具特色的名牌产品比较协调，更易显示产品特色，增强商品吸引力，产生扩大销售的积极效果。当然，运用这种策略必须慎重，绝不是一般商品可采用的。

4. 招徕定价策略

招徕定价策略也称特价商品定价策略，是一种有意将少数商品降价以招徕吸引顾客的定价方式。商品的价格定得低于市价，一般都能引起顾客的注意，因为这符合顾客的"求廉"心理。例如，一些企业利用顾客的这种心理，有意把产品的价格定得很低，以此吸引顾客上门，借机扩大连带销售，打开产品销路。

采用这种策略，仅从几种"特价品"的销售来看，企业不赚钱，甚至亏本，但对企业总的经济效益还是有利的。

综上所述，市场上具体的营销价格是变化多端的，最易使人"捉摸不定"，企业必须十分重视价格手段的应用。但也应该指出，企业在制定价格时要注意与其他非价格竞争手段的协调配合。单纯的价格竞争，可能引发企业间的价格战，使企业形象受损。对于现实中的市场营销活动来说，价格本身仅仅是吸引顾客的因素之一，过分夸大价格的作用也是片面的。

【思考与练习】

1. 影响定价的主要因素有哪些？
2. 什么是折扣价格策略？它有哪些主要形式？
3. 企业定价目标主要有哪些？
4. 如何利用消费者心理为产品定价？
5. 新产品应如何定价？
6. 评价"薄利一定多销"这一说法。
7. 阅读案例，分析其中价格弹性是如何发挥作用的。

案例名称：家电拒绝下乡。

政府为了鼓励农民更新家里的家电，拉动农村消费，采取家电下乡的政策，实际上，在落实到地方上出现了下面一些问题：

(1) 某些不法商贩，借"家电下乡"的名义向农民兄弟出售伪劣的家电产品，既损害了农民兄弟的利益，又威胁到了农民兄弟的生命安全。

(2) "家电下乡"产品一般利润较薄，农民较为欢迎。根据销售补贴规定，需要提供"家电下乡"产品销售发票，这就给经销商增添了税负。经销商的积极性不高，不能很好地落实政策，造成了"如果你买'家电下乡'的产品，就没有发票"的局面。

8. 阅读案例，思考下列问题。

思考：(1) 卡特比勒公司采用的是什么定价方法？

(2) 为什么顾客认为该价格是合理的价格？

卡特比勒是一家生产和销售牵引机的公司，它的定价方法十分奇特：一般牵引机的价格均在2万美元左右，然而该公司牵引机的价格为2.4万美元，虽然每台贵4000美元，但它却卖得更多。当顾客上门，询问为何该公司的牵引机要贵4000美元时，该公司的营销人员会给顾客算这样一笔账：

20 000 美元，是与竞争者同一型号的机器的价格；3000 美元，是产品更耐用而多付的价格；2000 美元，是产品可靠性更好而多付的价格；2000 美元，是公司服务更佳而多付的价格；1000 美元，是保修期更长而多付的价格；28 000 美元，是上述总和的应付价格；4000 美元，是折扣；24 000 美元，是最后价格。

卡特比勒公司的营销人员使目瞪口呆的顾客相信，他们只要付 24 000 美元，就能买到一台价值 28 000 美元的牵引机；从长远看，购买这种牵引机的成本比一般牵引机的成本更低。

9. 阅读下列案例，你认为该公司对新产品的定价策略是成功的吗？为什么？

某著名品牌，在日本生产机械产品，在中国销售，该公司开发出一种新产品(在日本应用比较多)，在业内某个应用领域处于领先的技术水平，该新产品具有节能环保且控制精度高的特点，目前没有同行拥有同样的技术，但是这种特点并非企业生产的必需品，有其他普通类型的产品可以替代，完成同样的工作，同时该公司也在经营普通产品。该公司对于该特性产品的定价在进入市场初期就非常高，通常比国产普通替代品高 2～3 倍，即使比自产的普通产品也要高出差不多一倍的价格。推入市场 3 年多时间，市场占有率一直非常低，没有形成批量。最近，有同行厂家开发出具有类似特点的产品，但是价格要低大约 30%，无奈，该公司选择跟随降价，但整体市场表现仍然不好。

10. 阅读案例，回答以下问题。

(1) 英特尔公司采取的是什么定价策略？

(2) 请说出英特尔公司采取这种定价策略成功的原因。

一名分析师曾这样形容英特尔公司的定价政策："这个集成电路巨人每 12 个月就要推出一种新的、具有更高赢利的微处理器，并把旧的微处理器的价格定在更低的价位上以满足需求。"当英特尔公司推出一种新的计算机集成电路时，它的定价是 1000 美元，这个价格使它刚好能占有市场的一定份额。这些新的集成电路能够提高高级个人电脑和服务器的性能。如果顾客等不及，就会在价格较高时去购买。当英特尔公司销售额下降或竞争对手推出相似的集成电路对其产品销售构成威胁时，英特尔公司就会降低其产品的价格来吸引下一层次对价格敏感的顾客。最终价格跌落到最低水平，每个集成电路仅售 200 美元多一点，使该集成电路成为一个普及产品。通过这种方式，英特尔公司可以从各个不同的市场中获取最大收益。

项目六　机电产品消费者购买行为分析

【项目导航】

市场营销的目的是满足目标消费者的需求和欲望，但是，要了解消费者并不简单。消费者对自己的需求和欲望的描述可能并没有触及深层动机，他们往往会受到某种因素的影响而在最后改变主意。机电产品市场营销人员必须了解目标消费者的欲望、观念、喜好和购买行为，因为只有满足了消费者的需求，企业生产的产品才有可能成为商品，商品的价值才能得到承认。消费者行为是影响并决定企业营销成败的关键因素。因此，机电产品生产企业必须研究消费者行为及其变化趋势，为营销决策提供依据。

通过本项目学习，能够指出影响消费者行为的主要因素；列出消费者购买决策过程的各个阶段；指出影响生产者购买决策的主要因素；列出生产者购买决策的过程。

【案例导入】

案例 6-1　机电产品营销的关键——选择正确的客户

小张是天津某混凝土和石材的大型切割设备厂的一名销售人员，最近了解到北京某大型建筑承包商承接了一项高速公路改扩建工程，需要用到大型的切割设备，而且极有可能一订就是十几台。小张以前的公司与该承包公司有一些业务上的来往，得到这个消息后小张与该承包公司的采购部门刘经理取得了联系并立刻动身赶往北京。

见面后刘经理倒也还热情，说公司目前正处于供应商调查、初选阶段，有几个切割设备厂已经开始与他们接洽，小张也可以把他们公司的一些资料报过来。小张试探性地问刘经理目前有几家厂参加竞争，刘经理提到了一个上海企业的名字。小张知道这是一家著名的瑞士工程机械设备制造商，无论是其技术水平还是生产规模在这个行业里都是响当当的，当然他们的价格也是响当当的。因此，小张并没有太多担心，根据以往的经验，如果产品性能满足要求，客户通常还是把价格放在第一位的。

在与刘经理的交谈中，小张进一步了解到，由于高速公路要在明年年底通车，时间紧、作业面的工程量大，所以初步考虑采购功率在 5000 W 以上的大型切割设备，采购数量为10 台左右。

在了解完客户的采购进度、预算等情况后，小张与刘经理约好下周见面的时间，便匆匆赶回天津工厂，并立刻向负责销售的副总做了汇报，随后又与生产部门和技术部门做了初步的沟通。生产部门承诺：在客户规定的时间内别说生产 10 台，就是 20 台也问题不大；但技术部门却认为工厂从没有生产过 5000 W 以上的设备，技术上没有把握，就是研发也是需要时间的。

但是一个 400 万元的订单对小张和其所在的公司来说太重要了，岂能轻易放弃！再说自己企业的技术水平和专业程度虽然不如那家瑞士公司，但在国内也是名列前茅的。于是，小张决定继续跟进，决不放弃，也许可以通过某种手段改变客户的采购标准。以前也不是没有成功的案例，刘经理的话也没说死，再说情况还在不断地变化着，谁会知道 4 个月后客户的想法会不会改变呢？

随后的 4 个月内，小张放弃了其他客户，集中精力在这个 400 万元的订单上。为节省北京和天津来回路途上的时间，小张干脆在该承包公司的附近找了家旅馆住了下来，隔三差五地往刘经理处跑；当然请客吃饭是经常性的，其间小张还设法请刘经理和建筑公司领导专门去天津的工厂参观了一回。这一来一去，小张和刘经理也成了无话不谈的朋友，但就是在订单问题上刘经理没有明确表态，但承诺一定会给他参加投标的机会。

时间过得很快，几个月过去了，一天刘经理通知小张去投标书，但小张发现在标书的技术部分明确要求：供应商应具备生产 5000 W 以上设备的能力和正在实际使用的案例。刘经理解释说这是公司的施工技术部门的要求。投标的结果很快揭晓了，虽然小张的报价要低于瑞士公司，但因无法满足客户的技术要求而最终落选了。

案例 6-2　对中间商推销失败的原因分析

某推销员王军销售一种家庭用的食品加工机，努力工作，却收效甚微。

(1) 王军连续数次去一家百货商场推销，采购经理每次都详细了解产品的性能、质量、价格、维修和各项保证，但是拖了月余仍不表态是否购买，总是说"再等等，再等等"。王军认为采购经理无购买诚意，就放弃了。

(2) 王军经过事先调查，了解到某超级市场的购买决策者是该店的采购经理和商品经理。他先找到采购经理做工作，采购经理在详细了解产品的性能、质量、价格和服务后同意购买。轻松地过了这一关，王军很高兴，又找到商品经理介绍产品。商品经理听后沉吟未决，王军为了尽快促成交易，就告诉他，采购经理已经同意购买。不料商品经理一听这话就说："既然采购经理已经同意，就不用再找我了。"这笔眼看就要成功的生意又泡了汤。

(3) 某大型商场采购部经理张先生是一位大学毕业生，从事采购工作多年，业务精通，擅长计算，头脑清楚，反应敏锐，总是从公司利益出发去考虑问题，多次受到商场领导的表扬，有望升为商场副总经理。王军通过耐心地介绍产品和谈判交易条件，终于使他成为客户，并保持了数年的关系。这数年间，王军在征得公司同意的情况下满足了张先生提出的许多要求，如保证交货时间、次品退换、延长保修期、指导营业员掌握产品使用方法和销售技巧、开展合作广告等；还注意加强感情投资，经常与张先生交流沟通，并在张先生和妻子、孩子生日时送上鲜花和纪念品，双方的关系日益密切。可是，有一天张先生突然通知王军，停止购进他的产品，因为另一家企业提供了性能更加优异的、改进型的同类产品。王军听了十分生气，认为张先生一点不讲感情，办事不留余地，是个不可交的人，从此断绝了与张先生的联系，也断绝了与该商场的生意关系。

原因分析：

(1) 该商场以前未经营过这种产品，要对该产品的价格、服务、市场需求和市场风险等因素进行全面分析和预测后才能作出决定。王军不了解中间商采购新产品的过程较为复杂，操之过急而丧失了机会。

(2) 推销员应当了解中间商内部参与购买过程的各种角色的职务、地位和相互关系对购买行为的影响。该店的采购经理与商品经理之间存在关系不协调的现象，王军虽然通过调查探悉了该店的购买决策者，但是未能进一步了解他们相互之间的关系，未能在推销过程中利用有利关系和回避不利关系，从而使商品经理产生了抵触情绪。

(3) 推销员应当注意分析采购人员的购买风格，以制定有针对性的推销策略。加强感情投资最适用于"忠实的采购者"或"情感型的采购者"，而对其他类型采购者的效用则有局限性。张先生是一个"最佳交易采购者"，一旦发现产品或交易条件更佳的供应商就立刻转换购买，其购买行为的理智性强，不太受感情因素支配。对于这类采购者，供应商仅仅依靠感情投资难以奏效，必须密切关注竞争者的动向和市场需求变化，随时调整营销策略和交易条件，提供比竞争者更多的利益。王军片面地以为感情投资可以解决一切问题，忽视分析不同购买者的购买风格，忽视提高产品、服务和交易条件的竞争力，采取了意气用事的错误做法。正确的做法应该是继续与张先生保持良好的关系并及时向本公司反映竞争者的动向，改进产品后再重新进入该商场。

按照顾客市场的性质不同，其可以分为消费者市场和组织市场两大类。其中，消费者市场由为了满足个人或家庭需要而购买产品和服务的顾客组成；组织市场则由那些为了生产、销售、维持组织运作或履行组织职能而购买产品或服务的用户(制造商、中间商、政府、组织机构等)组成。购买的目的是再生产，或转售，或开展公益事业等。组织市场又分为制造商(企业)市场、中间商市场、政府市场和非政府组织市场。机电产品的市场主要是组织市场，尤其是制造商(企业)市场和中间商市场。

知识点 1　机电产品消费者购买行为阶段及其特点

消费者购买行为是指人们为满足需求和欲望而寻找、选择、购买、使用、评价及处置产品、服务时介入的过程活动，包括消费者的主观心理活动和客观物质活动两个方面。消费者购买行为是由一系列环节、要素构成的完整过程。消费者购买行为是复杂的，其产生受内在因素和外在因素的相互影响。因此，消费者购买行为往往不是简单的购买行为，而是一个前后连贯的过程。这一过程包含有序的多个阶段，而每一阶段又体现出消费者购买行为的相应特点。系统地研究和把握消费者购买行为的阶段与特点，是机电产品生产企业营销管理的重要内容。

一、消费者购买行为阶段

消费者购买行为包括六个阶段(如图 6-1 所示)：形成需求、产生购买动机、收集产品信息、评估待购产品、购买决策和购后评价。这六个阶段环环相扣，循序渐进，并且每一个阶段中都包含有消费者购买行为的特点及其影响因素。

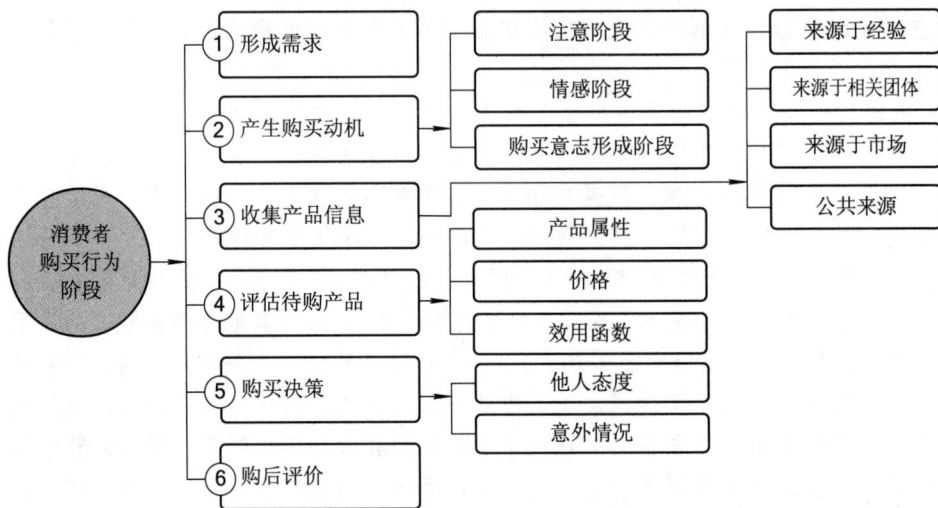

图 6-1　消费者购买行为阶段

1. 形成需求

需求的形成是消费者由于某种刺激而引起的对尚未满足的消费心理的紧张感，即对消费的渴求，这是消费者购买行为的起点。消费者需求的形成由内在的刺激和外在的刺激引起，或者是两者相互作用的结果。内在刺激，如某些场合或工作过程中，觉得不顺手、不方便或效率不高，从而刺激消费者觉得需要购买某种机电产品以弥补其不足、改进工作或提高效率等；外在刺激是指外界客观因素，如亲戚、朋友、推销广告或看到某种机电产品的说明书等引起的，并且使消费者的心理紧张达到了一定程度，便形成对机电产品的消费需求。如双职工家庭因邻居都有了小汽车而形成对小汽车的消费需求等。

随着人们经济收入的不断提高，以及新产品投放市场，消费者的消费需求将逐渐地由低级到高级、由简单到复杂地发展。

2. 产生购买动机

消费者需求形成之后，经过一定因素的影响，才能产生购买动机。购买动机的形成除了受到消费者内在生理因素的影响之外，还受到社会、经济等外在因素的影响。当消费者因某种缺少而产生的紧张感经过这些因素以一定强度的刺激之后，便会产生购买的心理冲动，即购买动机。消费者购买动机的形成通常会经历对机电产品的注意阶段、情感阶段和购买意志形成阶段。

(1) 消费者对机电产品的注意阶段。"注意"是指消费者对机电产品的价值和属性等的反应过程，是消费者购买动机形成的第一阶段，主要通过消费者的感觉、知觉、记忆、联想、思维等活动得以实现。

(2) 消费者对机电产品的情感阶段。"情感"是指消费者对注意到的机电产品是否感兴趣和满意，以及感兴趣和满意的程度。在这一阶段，消费者可能对机电产品产生兴趣而产生购买欲望，和同类的其他产品相比较，继而对产品进行评价。积极的情感能够促使购买意愿的产生，消极的情感会阻碍购买意愿的实现。

(3) 消费者对产品购买意志形成阶段。"意志形成"是指消费者自觉地、有目的地准备收集该产品的信息，并打算购买的心理状态。注意、情感和意志形成这三个阶段相互影响，彼此渗透，共同构成消费者的购买心理冲动，即购买动机。意志形成过程是消费者努力排除各种干扰，自觉准备实现购买的关键性阶段。

购买动机可划分为多种形式，但无论哪一种购买动机，基本上都受消费者个人所处文化背景的制约，年龄、性别、民族、职业、教育程度、社会地位、家庭结构、风俗习惯的不同都会影响到消费者的购买动机。研究和掌握消费者购买动机的形成过程，有利于指导企业的生产和销售。

3. 收集产品信息

一位有购买动机的消费者可能会寻求产品的信息，也可能不会。但当被唤起的动机很强烈时，消费者必然会通过各种途径获取欲购产品的信息。因此，企业应十分注意了解消费者获取信息的来源。以下为消费者获取信息的主要来源。

(1) 经验。消费者在以往生活中的所见、所闻以及实际感受是消费者获取有关产品信息的基本来源。凭借经验，消费者就可能作出购买决策。

(2) 相关团体。消费者通过亲戚、朋友、邻居或学会、协会成员等渠道获取产品信息。

(3) 市场。消费者通过市场推销人员、营业员、经销商、商品展览、商品陈列、商品包装、产品说明书等收集信息。例如，消费者一般会在购买前仔细阅读欲购买的机电产品的功能说明书。

(4) 公共来源。消费者通过报纸、杂志、广播、电视、政府机关以及其他大众传播媒体获取产品信息。

上述信息来源中，市场信息与广告媒体传播的信息最为重要，因为这种信息的针对性强，易于为消费者所收集。

4. 评估待购产品

评估待购产品是指消费者对收集的有关待购产品的信息进行分析、整理、比较的过程。评估的内容一般包括产品属性、价格和效用函数三个方面，具体如下。

(1) 产品属性。消费者不仅要了解产品质量的好坏，而且要比较该产品和其他同类产品的不同属性。产品的属性可分为一般属性和特色属性。产品的特色属性是消费者购买产品时首先考虑的属性。如电冰箱，有的消费者考虑其保鲜性、省电的功能，有的消费者重点关注其除霜、除臭的功能，有的消费者则考虑其是否具有智能功能。企业营销人员应当分析消费者对产品各类属性的要求，依据属性的重要程度建立属性等级，按其等级的重要程度生产或改进产品。

(2) 价格。价格是影响消费者购买决策的重要因素，不同的消费者因其性别、年龄、收入、学识、经历等不同，对不同机电产品价格的反应不一样。一般地讲，在具有相同功能的前提下，消费者愿意接受货真价实、价廉物美的产品。

(3) 效用函数。效用函数即产品对消费者需求满足程度的函数。任何机电产品在不同时间和不同场合或对不同的需求购买对象其效用是不一样的。例如，一台计算机对于普通人来说，其效用不会很大，但对于一位需要借助计算机进行研究的人来说，其效用就相当大；但是如果该科研人员的研究项目已经完成，暂时不需要使用计算机的话，计算机的效用对这位科研人员来说也很小。把握产品的效用函数，就是要充分利用产品的时间价值原则，不失时机地满足不同消费者对不同产品的需求。

5. 购买决策

消费者经过判断和评估后，如果对某种产品形成了一定的偏好，便会作出购买决定。但是作出购买决定并不等于购买。消费者在购买过程中，如果受到某种不良因素的影响，可能会放弃购买。例如，原打算购买煤气热水器的消费者，假如刚刚看到由于热水器使用不当而导致人员煤气中毒死亡的报道，他可能会暂时放弃购买的打算。从购买决策转化为购买行动，除了消费者自身的因素外，还要受到另外两种因素的影响。

(1) 他人态度。他人态度是指消费者之外其他人的影响。如丈夫想购买一套高级音响，因其价格较高而受到妻子的指责，因此他很有可能放弃购买。

(2) 意外情况。意外情况指消费者收入或产品价格的变动，或营销人员态度的变化、或购买条件的改变等意外情况，也会影响购买的实现。如某人计划购买大屏幕彩电，但其家中突然出现意外事故需要花一大笔钱，因此他很可能会放弃购买。

6. 购后评价

消费者购买产品之后，有时会自做评价，或主动听取他人的品评。购后评价如图 6-2 所示。如果消费者对所购产品感到满意，一方面可能会继续购买，另一方面会积极向他人推荐；倘若对所购产品感到失望，不仅自己不会再购买，而且可能会竭力劝阻他人购买。由此可以看出，消费者对所购产品的评价，哪怕是误解或偏见，也会给企业带来重大的影响。消费者的反宣传对其他消费者的影响足以使企业的促销努力付诸东流。实际上，每一位消费者都是产品的评判员和宣传员。目前，许多机电产品企业都有退换或保修制度，目的是尽可能地消除消费者的不满。因此，企业营销人员必须十分重视消费者的购后评价，将其作为重要的反馈信息，帮助企业发现营销缺陷，改善工作。

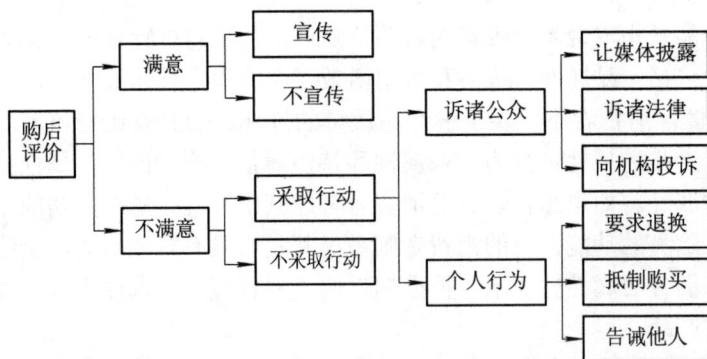

图 6-2　购后评价

以上简要地介绍了消费者行为的六个阶段。当然，具体到每位消费者身上，他们的行为未必都需要经历这六个阶段。例如，有的消费者可以不通过购买而满足自己的消费需求，如亲友馈送的东西；有的消费者不经过对商品的选择，就直接进行购买；有的消费者选择商品后，又改变了主意，不打算购买了等。即使是经历了同样几个阶段的消费者，各人的心理活动也是千差万别的，这些都是因为消费者所处的社会环境和消费者内在因素的不同而引起的。

二、消费者购买行为特点

消费者购买行为作为一个过程，在不同的阶段会呈现出不同的特点。消费者购买行为特点如图 6-3 所示。研究和把握消费者购买行为的特点，有利于企业搞好市场细分和目标市场的选择，从而有针对性地开展营销活动。

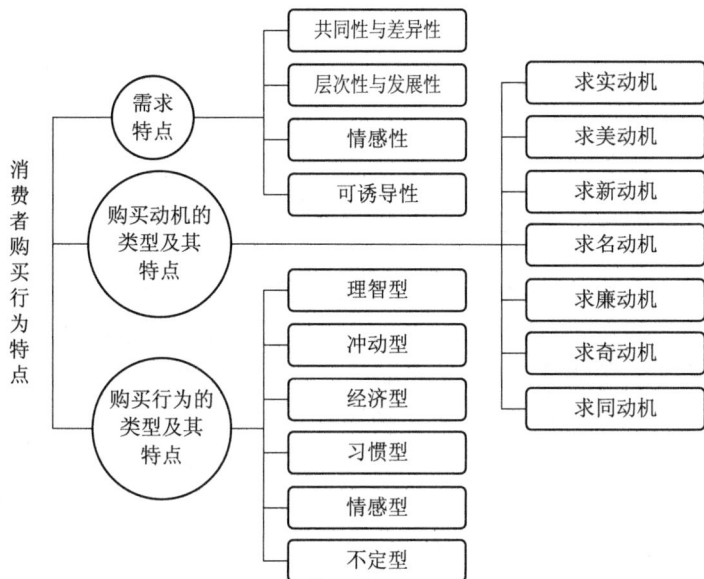

图 6-3　消费者购买行为特点

1. 消费者需求特点

消费者的需求具有许多明显的特点，研究和把握这些特点，对于企业制定营销策略有着重要的指导作用。

(1) 共同性与差异性。共同性通常表现在消费者对小机电产品等需求的大同小异；差异性则往往指消费者对机电产品需求的多样化。例如，家庭购买同样容积的电冰箱或同一屏幕尺寸的彩电时，功能、款式等方面的需求一般都大同小异；而对于大型水能发电机等大型机电产品的需求，不同规模的水电站则需求各异。

(2) 层次性与发展性。层次性是指消费者对同一类产品，在质量、价格、款式、规格、性能等方面需求的差异性在消费品市场以多层次性特征表现出来。消费者的需求层次有高低之分，满足较低层次的需求之后，逐步向较高的需求层次推进，由质的需求向精神需求发展，从数量需求向质量需求转化等。发展性是指随着时代的变迁，科技的进步，经济收入的提高，消费者的需求会经历一种由低到高、由粗到精的发展过程。例如，人们对电视机的需求，首先是小屏幕的黑白电视机，之后是小屏幕彩色电视机，再之后上升到对大屏幕彩电的需求，需求的层次不断深入和发展。

(3) 情感性。情感性是指消费者购物时会带有明显的感情色彩。由于消费者缺乏专业知识, 大部分是外行, 多属于非专家购买, 往往是根据个人的喜好和情感购物。

(4) 可诱导性。可诱导性是指消费需求受消费者收入、嗜好、产品价格、税收和储蓄利率、心理预期、经济发展趋势的影响, 购买具有很大的弹性, 容易受外界因素的诱导。一般来讲, 消费者对产品的不同偏好程度决定他们的购买意愿。消费者的嗜好取决于个人生理和心理需求, 也取决于社会消费时尚。企业可以通过示范效应和广告效应来影响消费时尚。由于示范效应和广告效应的重要性, 许多企业不惜重金利用这两种效应来诱导消费者作出购买决策。

2. 购买动机的类型及其特点

消费者对机电产品的购买动机通常有以下几种类型, 不同的购买动机有相应的特点。

(1) 求实动机。求实动机表现为追求产品的使用价值, 注重产品内在的质量和效用, 讲究实用、实惠和使用方便, 不过分强调外观、花色、款式等。

(2) 求美动机。求美动机表现为追求机电产品的欣赏价值或艺术价值, 即注重产品的造型、色彩、包装装潢等外在美。例如, 艳丽色彩的吸尘器较灰暗颜色的吸尘器的销售情况要好。

(3) 求新动机。求新动机表现为追求产品的时尚和新颖, 不大计较产品的价格。例如, 年轻人在购买自行车时, 往往购买色泽艳丽、功能多、款式新的山地车、跑车。

(4) 求名动机。求名动机表现为追求名牌产品, 注重产品的牌号、产地及其声誉, 舍得花时间、精力选购。例如, 人们对名车的偏爱和追求, 就是一种求名动机。

(5) 求廉动机。求廉动机表现为追求廉价产品, 喜欢选购折价、优惠价、处理价的产品, 不大计较产品的外观质量, 如花色、款式及包装等。例如, 中年人喜欢选购价格低廉的二手自行车, 追求的是二手自行车价廉、实用的特点。

(6) 求奇动机。求奇动机表现为追求产品的奇特式样, 别具一格的造型等, 注重产品的与众不同之处。

(7) 求同动机。求同动机表现为追求大众化产品, 随大流, 不愿赶时髦等。

消费者的购买动机是引起购买行为发生的关键性因素。因此, 企业应当认真研究和掌握目标消费者的购买动机, 并以此作为企业决策的依据, 有的放矢地实施营销策略, 从而取得市场经营的成功。

3. 消费者购买行为的特点

企业若要掌握消费者购买行为的特点, 首先应当对其购买行为进行分析。

1) 购买活动分析

消费者购买行为分析是指对消费者购买产品的原因、习惯、时间、地点等进行研究, 通常用"6W"法进行分析。

(1) 谁是消费者(Who): 根据消费者的性别、年龄、职业、收入、性别等差异, 分析最有可能购买某种产品的消费者类型。

(2) 购买什么(What): 分析消费者喜欢且经常购买的机电产品的类型。

(3) 为何购买(Why): 分析消费者购买机电产品的动机和原因。

(4) 何地购买(Where): 分析消费者喜欢且经常光顾的购买地点。

(5) 何时购买(When): 分析消费者喜欢且经常选择什么时间购买机电产品。

(6) 如何购买(Which)：分析消费者购买机电产品的方式，主要指购买产品的货币支付方式。

企业通过对消费者购买行为进行分析，就可以根据其购买行为的特点，做好销售网点的布局，选择适当的推销时机，同时以灵活多样的货币付款方式，满足消费者的需求，从而扩大销售，实现企业营销的目的。

2) 购买行为的类型与特点

实际从事购买活动的消费者，选购商品时的表现各不相同。一方面，消费者因收入、性格、素养等不同而存在着购买心理上的差异；另一方面，购物环境也会影响消费者的购买行为。根据消费者购买的心理状况，可将购买行为分为以下几种类型，各种类型具有其相应的特点。

(1) 理智型。这类消费者头脑比较冷静，主观性较强，对机电产品的品质、用途、价格高低等有自己的见解，不易受外界因素的影响。购买产品前，理智型消费者会广泛地收集信息，做到心中有数，购买产品时十分谨慎，会反复挑选。

(2) 冲动型。这类消费者感情比较外露，随意性较强，容易受到外界刺激的影响。购买产品前通常没有进行足够的思考，凭自己的一时感觉作出购买决策；购买产品时也不愿反复比较，很快就作出了购买决策。

(3) 经济型。这类消费者十分注重产品的价格，常常根据价格的高低来判断产品质量的优劣，喜欢购买廉价的产品，尤其是削价产品。

(4) 习惯型。这类消费者根据其长期养成的消费习惯，总是按照过去购买的某种牌号、商标、规格、档次去购买产品，或习惯于在某个地点购买，其购买通常建立在见解或信任的基础上，较少受广告宣传和时尚的影响。

(5) 情感型。这类消费者情感体验深刻，想象力丰富，审美感强，购买产品时容易受到促销宣传和情感的诱导，对购物现场的环境反应十分敏感，通常购买符合自己感情需要的商品。

(6) 不定型。这类消费者购买心理不稳定，没有明确的购买目标和要求，缺乏对购买产品的选择常识。购买产品时，往往只是奉命购买或随意购买，容易受旁人的意见所左右。

营销者必须同各种各样的消费者打交道，如果不能及时、准确地判断消费者购买行为的类型，以单一的服务方式对待不同类型的消费者，某些可能成功的交易也可能会落空。因此，及时、准确地判断消费者的购买行为类型与特点，有利于提高营销活动的成功率。

知识点 2　机电产品产业市场购买行为分析

机电产品产业市场是指购买者是由购买机电产品，将其进一步用于生产其他产品和劳务，并以获得利润为目的的组织机构构成的市场。机电产品产业市场的特点如图 6-4 所示。与面向消费者的活动相比，产业购买者所需的资金额更大，涉及的机电产品的项目更多，也具有自己的一些特点。生产者购买决策远比消费者购买决策复杂，因为生产者在购买中要面临各种各样的决策，至于要作多少决策则取决于各种不同的购买情形。

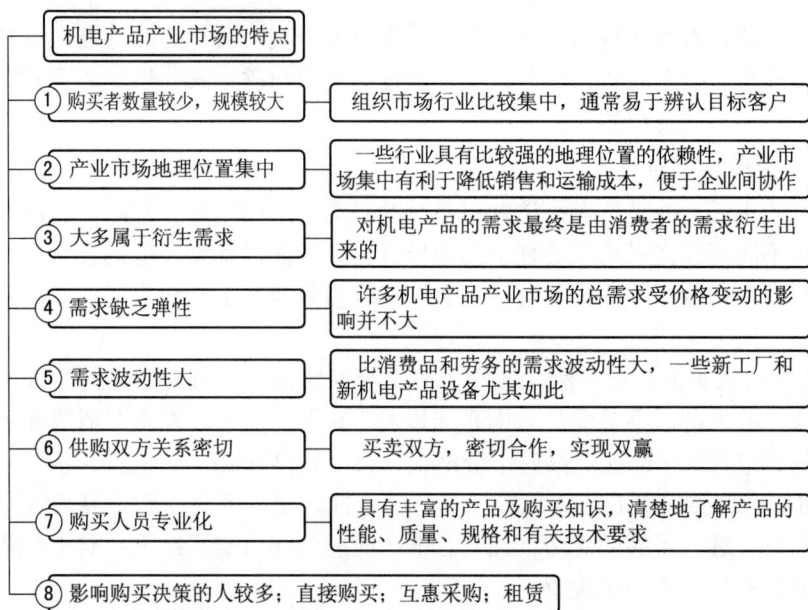

图 6-4　机电产品产业市场的特点

一、机电产品产业市场的特点

机电产品产业市场与消费者市场有明显的差别，具有以下特点。

(1) 产业市场的购买者不是购买者个人，而是购买机电产品的生产企业，所以它相对于消费者来说，数量较少。但是每个企业，特别是大中型企业，每年需要购买的机电设备的数量是很大的。例如，一家大型飞机制造厂每年需要大量的机电设备、仪器仪表。但是在生产者市场内部，购买者的规模和购买批量的分布是不均衡的。

(2) 产业市场地理位置集中。由于国家的产业政策、自然资源、地理环境、交通运输、社会分工与协作、销售市场的位置等因素对生产力空间布局的影响，容易导致其在生产分布上较为集中。例如，美国半数以上的产业市场集中在纽约、加利福尼亚、宾夕法尼亚、伊利诺伊、俄亥俄、新泽西和新墨西哥等 7 个州。产业市场的地域集中性，有助于降低销售成本。

(3) 产业市场的需求大多属于衍生需求。例如，客户购买飞机，才导致生产者购买飞机上相关的机械和电器产品。当客户对飞机的需求量增加时，生产者需要的机电产品就会增加；反之，对机电产品的需求量就会随之减少。因此，机电产品产业市场的营销者要了解同本企业产品有关的各种消费者需求的变化情况。

(4) 在短期内，产业市场的需求缺乏弹性。许多机电产品产业市场的总需求受价格变动的影响并不大。如飞机制造商不会因飞机上相关机电产品的价格下跌而购进大量的机电产品，也不会因价格上涨而少购。就短期来讲，需求缺乏弹性，因为生产商不可能在制造工艺上进行大的变革。当机电产品涨价时，减少机电产品的购买会因缺少零件、设备而停产；当机电产品价格下降时，大量超购机电产品会造成资金的积压。所以，机电产品的产业市场弹性系数比较小。

(5) 在一定条件下，产业市场的需求波动性大。机电产品的需求比消费品和劳务的需求波动性大，针对一些新工厂和新机电产品设备尤其是这样。这是因为产业市场的需求是消费者市场需求的变化而受到影响。消费者需求量的增加，就会要求工厂和设备以成倍的数量增长。有时消费者需求仅上升10%，就可能导致下一阶段机电产品的需求增长20%；反之，如果消费品需求有10%的下降，就可导致对投资机电产品需求的全面暴跌。在销售中，出现这种反复无常的变化，使许多机电产品市场营销者将其产品和市场向多样化发展，以便能在商业周期中均衡地销售。

(6) 供购双方关系密切。生产者市场的买卖双方倾向于建立长期的业务联系，相互依存，卖方在顾客购买决策的各个阶段往往要参与决策，帮助顾客解决一些购买过程的问题，提供完善的售前咨询、答疑及售中、售后服务，有时要帮助顾客寻找能满足其需求的商品，甚至按顾客要求的品种、性能、规格和时间定期向顾客供货。

(7) 购买人员专业化。企业的购买通常由专业人员完成。大多数企业有专门的采购中心，重要的采购决策往往由技术专家和高层管理人员共同作出，其他人也直接或间接地参与进来。另外，专业采购者经过专门的专业训练，具有丰富的产品及购买知识，了解产品的性能、质量、规格和有关技术要求。这样，供货方应当向他们提供详细的技术资料和特殊的服务。

(8) 其他特征。产业市场除有以上主要特征外，还具有以下特征。

① 影响购买决策的人较多。采购委员会都是由技术专家和营销专家组成的。

② 直接购买。机电产品的购买者往往是直接向生产者购买而不再经过中间商。

③ 互惠采购。机电产品的购买者往往选择那些购买自己产品的客户作为其供应商，即买卖双方各自购买对方的产品。

④ 租赁。许多机电产品的购买者并不一定完全采用购买的方式，而同时也会采用租赁的方式。

产业市场与消费者市场比较见表 6-1。

表 6-1　产业市场与消费者市场比较

比较项目	消费者市场	产业市场
购买目的	为生活消费，不谋求盈利	为维持生产经营活动，有明确的营利目的
社会生产中的地位	再生产循环的终点	社会再生产的中间环节，是一种生产性消费，直接或间接受消费者市场影响
购买决策参与者	个人或家庭的购买行为	专业人士参与的有组织的购买行为

二、机电产品生产者购买行为的主要类型

生产者购买行为有三种主要类型(如图 6-5 所示)，即直接重购、修正重购、新购。

在开始的发觉阶段，利用大众传播媒体传递信息；在兴趣阶段，则应利用人员销售发挥最大的影响力，促使采购人员产生购买的动机；在评估阶段，技术资料很重要，应多方面向客户提供可供鉴别产品技术参数的资料，促使其作出有利的评估，并达到采购产品的目的

直接重购 → 采购部门按以往惯例采购产品 → 决策比较常规，采购者要作出决定的项目也最少，掌握其规律也比较容易

修正重购 → 企业改变原先所购产品的规格、价格或其他交易条件后再进行购买 → 采购决策较复杂，供应者对此也应有一定的研究和了解

新购 → 企业初次购买某种产品或服务

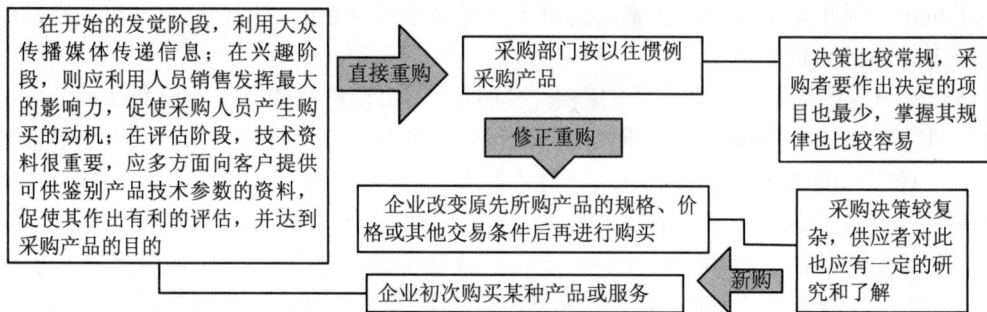

图 6-5　生产者购买行为的三种类型

1. 直接重购

直接重购是一种在供应商、购买对象、购买方式都不变的情况下，购买者购买以前曾经购买过的产品。直接重购的采购项目都是企业顾客定期所需的。当供应不足时，买主会按照"供应商名单"再次与同样的供应商续签订单。对于这种类型的采购，名单内的供应商不必重复推销，而应努力使产品的质量和服务保持原有的水平，争取与购买者保持稳定的关系；而对于没有合作关系的"供应商名单"以外的供应商来说，获得销售机会的可能性极小，但可以通过提供新产品或开展某种令人满意的服务，努力促使购买者转移或部分转移购买。

2. 修正重购

修正重购指购买者由于想改变产品的规格、价格、交货条件等购买要素，调整或修订采购方案的购买类型。修正重购比直接重购需要花费更多的时间和精力，通常扩大了采购决策参与者的人数，它主要用于了解购买者的需求和潜在的供应商。对于这样的购买行为类型，原有的供应商要清醒地认识自己所面临的挑战，积极改进产品规格和提高服务质量，大力提高生产率，降低成本，以维护现有的客户。修正重购名单外的供应商则应把修正重购看成一次机会，积极开拓市场，以获得相应的业务。

3. 新购

新购是指企业为增加新的生产项目或更新设备而第一次购买某一产品或服务。例如，企业安装第一套计算机系统和建设新工厂，这种情况对机电产品的市场营销人员来说，是最好的机会，因为这是一个还未被任何竞争对手占据的有待于争取的市场。他们应运用整套市场营销手段，包括向客户提供信息和帮助，以及建立专门负责向新客户推销的机构等措施来尽力争取这部分市场。

知识点 3　影响生产者购买决策的因素

一般来说，生产者的购买行为与个人购买者的行为是有很大不同的，生产者对机电产品的购买，主要受经济因素的影响，而受个人偏好的影响不大，因此大多数属于理性决策者。

影响生产者购买决策的因素可归纳为四大类(如图 6-6 所示)：环境因素、组织因素、人

际因素和个人因素。

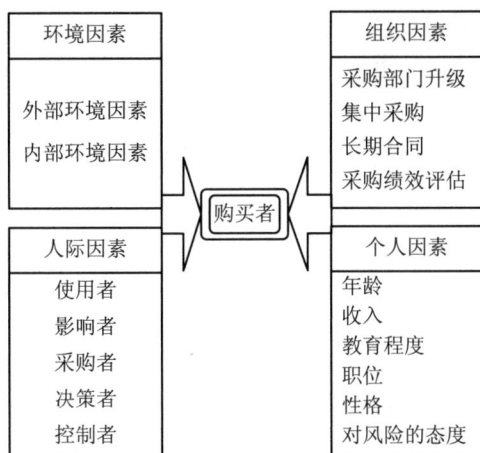

图 6-6　影响生产者购买决策的因素

一、环境因素

1．外部环境因素

外部环境因素如经济形势的好坏、工农业生产速度、基本建设的投资规模和投资方向、产业结构、机电产品的供应情况、市场需求的变化、物价的涨落、银行利率的高低、贷款的松紧以及政局的稳定等，对机电产品购买者的购买行为有着重要的影响。

机电产品的购买者深受目前和未来各种经济环境因素的影响，例如，基本需求水平、经济前景、资金成本等发生变化时，都将影响到购买者的购买。当经济不确定性风险提高时，机电产品购买者将会停止厂房设备的新投资，同时也会力求减少存货。在这种情况下，机电产品供应企业只有把价格降低到一定的水平，才能刺激购买者冒一定风险购买自己的产品。

机电产品购买者，同样也受技术、政治及竞争环境发展变化的影响。机电产品营销人员必须经常注意这些因素的发展变化情况，随时作出这些因素对机电产品需求情况影响方向和程度的判断，及时采取相应的市场营销措施，将消极因素转化为积极因素。

2．内部环境因素

企业是市场营销的主体，其行为每时每刻都受到购买者的关注。若多数购买者对企业产生好感，并形成有利的舆论，就会踊跃地购买企业生产的产品。因此，企业在分析影响购买者行为因素时，切不可忽视自身因素对购买者行为的反作用，影响购买者行为的企业因素主要有企业形象、产品形象和企业的销售服务工作。

1) 企业形象

企业形象是指企业在社会和人们心目中的地位。它是企业经营能力、公关能力等各种能力的综合体现，良好的企业形象是企业的无形财富。因此，企业必须注意通过各种有效途径，如赞助公益事业、为顾客提供周到的服务等，树立和维护其良好的社会形象。

2) 产品形象

产品形象是指购买者对于经常接触的商品形成的一种印象。它是企业形象的具体体现。

产品形象的好坏直接影响到它的销售。产品进入市场后能否引起购买者的注意，首先取决于产品本身的吸引力。购买者对吸引力大的产品容易作出较为迅速的反应，反之则无视其存在。因此，企业必须做好产品定位。

3) 企业的销售服务工作

企业销售服务工作的好坏不仅关系到购买者是否当时、当次购买，而且关系到企业的形象，从而决定购买者是否重复购买，决定着目标市场的存在。企业的销售服务工作包括售前服务、售中服务和售后服务三个方面。

(1) 售前服务。售前服务即企业与购买者在商品销售之前的信息沟通。它包括口头沟通、书面沟通、宣传沟通和销售沟通许多方式。企业只有不断地与购买者保持信息交流，才能了解企业在购买者心目中的地位和信誉，把握消费的变动趋向以及企业经营与购买者需求的差距，从而促进和指导消费。

(2) 售中服务。售中服务是影响购买者能否使购买决策转变为购买行动的重要因素。一名善于同顾客打交道的市场营销人员，会根据不同顾客的购买心理，提供针对性的咨询服务和技术指导。热情、耐心和周到的服务能促使顾客在良好的气氛中迅速实现购买。

(3) 售后服务。企业的产品售出以后，并不意味着销售工作的完成和结束，这只是销售工作完成的第一步。企业的售后服务工作往往可以弥补产品本身的不足，并在售后服务中进一步加强与顾客的沟通，为企业提供反馈信息。售后服务包括实行"三包"(即包退、包修、包换)、代办托运、上门维修等许多内容。每个企业都应根据自己的特点在售后服务中充分发挥想象力、创造力，创造出各具特色的售后服务形式，以博得购买者的青睐。

二、组织因素

组织因素对生产者的购买有直接影响，如企业发展战略、经营目标、技术改造、新产品开发和市场开发、企业营销战略和策略、企业内部采购机构的设置、采购制度及采购人员的管理考核等。

每个企业都各有目标、政策、业务程序、组织结构和制度。机电产品市场营销人员必须对这些采购组织的情况详加了解，进而采取相应的市场营销策略和手段。例如，该采购机构有多少人参与购买决策？他们是些什么人？他们的评判标准是什么？公司的政策如何？公司对这些采购人员的活动有什么约束？这些都是营销人员必须进一步弄清楚的。

机电产品的产业营销人员应当意识到，采购组织有下列发展趋势。

1. 采购部门升级

尽管采购部门控制着企业半数以上的费用，但就管理层次而言，它们所处的地位很低。近年来由于竞争的加剧，许多企业都提高了采购部门的级别，将采购部门的领导任命为主要的管理者之一。采购部门的职能已经从以前流行的"以最低成本购买产品"的部门，演变成现在的"采办部门"，其任务是从少而优的供应商那里采购价值最高的产品。一些跨国企业已经专门将采购部门升级为"战略原料部门"，负责从全球采购产品并与其他战略伙伴进行合作。还有不少企业在高薪招揽最优秀的采购人员，这意味着产业营销人员也将会相应地提高级别，从而与产业采购者的能力相匹配。

2. 集中采购

在设有多个事业部的企业里，由于各个部门的需求各异，采购权通常由各个部门分别行使。近年来，许多企业开始把采购权集中起来，由总部确定各个部门所需的机电产品的数量，然后集中统一采购，企业可因此节省大量的资金。当然，如果各个部门有更好的采购途径，也可以分别进行。但对于产业营销人员来说，这种变化意味着与他们打交道的采购人员数量减少了，但级别更高了。

3. 长期合同

产业采购者越来越乐于与可信赖的机电产品供应商签订长期合同，机电产品的制造商们则倾向于在其工厂附近选择少数优质的供应商。除此之外，产业营销人员也会向客户提供订货自动转换系统，即客户只要把订单输入计算机，订单就自动输送给供应商。

4. 采购绩效评估

越来越多的公司设立了奖励制度，以奖励采购绩效卓著的采购经理人员。这种制度将致使采购经理人员为争取最佳交易条件而向卖方施加更大的压力。

三、人际因素

生产者的一切购买行为都是由采购人员来完成的。因此，采购人员的个人因素，如采购人员职位的高低、年龄的大小、文化素养、专业知识、经验丰富程度、事业心强弱、承担风险的态度、社交能力以及采购人员的个性和偏好等，都对交易的达成产生重要的影响。

机电产品的采购活动，除受上述组织机构本身一些正式因素的影响之外，还受到许多人事因素的影响。就是说，机电产品购买的决定不像购买消费品那样，由个人或一个家庭的成员决定，而是由企业各部门和各个不同层次的人员组成的"采购中心"所决定的。所谓采购中心，就是那些参与购买决策过程的个人和群体，包括使用者、影响者、采购者、决策者及控制者这五个方面的人员，这些人员不仅在企业内的权威、地位、影响力、说服力各不相同，而且对于不同种类机电产品的采购，其作用也是各不相同的。

1. 使用者

使用者是实际使用机电产品或服务的人。由于他们执行任务而需要使用这些产品，所以产品的购买由他们首先提出，尤其在产品规格的决定上具有较大的影响力。

2. 影响者

影响者是协助决定所购产品标准的人员。例如，工程师可决定机电产品的规格，会计主管则可以决定财务细目。

3. 采购者

采购者是实际执行采购产品的任务，在例行的采购业务中，他们是主要决策者，而在较复杂的采购中则要由企业的高层人员参与和决定。

4. 决策者

决策者是企业里有权正式作出购买决策的人，有时决策者便是采购者，但有时是其他人作出购买决策，采购主管按章执行即可。

5. 控制者

控制者是企业里负责控制信息流程的人，主要任务是积储并提供购买决策时所需的资料。

正因为上述五种人员在购买决策中所起的作用不同，作为机电产品市场营销人员，应该要详细了解客户参与购买决策的人是谁？他们所能影响的决策有哪些？他们之间相互影响的情况如何？他们决策的标准如何？只有深入全面地掌握了这些情况以后，才能制订适当的市场营销对策，更有效地引导客户作出购买决策。

四、个人因素

每一位参与购买决策的人，在作出决策时都会掺入个人情感因素。这些个人情感受年龄、收入、教育程度、职位、性格以及对风险的态度等因素所影响的，因此每一位采购人员都有各自独特的采购风格。

在机电产品的营销市场中，产品质量、供应数量、售后服务和价格是影响购买决策的主要因素。但其他因素，如企业的声誉、规模及地点，与供应企业的互惠关系，甚至销售代表的性格和生活方式等也相当重要，因为采购决策人员对供应企业的这些方面是很敏感的。

知识点4　生产者购买的决策过程

生产者购买机电产品的决策过程一般可以分为八个阶段，但并不是任何一项机电产品的决策过程都必须经过八个阶段，就前面所说的三种生产购买类型来说，第一种直接重购方式就不需要经过这么多阶段，或被大大缩减到只经过使用效果的反馈和评价这一个阶段；对于第二种修正重购方式，有些阶段需要，有些阶段不一定需要；第三种新购方式则八个阶段都要经历。因此关于机电产品购买决策过程的研究，一般都以新购这一方式作为典型案例来分析。生产者购买的决策过程如图6-7所示。

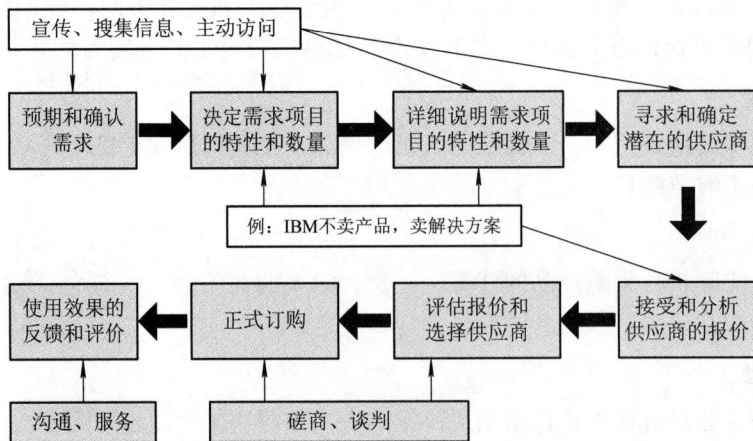

图6-7　生产者购买的决策过程

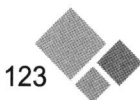

一、预期和确认需求

预期和确认需求包括预期需求和确认需求两部分内容，即确认需求和弄清通过某一具体产品和服务的购买是否可使需求获得解决。

1. 预期需求

生产企业内部的某些成员认识到要购买某种产品，以满足某种需求，这是购买决策的开始。需求的提出，既可能出于企业内部的原因，也可能是受到外部的刺激。内部原因有：制造商(企业)决定生产新产品，需要采购新的设备和原材料；原有的供应商的价格、技术指标和售后服务不能令人满意，制造商希望寻求替代的供应商；一些机器发生故障或损坏报废，需要购买某些零部件或新的机器设备等。外部刺激有：产品广告、产品展览会，采购者发现了市场上质量更好、价格更低的产品等。

2. 确认需求

预期需求提出后，采购者就要确认所需项目的总特征和需要的数量。对于标准或常规项目的采购，一般都由采购者直接决定；而对于复杂项目的采购，则应由使用者和工程技术人员及相关负责人共同决定。确认需求包括确认需要产品的种类、特征和数量。

二、决定需求项目的特性和数量

企业的需求一经确定后，采购人员便要进一步决定待购项目的特性和数量。对标准化的机电产品，采购者可直接决定；但对于复杂的机电产品，采购人员则需要与采购中心的其他人员，如工程技术人员、使用者等一起决定所购产品的一般特性。

在这一阶段，机电产品营销人员可为采购企业提供帮助，因为许多采购人员往往不十分了解产品的各种特性。

三、详细说明需求项目的特性和数量

总体需求确定后，采购机构就要决定产品和技术规格。产品技术规格的问题，一般交由价值分析工程小组负责，所谓价值分析，是美国通用电气公司在 20 世纪 40 年代末首创的一种降低成本的方法。

总之，价值分析小组将研究确定产品的最佳特性，并相应地加以详细说明。下面是在进行价值分析时提出的主要问题：

(1) 该产品有什么使用价值？

(2) 该产品的成本是否与其使用价值相符？

(3) 该产品的所有特性是否都是必备的？

(4) 该产品是否比原来预期的用处更好一些？

(5) 该产品某些适用的零部件是否可用成本更低的方法来生产？

(6) 是否可以找到某种便于使用的标准化产品？

(7) 拟购的产品是否有相应的生产能力，在生产规模及数量上能否保证本企业所需？

(8) 原材料、劳动力、企业管理费用及利润合计起来是否会超过预计的成本？

(9) 其他可靠的供应商是否会按较低的价格供应该产品？

(10) 是不是任何人都可以较低的价格买到该产品？

机电产品的供应企业也可以利用这种价值分析方法作为促成销售的工具，推销人员可针对客户所关心和需解决的问题，列举企业能提供品质特性更优良、价格更便宜的机器设备或零部件，往往可激起客户修正重购的需求，由向以前的供应商购买转变为向该企业购买，从而获得新的经营机会。

四、寻求和确定潜在的供应商

采购人员在决定具体采购产品的规格以后，便将进一步确定最适合的供应商，一般可通过查找工商名录、电脑资料或征询其他公司的意见等途径来进行。在这个过程中，有些供应商由于无力大量满足企业所需，或由于交货和服务方面的信誉不好而排除在被考虑之列。作为供应商来说，则应针对这种情况将本企业及其产品详列在工商名录中，或通过其他大众媒介宣传介绍，以便买方易于查找和挑选。

五、接受和分析供应商的报价

当确定预期的少数供应商后，采购主管就会向这些供应商发出邀约，有些供应商可能只送来售货目录或派销售代表前来。总之，产品越复杂越昂贵，采购主管就应更严格地要求每个供应商提出详细的报价单，并且在正式接受这些供应商提出的报价以前，还要对其重新加以审查。在这一过程中，还可能会删除一些报价不当的供应商。对此，供应商必须十分重视报价单的填写工作，力求全面而形象地把产品的优点和特性表达出来，以促使采购企业乐意接受报价。

六、评估报价和选择供应商

在评估报价和选择供应商阶段，采购部门不仅要重新审查报价单，还要考虑供应商的技术能力，以及是否能够及时交货及提供必要服务的能力，然后再确定供应商。采购部门通常会列出一张明细表，详列拟与成交的供应商的各种特性，一般按特性的重要程度，会依次列出如下特性明细：

(1) 技术服务能力；

(2) 交货快慢；

(3) 能否对用户的需要迅速作出反应；

(4) 产品质量；

(5) 供应商的声誉；

(6) 产品价格；

(7) 是否具有完整的产品线；

(8) 延期付款许可期；

(9) 人际关系；

(10) 产品说明书及使用指南。

根据这一明细表所列的项目，采购人员将逐一给予评分，然后确定理想的供应商。但在作出最后决定之前，采购人员还要与这些供应商在价格和其他条款上进一步协商，以取得更大的优惠。到最后，他们可能只选择一个供应商或少数几个供应商，但他们一般都宁愿选择几个进货来源，而不愿依赖一个来源，目的是避免出现该供应商出现问题时而没有补救的余地。

七、正式订购

选定供应商后，采购企业就要给选定的供应商发出最后的采购订单，列出所需产品的技术规格、拟购数量、交货时间、退货办法、产品保证条款和措施等。在日常维修用品、大修理用品及供应品的采购中，采购单位越来越倾向于签订一揽子合同，而不采用定期发采购订单的办法。这种一揽子合同可使供购双方建立一种长期的相互关系，供应企业承诺每隔一定时期按照协议价格，随时供应买方所需的产品，这样采购企业就不需要保存大量的存货。如需要补充进货时，随时通知供应商便可及时获得进货，不会停工待料。一揽子合同交易势必导致进货来源的单一化，向每个供应商采购的品种会增加更多，这样对供应企业大有好处，借此可使自己与采购企业结合得更牢固，使其他供应商不易插足进来，从而保持较为稳固的市场，使企业获得生产稳步发展的可靠基础。

八、使用效果的反馈和评价

使用效果的反馈和评价是指收集企业使用部门对供应商所供产品的意见，对使用效果进行全面评价。显然，使用部门关于产品使用效果的信息反馈，对是否作出重复购买决策具有很大的影响和作用。至于具体的评价项目，一般都把供应企业的可靠性、产品的质量及其他类似特性排在最前列。由于这些产品，如机器、设备等并不经常购买，因此关于这类产品使用效果的信息，往往可由过去多年的实践经验积累而来。经过这种使用效果的评价，采购企业可能接纳原来的供应商，也可能会变更或降低对原供应商的采购品种和数量。就供应商来说，必须事先了解客户的反应，争取主动，在产品质量、型号、规格及市场营销方法等各方面不断提高和改善，以赢得客户的进一步信赖与惠顾。

以上所述的八个购买阶段虽然主要适用于新购的情形，其他购买情形可以大大缩减，但在某些情况下，也可能会增加一些步骤。总之，应具体情况具体分析，在不同的机电产品采购中，客户的采购流程可能会有很大的差别。由此可见，机电产品市场营销同样是一项艰巨复杂的工作，作为机电产品经营企业来说，最关键的步骤就是要了解买方的需求及其采购流程，才能制定出一套有效的市场营销计划，从而扩大企业产品的销售范围和数量，进一步巩固在市场上的竞争地位。

企业购买行为和消费者购买行为的区别见表6-2。

表 6-2　企业购买行为和消费者购买行为的区别

比较项目	消费者购买行为	企业购买行为
购买需求	为满足个人、家庭的生活需要	企业需求是从消费者对消费品的需求中派生出来的
购买者	个人或家庭的购买	专家购买
购买规模	购买者的数量较多，规模较小	购买者的数量较少，规模较大
决策过程	消费者是建设性决策的制定者，且受到很多情境因素的影响	购买决策过程的参与者往往不只是一个人，而是由很多人组成
周期性	消费者购买有一定的周期性可循	企业购买行为过程会持续较长一段时间

知识点 5　组 织 市 场

按照市场的性质不同，机电产品市场可以分为组织市场和消费者市场两大类。其中，消费者市场是由为了满足个人或家庭需求而购买产品或服务的用户组成；组织市场则由那些为了生产、销售、维持组织运作或履行组织职能而购买产品或服务的用户(制造商、中间商、政府、组织机构等)构成，其购买的目的是再生产、转售，或开展公益事业等。

组织市场和消费者市场相对应，消费者市场是个人市场，组织市场是法人市场。机电产品市场主要是组织市场、制造商(企业)市场和中间商市场。

组织市场和消费者市场一样，也是机电产品市场的重要组成部分，研究这些市场对企业开展营销活动有着重要的意义。机电产品市场如图 6-8 所示。

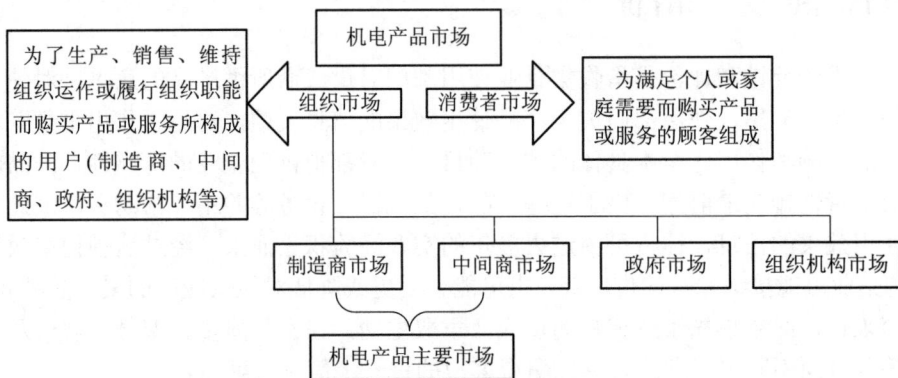

图 6-8　机电产品市场

企业在开展组织市场的营销活动时，要认识和了解组织市场的类型、购买行为特征、影响组织市场购买的因素及决策过程等。

一、组织市场的特点

大多数组织市场都具有两个特征：一是预算较低；二是与用户关系密切。比如，因为

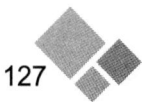

学校的采购人员为学校的教学所购的教学仪器设备，是作为学校为学生提供教学服务的一部分，所以必须考虑到教学仪器设备(如电化教学的投影仪设备)的质量，其采购目的是非营利性的；同样，成本最小化也不是其采购的目的，若设备质量差而影响教学效果，则有可能损害学校的声誉和未来的发展。因此，学校的采购人员就必须寻找价格低廉但质量必须达到或超过某一标准的机电设备。

1. 组织市场的规模和复杂性

通常组织市场的用户数量较消费者市场的少，并且每个用户每次购买交易的规模和价值相对比较大。同时组织市场的顾客往往集中在某些区域，以至于这些区域的业务用品购买量在全国市场中占据相当大的比重。显然，每个用户对于供应商都是十分重要的，如果失去任何一个顾客，则将严重影响供应企业的销售额和就业率。

对于企业来说，大客户一般都是很重要的，设法与他们建立密切长期的关系，有时需要营销队伍为其提供专门服务，长期进行较频繁的回访，从而赢取并保持持续的订单量。

组织市场在总交易量、每笔交易的当事人人数、客户经营活动的规模和多样性、生产阶段的数量和持续时间等方面，要比消费者市场大得多、复杂得多。此外，组织市场的数量并不受其下游消费者市场数量的限制，因为有些组织不参与任何消费者市场。

一些组织机构为消费者提供服务而不直接收取费用(如慈善机构、教堂、学会等)，另外有些组织机构中则根本看不到消费者这一角色的作用(如军队)。

2. 组织市场需求的特性

组织市场通过一系列的增值阶段为消费者市场提供产品，所以对最终消费的需求是引发组织市场供给的最终力量。组织市场的需求是从组织市场到消费者市场间各增值阶段一系列需求的派生。例如，出版社用纸市场的需求取决于对书籍和杂志的需求。如果对于最终消费品的需求疲软，那么对所有用以生产这些消费品的企业产品的需求也将下降。组织市场的供应商必须密切关注最终消费者的购买类型和影响他们的各种环境因素。

组织市场对产品或服务的总需求量受价格波动影响较小。一般来说，原材料的价值越低或原材料成本在成品成本中所占的比重越小，其需求弹性就越小。在短期内组织市场的需求无弹性，是因为任何组织的生产方式或运营模式在短期内都不会有太大的变动。

3. 组织市场购买的特性

组织市场具有购买者数量较少，而其购买规模较大的特性，与消费者市场相比，影响组织作出购买决策的人员较多。大多数组织有专门的采购委员会，由技术专家、高层管理人员和一些相关人员组成。特别是在购买重要产品时，决策往往是由采购委员会的成员共同作出的。所以供应企业的营销人员不得不雇用一些受过精良训练、有专业知识和人际交往能力的销售代表及销售队伍，让他们与经过专业训练、具有丰富专业知识的采购人员打交道。

由于组织市场购买是专业性采购，而且产品交易涉及的金额较大，组织购买者通常直接从生产厂商那里购买产品，而不经过中间商，那些技术复杂和价格昂贵的产品更是如此。同时，由于组织市场购买者处于强有力的谈判地位，可以让卖方作出让步，在有些情况下，购买者会要求卖方反过来购买自己的产品，以确保订单的安全性。

许多组织购买者会采用租赁取代直接购买，作为承租人这样做能得到一系列的好处，如获得更多的可用资本，得到出租人最新的产品和上乘的服务以及一些税收利益，出租人也会得到较多的净收益，并有机会将产品出售给那些无力支付全部贷款的消费者。

二、组织市场的类型

组织市场是指工商企业为从事生产、销售等业务活动以及政府部门和非营利性组织为履行职责而购买产品或服务所构成的市场。组织市场包括制造商(生产者)市场、中间商市场、政府市场和组织机构市场。

1. 制造商(生产者)市场

制造商(生产者)市场又称产业市场或工业市场，由那些购买货物和劳务，并用来生产其他货物和劳务，以出售、出租给其他人的个人或组织构成。它具有购买者数量较少、规模较大，生产者市场的需求波动性较大，以及生产者市场的需求一般都缺乏弹性等特点。它对于国民经济的发展具有重要的作用。

1) 制造商(生产者)市场的组成

一般认为，产业市场主要由农业、林业、渔业、采矿业、制造业、建筑业、运输业、通信业、公用事业、银行业、金融业、保险业和服务业等组成。与向最终消费者销售产品相比，对产业用户的销售，要涉及更多的资金流动及商品项目。比如，服装的生产与销售，首先需要农民将生产的棉花卖给纺织厂，纺织厂生产的坯布再卖给印染厂，印染企业加工过的布再卖给服装生产商，而生产的服装又需依次经过批发商、零售商，最终才能到达消费者手中。生产和销售链条上的每一环节都需要购买许多商品和服务，体现出生产者的购买要远多于消费者的购买。

2) 制造商(生产者)市场的特点

制造商(生产者)市场的特点具体如下：

(1) 购买者数量较少、规模较大。在消费者市场上，购买者是个人和家庭，购买者数量很多，但规模较小。生产者市场上的购买者，绝大多数都是企事业单位，购买的目的是满足其一定规模生产经营活动的需要，购买者的数量虽然很少，但购买规模很大。由于有生产集中和规模经济，因此要达到一定的生产批量，一次性的购买金额会很大。但是，在生产者市场内部，购买者的规模和购买批量的分布是不均衡的。

(2) 地理位置集中。由于国家的产业政策、自然资源、地理环境、交通运输、社会分工与协作、销售市场的位置等因素对生产力空间布局的影响，容易导致工业集聚，我国现代化大工业主要集中于东北、华北地区以及东南沿海一带。正因为这样，企业将生产资料出售给购买者的费用较低。

(3) 生产者市场的需求是派生需求。派生需求又称引申需求，即生产者市场的需求是由消费者市场需求派生和引申出来的。例如，消费者对电视机的需求，引申出电视机厂对电视机生产资料的需求。派生需求要求生产者市场的企业不仅要了解直接服务对象的需求情况，而且要了解连带的消费者市场的需求动向，同时企业还可通过刺激最终消费者对最终产品的需求来促进自己的产品销售。

(4) 生产者市场的需求波动性较大。生产者市场比消费者市场的需求波动性更大。这是因为，生产者市场内部的各种需求之间具有很强的连带性和相关性，而且消费品市场需求的结构性变化会引起生产者市场需求的一系列连锁反应；受经济规律的影响，消费品市场需求的少量增加或减少，会导致生产者市场需求较大幅度地增加或减少；生产者市场的需求更容易受各种环境因素(尤其是宏观环境因素)的影响，从而产生较大的波动。

(5) 生产者市场的需求一般都缺乏弹性。在生产者市场上，生产资料的购买者对价格不敏感，一般不受市场价格波动的影响，生产者市场的需求在短期内缺乏弹性。这首先是因为生产者不能在短期内明显改变其生产工艺。例如，建筑业不能因水泥涨价而减少用量，也不能因钢材涨价而用塑料代替钢材。其次是因为生产者市场需求的派生性，只要最终消费品的需求量不变或基本不变，生产资料价格变动就不会对其销量产生大的影响。再次是因为一种产品通常是由若干个零件组成的，如果某种零件的价格很低，这种零件的成本在整个产品的成本中所占比重很小，即使其价格变动，对产品的整体价格也不会有太大影响，因此这些零件的需求也缺乏弹性。

(6) 长期联系。生产者市场上的买卖双方倾向于建立长期的业务联系，他们相互依存，卖方在买方购买决策的各个阶段往往要参与决策，帮助买方解决一些购买过程的问题，提供完善的售前咨询、答疑及售中、售后服务，有时要帮助买方寻找能满足其需要的产品，甚至按买方要求的品种、性能、规格和时间定期向买方供货。

(7) 生产资料的购买要求较为严格。生产资料将被用于生产经营活动，不易替代，且单位产品价值较高，购买的数量较大，其质量的优劣、适用性、经济性、供应情况等都会在企业的生产经营过程、满足市场需求、应变能力、竞争能力及盈利能力等方面形成较大的影响。因此，生产资料购买者对所购产品在技术经济性等方面有着严格要求。

2. 中间商市场

中间商市场是由以营利为目的，购买机电产品后再转卖或出租给其他人的组织和个人所构成，它主要包括批发商市场和零售商市场。中间商市场少于消费者市场，但多于制造商市场。

1) 中间商的购买决策

中间商在购买产品时，一般需要作出以下三个方面的决策。

(1) 购买什么产品的决策。中间商购买什么产品的决策具体有以下四种情况：

① 独家经营策略。独家经营策略是指销售的各种花色品种的机电产品都出自一家厂商。

② 单品种多家产品经营策略。单品种多家产品经营策略是指中间商只销售多家企业生产的一种机电产品。

③ 相同类型多种产品经营策略。相同类型多种产品经营策略是指中间商同时经营多种系列的商品，如在销售电冰箱的同时，还销售电视机、洗衣机等。

④ 混杂产品的经营策略。混杂产品的经营策略是指中间商同时经营多种互不相关的产品。

(2) 购买谁家产品的决策。中间商所选择的最佳供货单位应具备以下条件：

① 产品质量最好，受顾客欢迎。

② 价格适中，可以被顾客接受。

③ 货源稳定，交货及时。

④ 付款条件比较宽松。

⑤ 能为中间商提供广告及各种与产品销售有关的服务。

(3) 组织进货的决策。中间商组织进货的决策一般有以下两种方法可供选择：

① 进货次数少，但每一次进货数量比较多。这种方法的优点是进货费用少，能享受较大的数量折扣；缺点是库存量大，不利于资金周转，要求有一定的库存能力。批发商多选用这种方法；路途遥远和市场需求旺盛、价格趋涨时，零售商也常用这种方法。

② 进货次数多，但每一次进货数量比较少。这种方法的优点是库存量小，资金周转快，不需要很多仓库；缺点是进货费用多，不利于享受大批量进货的折扣优惠。零售商多选用这种方法；当供货单位或市场疲软、价格下降时，批发商也常用这种方法。

2) 中间商市场购买活动的决策者和参与者

中间商市场由于规模、职能不同，因此购买活动的决策者和参与者也有很多的不同。

(1) 大型商业企业。由于商业企业内部分工的不同，采购工作分为由采购人员统一进货；各柜组分散进货；远距离商品统一进货，近距离商品分散进货等。

(2) 小型商业企业。商店经理既是购买的决策者，又是采购工作的直接参与者。

3. 政府市场

无论哪个国家，政府购买总是国家财政支出的一大组成部分，特别是在宏观经济不景气时，政府常常用增加政府购买开支的手段来达到启动经济的目的。因此，对企业来讲，实际上也形成了一个独特的市场——政府市场。政府购买品种繁杂，数量极大，如政府购买轰炸机、雕塑品、黑板、家具、卫生设备、衣服、材料搬运设备、灭火机、汽车设备及燃料等。政府常常会直接发布需求信息，作为供应商，必须学会了解政府采购信息的发布渠道。2024 年 5 月 10 日，中国物流与采购联合会发布了《中国公共采购发展报告(2023)》。报告显示，2023 年中国政府(公共)采购总额为 46 万亿元。

1) 政府市场的构成

政府市场由各级政府的采购者构成。在我国，无论是中央政府还是地方政府，一般都有政府自己的采购单位——各级办公厅、办公室和后勤办事处，当然还包括一些专门的采购机构。政府采购通常包括一般物资和军用物资两部分。一般物资(如车辆、办公室设备、办公消耗用品等)主要是为保证政府部门的日常运转而购买的，由各级政府及其下属部门的办公部门和后勤物资部门负责采购；军用物资(如军用食品、电子产品、军械等)则通常由中央军委与国防部及其下属机构的专设部门负责采购。

2) 政府市场采购机电产品的方式

政府采购市场不同于民间市场，它有特定的采购主体，采购资金为政府财政性资金，采购的目的是为履行政府管理职能提供消费品或为社会提供公共品，没有营利动机，不具备商业性。政府市场采购包括公开招标采购、合同采购、现金购买三种方式。

(1) 公开招标采购。公开招标采购是指政府的采购机构在报纸上刊登广告或发出函件，说明采购物品的品种、规格和数量等具体需求，邀请供应商在规定的期限内报价，并进行投标。供应商如果想要中标，就要在规定的期限内填写标书，写明可供应产品的名称、品种、规格、数量、交货期和价格等，将标书密封送达政府的采购部门，由政府的采购部门在规定的日期开标，选择条件最好、报价最低的供应商成交。这种采购方法，可以使政府的采购机构处于主动地位。

(2) 合同采购。合同采购是指政府的采购部门先与一个或几个企业接触，最后与一家或几家企业成交并签订购货合同。

(3) 现金购买。对于购买数量少、花费不多的机电产品，政府的采购部门一般用现金直接在商店或工厂购买。

政府的采购工作十分复杂，各企业不应对政府的要求做出被动的反应，而应主动对政府的要求作出预测并设计方案，收集竞争情报，加强通信联系，向政府介绍企业的优势，做好机电产品的销售工作。

4. 组织机构市场

组织机构市场是由学校、医院、疗养院、监狱和其他非营利组织机构形成的市场。他们采购商品或服务，并向其服务对象提供商品或服务。组织机构市场的购买行为往往会受到其非营利性的机构目标、严格预算和其他控制因素的影响。

非营利组织泛指所有不以营利为目的、不从事营利性活动的组织。

【思考与练习】

1. 影响生产者购买决策的主要因素有哪些？
2. 简述机电产品生产者购买行为的主要类型。
3. 如何分析生产者购买的决策过程？
4. 消费者市场同组织市场相比具有哪些特点？
5. 简述什么是组织机构市场、政府市场和中间商市场。
6. 小李负责销售一种安装在发电设备上的仪表，他工作非常努力，不辞劳苦地四处奔波，但是收效甚微。你能从他的推销过程找出原因吗？

(1) 小李得悉某发电厂需要仪表，就找到该厂的采购部人员详细介绍产品，并经常请他们共同进餐和娱乐，双方关系相当融洽；采购人员也答应购买，却总是一拖再拖，始终不见付诸行动。小李很灰心，却不知原因何在。

(2) 在一次推销中，小李向发电厂的技术人员介绍说，这是一种新发明的先进仪表。技术人员请他提供详细技术资料并与现有同类产品作一个对比。可是他所带资料不全，只是根据记忆大致作了介绍，而且他对现有同类产品和竞争者的情况也不太清楚。

(3) 小李向发电厂的采购部经理介绍现有的各种仪表，采购部经理认为都不太适合本厂使用，说如果能在性能方面做一些小的改进就有可能购买。但是小李反复强调本厂的仪表性能优异，认为对方提出的问题无关紧要，劝说对方立刻购买。

(4) 某发电厂是小李所在公司的长期客户，需购仪表时就直接发传真通知送货。该发电厂原先由别的推销员负责销售业务，后来转由小李负责。小李接手后，采用许多办法与该公司的采购人员和技术人员建立了密切关系。一次，发电厂的技术人员反映有一台新购的仪表有质量问题，要求给予调换。小李当时正在忙于与另一个重要的客户洽谈业务，拖了几天才处理这件事情。他认为凭着双方的密切关系，发电厂的技术人员不会介意。可是那家发电厂以后购买仪表时，又转向了其他供应商。

(5) 小李去一家小型发电厂推销一种受到较多用户欢迎的优质高价仪表，可是说破了嘴皮，对方依然不为所动。

(6) 某发电厂同时购买了小李公司的仪表和另一品牌的仪表，技术人员、采购人员和使用人员在使用两年以后对两种品牌进行了绩效评价，列举事实说明小李公司的仪表耐用性不如那个竞争性品牌。小李听后认为事实如此，无话可说，听凭该发电厂终止了与本公司的生意关系而转向竞争者购买仪表。

7. 阅读以下材料，试析：从打死麻雀与怠慢顾客两则内容中，你得到什么启示？

材料一：有一个古老的数学命题：树上有 10 只麻雀，被枪打死 1 只，这时树上还有几只？幼稚的孩子往往回答还有 9 只；而聪明的孩子则回答，1 只也没有了。道理很简单，虽然打死了 1 只，但吓飞了 9 只，当然就 1 只也没有了。这道测试儿童智力的趣味数学，也给人们以启示。

材料二：某商店的打火机柜台前，一位中年顾客买了一个打火机，但他到其他楼层转了一圈后，发现打火机的质量不佳，便来调换。然而营业员坚持不肯换，并恶言训斥，顾客只好愤然离去。在场的其他顾客本来打算购买打火机，但看到如此场面只好敬而远之，光顾别的商店了。

项目七 机电产品市场营销策略

【项目导航】

市场营销是什么？传统观点认为，构成市场营销的四大要素(又称营销组合)是价格(price)、销售渠道(place)、促销(promotion)、产品(product)，简称"4P"。美国西北大学教授菲利普•考特勒在《大市场营销》中提出了 6P 要素，即在原 4P 的基础上增加了权力(power)和公共关系(public relation)。有的营销专家还提出了 10P 要素，即在原有 6P 的基础上，增加了定位法(positioning)、优选法(prioritizing)、市场细分(partioning)、市场调研(probing)。但无论 4P、6P 还是 10P，实际上，由于一直以来营销技术手段和物质基础的限制，选择、确定市场营销策略的主要依据仍然是产品的价值、营销渠道、促销媒体和方式以及产品的价格，它们构成了企业经营、市场分析和营销策略的核心内容。

通过本项目的学习，要求掌握销售渠道的基本原理和策略，其中包括销售渠道的类型、中间商的作用与选择、销售渠道管理；要求能够掌握促销的基本概念、作用及促销组合策略；了解人员推销、广告、公共关系和销售推广等促销方式的特点、形式及适用性。

【案例导入】

案例 7-1 老李的营销方法

老李是一名某普通车床配件企业很能干的推销员，他知道一般机床生产厂家对机床的配件供应商的选择都比较慎重。他通过对机床行业中某客户对普通车床使用情况的调查研究之后发现，竞争对手产品中一个关键部件经常出现质量问题，但这个配件的质量对整个车床的影响在一年内不容易发现，直到以后出现故障时，客户才会被动地选择更换，给售后服务带来一定的影响。但在一般情况下，这一潜在的问题并不直接影响客户更换供应商的决策标准。发现这一问题后，老李并没有开门见山地向机床生产厂家推销自己的产品，而是回到公司后，与技术人员一同制定了一套针对这一问题的技术改进方案，在充分地评估研究之后给该客户提供了初步的技术解决方案。客户看到这个分析报告后，感觉到问题的严重性，最后决定与老李进行进一步技术交流、技术评估。

机床生产厂家在选择以后的配件供应商时，虽然有多家竞争对手，但因为前期的互相交流，以及对老李的解决方案的认可，最后老李得到了为这家机床生产厂家做配套零件的稳定生意。

营销启示：一个产品能够成功占有预期市场份额，与企业做一个适当的、好的营销方案是密不可分的，所以营销是机电产品市场非常重要的一环。

案例 7-2　乔·吉拉德销售秘诀

乔·吉拉德，因售出 13 000 多辆汽车创造了商品销售最高纪录而被载入吉尼斯大全。销售是需要智慧和策略的事业。乔·吉拉德主要有以下几个秘诀。

1. 250 定律：不得罪任何一位顾客

在每一位顾客的背后，都大约站着 250 个人，都是与他关系比较亲近的人：同事、邻居、亲戚、朋友等。乔·吉拉德说得好："你只要赶走一位顾客，就等于赶走了潜在的 250 位顾客。"

2. 名片满天飞：向每一位人推销

每一个人都使用名片，但乔·吉拉德的做法与众不同：他到处递名片。乔·吉拉德认为，每一位推销员都应设法让更多的人知道他是干什么的，销售的是什么商品。

3. 建立顾客档案：更多地了解顾客

乔·吉拉德说："不论你推销的是任何东西，最有效的办法就是让顾客一心相信你喜欢他、关心他。要使顾客相信被喜欢、关心，就必须了解顾客，搜集顾客的各种有关资料。"

4. 猎犬计划：让顾客帮助你寻找顾客

乔·吉拉德认为，做销售这一行，需要他人的帮助。乔·吉拉德的很多生意都是由"猎犬"(那些会让别人到他那里买东西的顾客)帮助的结果。乔·吉拉德的一句名言就是："买过我汽车的顾客都会帮我推销。"

5. 推销产品的味道：让产品吸引顾客

每一种产品都有自己的味道，乔·吉拉德特别善于推销产品的味道。与"请勿触摸"的做法不同，乔·吉拉德在和顾客接触时总是想方设法让顾客先"闻一闻"新车的味道。他让顾客坐进驾驶室，握住方向盘，自己触摸操作一番。根据乔·吉拉德本人的经验，凡是坐进驾驶室把车开上一段距离的顾客，没有不买他的车的，即使当即不买，不久后也会来买。

6. 诚实：推销的最佳策略

诚实是推销的最佳策略，而且是唯一的策略，但绝对诚实却是愚蠢的。推销容许谎言，这就是推销中的"善意谎言"原则，乔·吉拉德对此认识深刻。推销过程中有时需要说实话，一是一，二是二。说实话往往对推销员有好处，尤其是推销员所说的，顾客事后可以查证的事。乔·吉拉德还善于把握诚实与奉承的关系，稍许几句赞美，可以使气氛变得更愉快，推销也就更容易成交。

7. 每月一卡：真正的推销始于售后

乔·吉拉德有一句名言："我相信推销活动真正的开始于成交之后，而不是之前。"推销员在成交之后继续关心顾客，将会既赢得老顾客，又能吸引新顾客，使生意越做越大，客户越来越多。乔·吉拉德每月要给他的 1 万多名顾客寄去贺卡。凡是在乔·吉拉德那里买了汽车的人，都收到了乔·吉拉德的贺卡，也就记住了乔·吉拉德。

知识点 1　机电产品的销售渠道

销售渠道是指某种产品从生产厂家向消费者或用户转移过程中所经过的一切取得所有权的商业组织和个人，即产品所有权转移过程中所经过的各个环节连接起来形成的通道。

一个成功的产品并不意味着会有很好的销售业绩，换句话说，一个好产品可能会销不出去。曾有人有疑问：放着我们企业物美价廉的产品不要，逊色一些的产品却销售得很好，这究竟是什么原因？这是因为营销与很多因素有关，产品的质量好仅仅只是其中的一个方面，虽然它极其重要，而在诸多的相关因素中，销售渠道的畅通是市场营销的一个关键。任何产品的成功，在某种程度上都取决于选择适宜的销售渠道。

一、销售渠道的基本结构

销售渠道的起点是生产厂家(制造商)，终点是消费者或用户，中间环节包括各种批发商、零售商、商业服务机构(如代理商、经纪人、交易市场等)。销售渠道的基本结构如图7-1 所示。

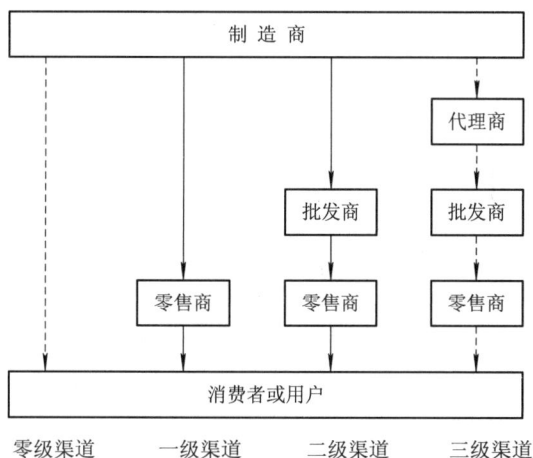

图 7-1　销售渠道的基本结构

显然，销售渠道所构成的营销链有长有短。营销链愈长，消费者手中的产品价格愈高；营销链愈短，消费者手中的产品价格愈低，因为，在每个环节中，商人都必须是有利可图的。问题是消费者都希望购买物美价廉的产品，那么，具有较长营销链的销售渠道为什么还能继续存在呢？虽说存在不一定是合理的，但是存在必然有其合理性的一面。例如，对于一些低价的机电产品，消费者不愿意花许多时间去生产厂家购买，而愿意追求购物的便利性，以节省时间，因为时间就是金钱。但对于高成本、高价格的产品，若再经过较长的营销链销售，消费者就难以承受了，特别是当消费者的购买量较大、购买次数有限时，购买产品所消耗的时间价值比起因营销链增长而导致的价格增幅仍然要小得多，因此，购买此类产品，消费者一般会选择营销链较短的销售渠道，例如直销，而不经过中间商。因此，企业应满足市场需求，对不同的机电产品，选择不同的中间商和销售渠道。格力电器的销售渠道如图 7-2 所示。

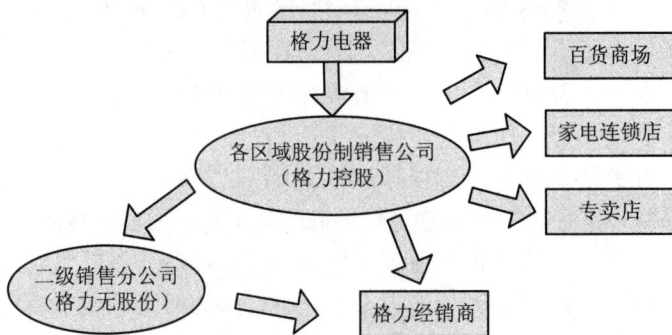

图 7-2　格力电器的销售渠道

二、销售渠道的类型及选择

1. 销售渠道的类型

销售渠道的类型如图 7-3 所示。

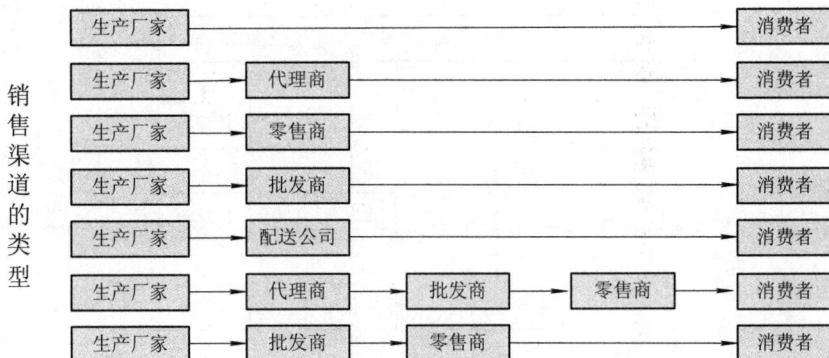

图 7-3　销售渠道的类型

(1) 直接渠道。直接渠道是指生产厂家直接供货给消费者，充分发挥商品的流通功能，而不经过中间商。这种销售渠道链路最短，消费者在价格方面可以得到最大的实惠。例如，网上直销。

(2) 生产厂家→代理商→消费者。这种消费渠道的链路比直销稍长。它是指生产厂家通过指定的代理商联系消费者来进行产品销售。

(3) 生产厂家→零售商→消费者。这种销售渠道是指生产厂家直接通过零售商将产品销售给消费者。比如，冲击钻的生产厂家经常通过零售商进行销售。

(4) 生产厂家→批发商→消费者。这种销售渠道用于生产厂家销售工业品，但并不多见，生产厂家销售工业品更多见的是采用直销方式。

(5) 生产厂家→配送公司→消费者。这种销售渠道是指生产厂家通过配送公司将产品送到消费者手中。这种方式目前流行于电子市场的购销活动中，其一般程序是消费者通过因特网查询生产厂家的产品目录，然后向销售公司订购产品，公司随即将订单传送到配送公司，然后由配送公司去生产厂家取货并送货上门。实际上，这类销售公司可以是虚拟企业或组织。对于机电产品营销而言，这种销售渠道的前景十分诱人。因为，机电产品的采购员大多是专业人士，购货时一般要查询产品的相关技术资料并力图"货比三家"，而一般的销售渠道难以向他们提供足够的信息，难以帮助他们作出合理的购买决策。同时，对于大型机电产品而言，将其运输到现场进行展示也是十分困难的，网络营销却可以通过网络以最低的成本进行展示，向消费者提供所有的产品信息，因此，这种渠道将伴随着 Internet 的普及而成为最活跃的机电产品销售渠道。

(6) 生产厂家→代理商→批发商→零售商→消费者。这种销售渠道是指生产厂家通过自己选定的代理商将产品介绍给批发商，再通过批发商将产品转卖给零售商，最后由零售商将产品销售给消费者。显然，这是营销链路最长、最复杂的一种销售渠道。当机电产品的市场容量大、销售手续复杂、一次性购买量少、单价低、产品小时，常选用这种销售渠道，例如，进口的螺钉。

(7) 生产厂家→批发商→零售商→消费者。这种销售渠道常被选择用来应付这种情况：生产厂家只是大批量销售其产品以保护销售大户的利益，如空调。而一些小零售商无力支付大批量订购货物的资金，于是只得从批发商那里进购少量的货物，再进行零售。它常用在低成本、中小型的机电产品市场营销中。

2. 销售渠道的选择

销售渠道有多种选择途径，其正确选择变得十分关键。在选择销售渠道时，通常考虑两个方面的因素：一是销售渠道的长度，二是销售渠道的密度。

销售渠道的密度是指产品在市场上覆盖的程度。根据密度的大小，可将不同销售渠道进行排列，如图 7-4 所示。

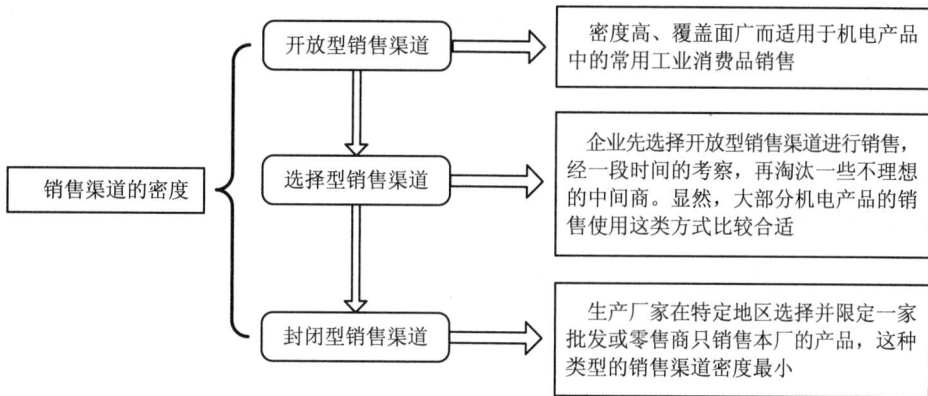

图 7-4　各种密度的销售渠道

三、中间商的作用与选择

除直销外，销售渠道均离不开中间商，即帮助销售产品的个人或组织，包括经销商、零售商、批发商和代理商等。经销商通过商品的购销活动，赚取购销差价；代理商通过帮助购销双方或代表某一方进行购销磋商并达成交易，但在整个过程中只收取佣金，本身并不拥有产品。代理商主要有销售代理商、厂家代理商、经纪人、拍卖行等。批发商主要有承运批发商、批零兼营的批发商等；零售商主要有平价商场、百货商场、超级市场、便利商店、无店铺销售(如电子市场、电话邮购、电视直销)等。虽然中间商使产品的销售成本增加了，但是中间商的专业技术形象、所掌握的销售网络以及在节省消费者购买时间甚至费用(如远途购买的交通费)方面，都作出了重要贡献。

在销售过程中，中间商通过与消费者之间的联系纽带，把生产厂家的最新产品、好产品、特色产品传递给潜在和显的消费者，从而使双方受益。不难设想，如果没有中间商，当消费者需要如钉子、锤子、电机、机床、冲击钻这类常用机电产品，就必须到每个生产厂家去购买，时间和金钱方面的耗费会非常大。若是以非直销渠道销售产品，就可以方便消费者购买并节省相关费用，产品也自然会因购买的便利而取得更好的销售业绩，例如许多设在加油站旁 24 小时营业的便利店。中间商的位置与作用如图 7-5 所示。

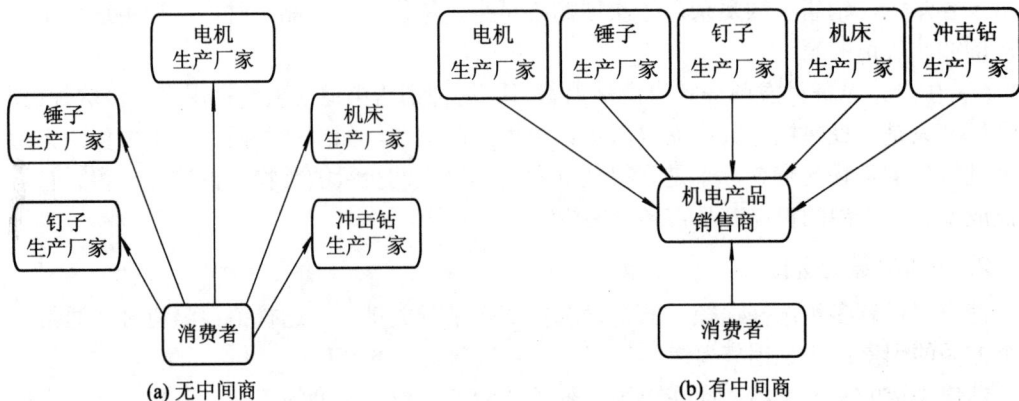

图 7-5　中间商的位置与作用

既然中间商有着如此重要的作用，如何选择中间商就变得十分关键。通常，对中间商的选择，要考虑其品牌的知名度、信用、协作性、偿付能力、经营品种、以往的销售业绩、员工素质、从业时间、所处的地理位置等因素。其中，主要考虑以下情况：

(1) 中间商经营此类产品的能力；

(2) 中间商的市场范围是否与本企业产品销售范围相符；

(3) 中间商能为消费者提供服务的程度；

(4) 双方相互合作、相互信赖的可能性；

(5) 中间商自身的管理水平；

(6) 中间商的财力和信用。

当然，选定的中间商是否合适还必须经过时间和实践的检验。

四、销售渠道管理

销售渠道管理是对企业销售活动的计划、组织、训练、领导和控制，以达到实现企业价值的过程，也是对销售活动和从事销售活动的人员进行管理的活动。以下为企业监管和约束经销商的主要方法。

(1) 收集并分析经销商进货的频率与数量、出货的流向等基本情况。如在同样的市场时机和营销推广策略下，经销商的要货量与销售量突然出现大幅度增加，可能意味着经销商在低价窜货，这时企业的销售部门、财务部门及审计部门需要通过做大量的工作来调查与分析。

(2) 控制出货量，解决好库存。企业既要缓解经销商的库存压力，又要保障自己市场的安全和有序。另外，如果经销商方面缺货情况经常发生，表明经销商对企业的产品不够重视，会使企业丧失很多的机会，因此，做好库存管理是一项重要的工作。

(3) 巡视与沟通。企业要制定对经销商的拜访计划，指派人员依据计划定期或不定期地对经销商进行拜访，收集意见，了解情况，其中举办企业与经销商之间的座谈会是一种有效的沟通形式。

(4) 建立健全的合同管理。合同是在经销商管理中最有约束力的法律文件，是管理的法律依据，企业应与所有有业务往来的经销商都签署合同。合同要内容完整，严加保管，保证合同的完整性和机密性。

(5) 辅助经销商，提高经销商的经营管理水平和销售能力。经销商管理得好坏最终要落实到业绩上，企业要给经销商提出合理的分销目标，制订分销计划，并帮助经销商达成分销目标。

(6) 售后服务管理，经销商往往不具备维修服务能力，企业应提供技术支持。在产品销售过程中，会出现包装破损现象，企业应给予调换。当然要根据经销商的不同情况，规定不同的退换货时间，防止经销商恶意退换货行为。

(7) 协助经销商了解竞争对手情况。一般来说，经销商缺乏专业的市场研究，企业要结合平时的市场走访，分析竞争对手在市场上的表现，并把情况及时与经销商沟通，使经销商及时掌握市场行情，适当调整营销策略。

知识点 2 机电产品促销策略

促销是指生产商(企业)通过各种有效的方式向目标市场传递有关企业及其产品(品牌)的信息，以启发、推动或创造目标市场对企业产品和服务的需求，并引起消费者的购买欲望和购买行为的一系列综合性活动。因此，促销的实质是企业与目标市场之间的信息沟通，促销的目的是诱发购买行为。

针对机电产品的促销，有学者归纳了以下九项策略：

(1) 供其所需，即千方百计地满足消费者的需求，做到"雪中送炭""雨中送伞"，这是最根本的促销策略；

(2) 激其所欲，即激发消费者的潜在需求，以打开商品的销路；

(3) 投其所好，即了解并针对消费者的兴趣和爱好组织生产与销售活动；

(4) 适其所向，即努力适应消费市场的消费动向；

(5) 补其所缺，即瞄准产品脱销的"空挡"，积极组织销售活动；

(6) 释其所疑，即采取有效措施排除消费者对新产品的怀疑心理，努力树立信誉；

(7) 解其所难，即大商场采取导购措施以方便消费者；

(8) 出其不意，即以出其不意的宣传策略推销产品，以收到惊人的效果；

(9) 振其所欲，即利用消费者在生活中不断产生的消费欲望来促进产品的销售。

促销是企业市场营销组合中的基本策略之一，机电产品促销组合因素如图 7-6 所示。促销常见的方式有人员促销和非人员促销两大类，其中，非人员促销包括广告、公共关系和销售推广等方式。这两种推销方式各有利弊，起着相互补充的作用。此外，目录、通告、赠品、店标、陈列、示范、展销等也都属于促销策略范围。

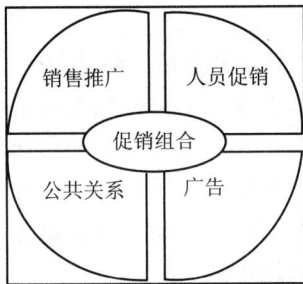

图 7-6　机电产品促销组合因素

一、促销的作用

促销在企业经营中的重要性日益显现，具体来讲有以下几方面。

1. 提供信息，疏通渠道

产品在进入市场前后，企业要通过有效的方式向消费者和中间商及时提供有关产品的信息，以引起他们的注意，激发他们的购买欲望，促使其购买。同时，要及时了解中间商和消费者对产品的意见，迅速解决中间商销售中遇到的问题，从而使企业、中间商和消费者之间的关系更加紧密，畅通销售渠道，加强产品流通。

2. 诱导消费，扩大销售

企业针对消费者和中间商的购买心理来从事促销活动，不但可以诱导需求，使无需求变成有需求，而且可以创造新的欲望和需求。当某种产品的销量下降时，还可以通过适当的促销活动，促使需求得到某种程度的恢复，延长产品的生命周期。

3. 突出特点，强化优势

随着市场经济的迅速发展，市场上同类产品之间的竞争日益激烈。消费者对于不同企业所提供的许多同类产品，在产品的实质和形式上难以觉察和区分。在这种情况下，要使消费者在众多的同类产品中将本企业的产品区别出来，就要通过促销活动，宣传和介绍本企业产品的特点，以及能给消费者带来的特殊利益，增强消费者对本企业产品的印象和好感，从而促进购买。

4. 提高声誉，稳定市场

在激烈的市场竞争中，企业的形象和声誉是影响其产品销售稳定性的重要因素。通过促销活动，企业足以塑造自身的市场形象，提高在消费者中的声誉，使消费者对本企业产生好感，形成偏好，达到实现稳定销售的目的。

二、销售推广与公共关系

1. 销售推广

销售推广是促销策略的要素之一，包括除公共关系、人员推销和广告之外的所有其他促销方式。这类促销活动多用作临时或短期措施，其目的是追求立竿见影的效果，强烈刺激消费者的需求以提高产品的销售量。

目前，常用的销售推广方式主要有如下几种：

(1) 抽奖；

(2) 折价优惠，如按照参展最后一天的优惠价销售；

(3) 购物附送赠品或赠券；

(4) 赠送样品，此法仅适用于小件、小型机电产品；

(5) 配套或套装优惠；

(6) 销售竞争；

(7) 样品试用；

(8) 产品展示、交易会；

(9) 现场演示会；

(10) 销售回扣；

(11) 以旧折扣换新；

(12) 免费提供咨询和培训。

上述方式也可组合使用。

2. 公共关系

企业公共关系，是一个企业或团体为了适应环境的需要，争取社会各界的理解、信任和支持，树立企业或团体的良好信誉和形象而采取的一系列活动。对企业而言，公共关系的目的不是追求短期的、既得的销售量的增加，而是着眼于企业在社会中的良好信誉和长远利益。

企业公共关系是一种有计划、有目标的活动。公共关系的基本目标是：在广大中间商和消费者面前树立和保持企业的良好形象和信誉。

企业公共关系在市场营销中的作用非常重要。在市场经济条件下，企业之间的竞争非常激烈，企业要想在市场竞争中取胜，不仅要依靠技术竞争、质量竞争、价格竞争和服务竞争等手段，还要依靠企业形象和信誉的竞争。谁在公众中获得了良好信誉，谁就能获得竞争的主动权。企业的良好信誉是无形的财富，因此，任何一个企业都必须通过公共关系，努力树立企业的良好形象和信誉，大力提高企业及其产品品牌的知名度，赢得社会公众的了解和赞许，这样才能立于不败之地。

3. 企业形象识别

企业形象识别是企业大规模化经营而引发的企业对内对外管理行为的体现。当今国际市场竞争愈来愈激烈，企业之间的竞争不是产品、质量、技术等方面的竞争，已发展为多元化的整体的竞争。企业欲求生存必须从管理、观念、现象等方面进行调整和更新，制定出长远的发展规划和战略，以适应市场环境的变化。现在的市场竞争，首先是形象的竞争，推行企业形象设计，实施企业形象的竞争，推行企业形象设计，实施企业形象战略。为统一和提升企业的形象力，使企业形象表现出符合社会价值观要求的一面，企业就必须进行形象管理和形象设计。

三、广告

广告是指企业或组织为了推销产品、服务或思想，通过一些大众媒体向消费者提供产品信息。广告策略则是为获得广告的最佳效果而制定的策略，包括广告的表现形式和广告媒体的选择。传统的营销认为"酒香不怕巷子深"，好的产品即使不进行特别宣传，消费者也会寻"香"而来。而实际上，由于市场竞争日趋激烈，产品的同质性愈来愈高，差别化程度愈来愈低，企业若不借助大量的广告树立产品形象，消费者则很难发现产品、了解产品，更难对产品一见钟情。

广告策划包括广告的载体、对象、内容、表现形式、时间、地点的选择及其组合。通常，产品的市场定位是确定广告对象的主要依据，具体的广告内容、表现形式、广告时间和地点取决于广告对象，而广告媒体的选择又依赖于广告对象和广告内容。

广告的主要媒体包括传统的四大传媒(报纸、杂志、广播和电视)以及户外媒体、因特网、直邮等。广告媒体的种类及特点如表 7-1 所示。

表 7-1　广告媒体的种类及特点

种类	优　点	缺　点
报纸	弹性大，及时，对当地市场的覆盖率高，易被接受和信任	印刷质量一般，广告寿命短，传阅者少
杂志	印刷质量精美，可选择地区和对象，传阅者多，时效长	广告作业前置时间长，出版周期长，无法快速回应市场变化
电视	视、听、动作紧密结合，富有感染力，引人注意，触及面广	成本高，干扰多，展露瞬间即逝，观众选择性低
广播	可选择地区和对象，成本低，能快速回应市场变化	仅有声音效果，广告寿命短
户外媒体	比较灵活，展露重复性强，成本低	受地区限制，不能限制对象，创造力有局限性
直邮	沟通对象准确，灵活性较强，无同一媒体的广告竞争	成本比较高，容易造成滥寄现象
因特网	个性化服务，有互动机会，成本低	语言范围较窄，仅限于上网人员

目前，大部分企业对广告的监控，主要表现为对广告的时效性监控，缺乏对广告在各大平台的讨论热度、传播量、口碑评价等的监控。因此，利用现代化的信息技术，应用现代营销理论，实现广告功能成本比值最大的目标，已迫在眉睫。

构建广告投资管理体系可根据价值工程理论，并按以下步骤进行：

(1) 建立合理、标准的广告传播效果评判模型；

(2) 对广告传播效果进行功能评定(以权重表示)，计算功能评价系数；

(3) 对广告传播进行分类测定，计算广告传播的成本系数；

(4) 用功能成本法或功能系数法，计算广告传播的价值系数；

(5) 对广告传播的各类方案进行比较、分析、筛选或改进。

广告传播效果评判模型如图 7-7 所示。

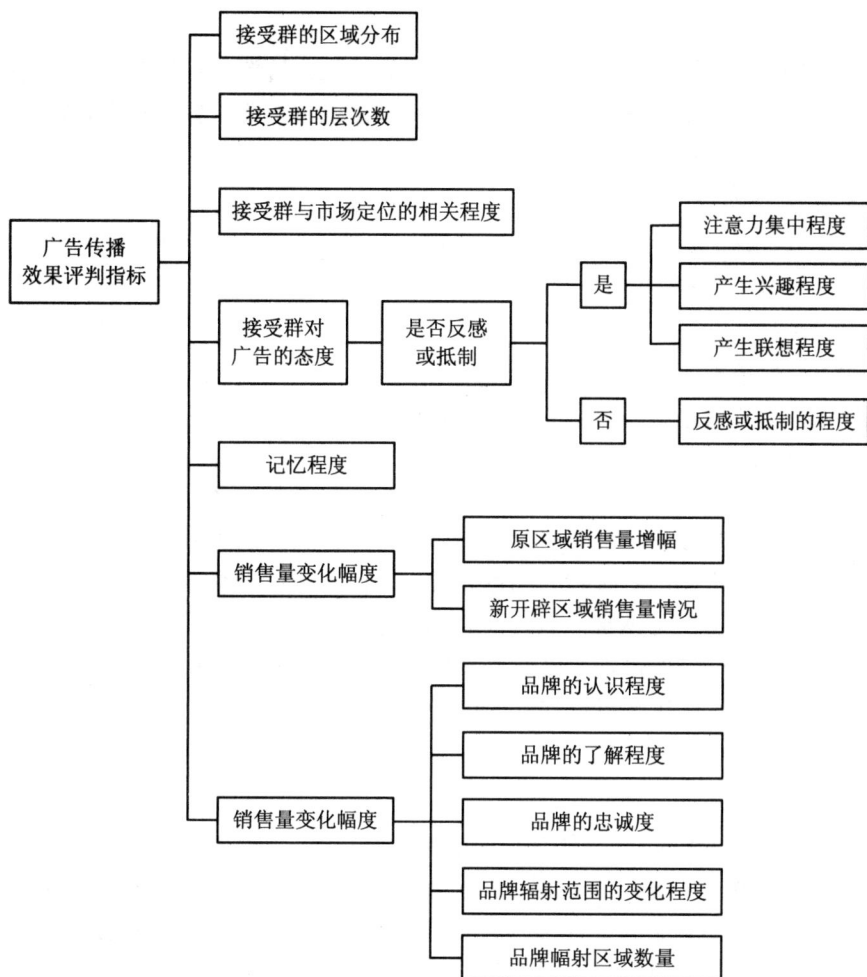

图 7-7　广告传播效果评判模型

　　要充分发挥广告的作用，除了对广告外部如广告媒体等不断进行优化外，还必须优化广告的内在，即广告的表现形式、创意。广告主要是针对消费者，吸引、激发他们的关注和兴趣，而研究表明，在任何消费者的感官所接收的外界信息中，有 83%来自视觉、1%来自味觉(或口感)，占吸纳信息的 84%，因此，广告的视觉效果要准确匹配消费者的视觉倾向。此外，选用广告"明星"来做广告，若选择得当将会使广告号召力倍增。一般规则是，用专家做专业广告，用明星做大众广告(但也有例外)。例如，人们通常认为，用大明星为工业用机电产品做广告，感觉可能不伦不类，但若选用同行专家进行评述，则对消费者有较强的说服力，促销效果会更明显。此外，昂贵的广告媒体不一定比便宜的广告媒体效果好，关键在于创意。一幅色彩绚丽、形象生动的广告作品，能以其非同凡响的美感力量增强广告的感染力，使消费者沉浸在商品和服务形象给予的愉悦中，自觉接受广告的引导。

四、人员促销

人员促销是指企业派出推销人员直接与消费者接触，洽谈、宣传商品，以达到促进销售目的的活动过程。它是一种古老的、普遍的但又是最基本的销售方式。它既是一种渠道方式，也是一种促销方式。

1. 传统的促销理论

人员促销是一种面对面的促销方式。它通过销售人员与消费者的直接接触，促使消费者接触产品、认识产品，引起消费者的兴趣，产生对产品的偏好，然后经讨价还价、付款，完成销售—购买行动。

常用的人员促销方式有实地促销(推销员上门促销)和零售促销(柜台销售员的促销)。其中，实地促销的方式虽主动，但容易被消费者拒绝，而零售促销的方式虽使消费者盛情难却，但显得比较被动。两种方式各有利弊，应综合使用。一般而言，大件机电产品的促销，常用零售促销方式，通过向消费者展示产品说明书，引起消费者关注，并最终达成交易；小件机电产品则经常是由推销员带样品上门进行实地促销。两种方式的综合使用极易产生促销口径上的差别，产品的宣传和介绍难以统一，因此企业必须借助信息技术平台为人员促销提供支持，如推销员可携带便携式计算机进行实地促销，运用多媒体技术创作的精美画面，全方位展示、介绍产品，消费者需要的信息也可随时从计算机中调取、从网络中下载，而分布在世界各地的销售机构均可通过 E-mail 接发订单，并通知相关部门立即供货，这样必然大大地提高产品的成交率。

2. 胜—胜商议

推销技术的创新固然重要，推销观念的创新更为关键。营销专家罗斯·雷克(Ross R. Reck)博士提出的"The Win Win Negotiation"(胜—胜商议)向营销人员指明了一条新的思路。

传统的推销原则是务必使用各种方法取得订单，甚至包括迷惑、胁迫、欺诈的方法。传统的推销员绩效考评也以订单为主要依据。在这种制度下，销售人员必然以订单为目标，视每个订单的获取为独立事件，其结果是每开辟一个"战场"只能做成一个交易，为取得第二笔交易就必须去开辟第二个"战场"，因为没有消费者希望被再次诱导、胁迫。这样一来，促销工作的难度和效率便可想而知。1985 年，雷克将销售观念进行了创新。他认为，订单的签订只是交易的开始，是与消费者合作的开始，契约完成才是交易的结束。在这种观念下，销售人员变得更加关注产品的售后服务以及消费者的满意度，从而提高了推销服务的质量，使销售人员获得了双重的回报：一是老顾客的重复购买，二是老顾客介绍新顾客。

胜—胜商议销售原则的主要内容有：
(1) 计划，即策划如何能满足顾客的需求；
(2) 关系，建立与顾客的友好关系；
(3) 契约，即满足顾客所需，换取自身所需的契约；
(4) 持续，即保持关系、契约的延续性和重复性。

3. 机电产品的人员推销

人员推销是机电产品推销的一种主要形式，它要求推销人员有良好的身体素质与心理素质，丰富的业务知识、深入扎实的专业知识和较强的销售能力。由于机电产品多属于生产资料产品，技术含量高，因此，推销时必须以丰富的产品知识、敏锐的观察力以及较强的理解力和沟通能力等，对用户进行开拓和选择，同时组织销售队伍开展销售活动。在开拓用户时要以关系为铺垫，充分收集用户的相关资料，如用户的生产特点、资金周转情况、设备计划等，同时也要向用户提供产品资料(如提供产品样本等)，促进双向沟通以达成共识。在选择用户时，要考虑对方的支付能力、需求量、在同行中的声誉和内部运行现状，即充分考虑双方合作的可能性、长期性。为方便推销工作的开展，可根据产品的特点，选择区域结构、用户结构或产品结构的组织形式，集中力量进行推销，力求达到最佳的推销效果。

知识点 3　市场竞争中的策略

优势不同、地位不同、实力不同，企业选择的竞争策略自然不会相同。

企业在特定市场的竞争地位，大致可分为市场领先者、市场挑战者、市场追随者和市场补缺者四类。

1. 市场领先者的竞争策略

作为市场领先者，企业在产品、服务、切入市场的时间等方面均有优势，因此，可以高价甚至垄断价格追求巨额利润，同时，不断积累品牌资产、建立并巩固品牌地位，使名牌产品深化、巩固。市场领先者地位的保持比建立这一地位更难，作为市场领先者，企业必须依靠持续的技术创新活动，通过不断向市场投放新产品来满足消费者日益变化、增长的需求，同时，企业要灵活采用阵地防御、侧翼防御、以攻为守、诱其深入的策略迎击"来犯者"。

2. 市场挑战者的竞争策略

处于市场挑战者位置的一般是同类产品中的第二、第三品牌，仅为少数企业之下，数百企业之上，自然难以臣服，总想拼取桂冠。市场挑战者策略采取的方式，一是壮大自身力量，寻找机会与领先者一争雌雄；二是避实就虚，准备以少胜多。后者，常把企业定位在领先者左右，尽量缩小与领先者的距离，力图出其不意、攻其不备、出奇制胜。例如，广告出奇意、低价竞争等；先向低位者发起进攻，通过挤垮、兼并低位次者来壮大自己的实力，然后与领先者抗衡。

3. 市场追随者的竞争策略

市场领先者与市场挑战者的角逐，往往是两败俱伤，从而使其他竞争者通常要三思而行，不敢贸然向市场领先者直接发起攻击，而是更多地选择市场追随者的竞争策略，相应的策略有仿效跟随、差距跟随、选择跟随等。

大企业虽实力雄厚，但资源毕竟有限，不可能全方位地占领市场，他们的空隙常常是市场追随者的目标市场。显然，运用这种策略时，必须低调以掩人耳目，避免引来火力攻击。

4. 市场补缺者的竞争策略

几乎所有的行业都有大量中小企业,这些中小企业盯住大企业忽略的市场空缺,通过专业化营销,集中自己的资源优势来满足这部分市场的需求,常采取的策略有市场专门化、顾客专门化、产品专门化等。

知识点4　机电产品市场营销的科学管理

对市场营销进行科学管理是十分必要的。市场营销管理的主要内容包括市场营销计划、组织与控制。其中,市场营销组织涉及市场营销人员的配置和考核,市场营销控制包括成本控制、营销组合控制、利润控制、产品控制等,内容繁多,涉及面十分广泛。

一、市场营销计划

市场营销计划是指对实现一定营销目标的行动方案进行系统、详细的描述。产品市场营销计划一般由八个部分的内容组成(见表 7-2)。

表 7-2　市场营销计划的内容组成

计划步骤	目　　的
1. 计划概要	对整个计划或主要内容的摘要或综述
2. 目前的营销状况	提供有关市场、产品、竞争、分销以及环境的相关资料
3. 机会与问题分析	确定主要的机会、威胁、优势、劣势和产品面临的问题
4. 目标	确定销售量、市场份额和利润等要完成的目标
5. 市场营销战略	提供实现计划目标的主要营销手段
6. 行动方案	要做什么?谁去做?什么时候做
7. 预测损益表	费用是多少?预测期望的财务收支
8. 控制	如何监测计划的执行

做任何事情都必须计划先行。缺乏计划会走许多弯路,从而使实现目标的过程失去效率,更谈不上控制。一些企业对计划产生误解,认为制订计划是在浪费时间,或者以为计划可以消除变化。但事实是制订计划将迫使企业营销管理人员认真思考干什么、怎么干、谁干以及什么时候、以什么方式、在什么地点干的问题,这个过程本身就极具价值。实践证明,凡是认真进行营销计划工作的机电企业都有明确的、具体的营销目标,都会将偏离营销目标的损失控制在最低限度。尽管计划周密,企业也还是无法控制外部环境、内部环境的变化和变化导致的计划更改、行动调整。营销计划只是为营销人员提供了一个总体上稳定的行动方针,并为及时预测变化、迅速寻求对策做了一个基础性的工作。因此每个企业、每个营销人员都必须正确看待营销计划。

编制市场营销计划的程序如图 7-8 所示。

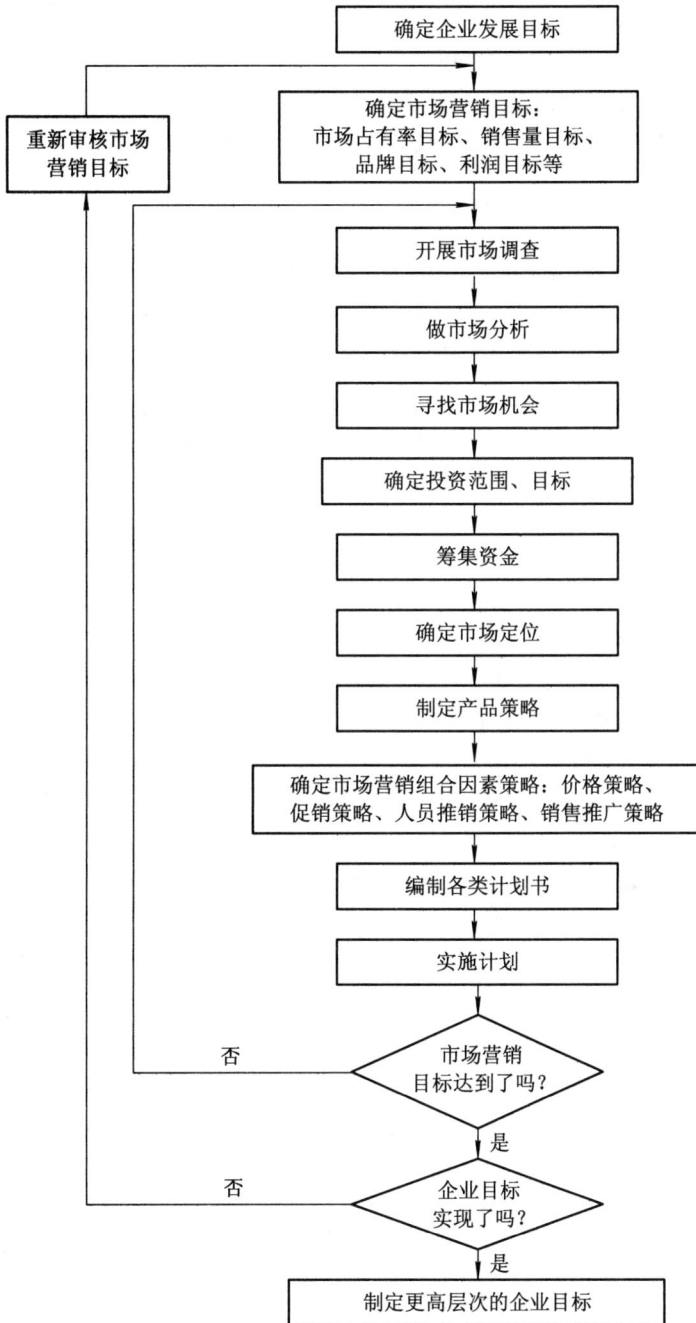

```
                    ┌─────────────────┐
                    │  确定企业发展目标  │
                    └─────────────────┘
                             │
┌──────────┐      ┌──────────────────────────┐
│重新审核市场 │      │  确定市场营销目标：         │
│营销目标    │      │  市场占有率目标、销售量目标、 │
└──────────┘      │  品牌目标、利润目标等       │
                  └──────────────────────────┘
                             │
                    ┌─────────────────┐
                    │   开展市场调查    │
                    └─────────────────┘
                             │
                    ┌─────────────────┐
                    │   做市场分析     │
                    └─────────────────┘
                             │
                    ┌─────────────────┐
                    │   寻找市场机会    │
                    └─────────────────┘
                             │
                    ┌─────────────────┐
                    │  确定投资范围、目标 │
                    └─────────────────┘
                             │
                    ┌─────────────────┐
                    │    筹集资金      │
                    └─────────────────┘
                             │
                    ┌─────────────────┐
                    │   确定市场定位    │
                    └─────────────────┘
                             │
                    ┌─────────────────┐
                    │   制定产品策略    │
                    └─────────────────┘
                             │
          ┌──────────────────────────────────┐
          │  确定市场营销组合因素策略：价格策略、  │
          │  促销策略、人员推销策略、销售推广策略  │
          └──────────────────────────────────┘
                             │
                    ┌─────────────────┐
                    │   编制各类计划书   │
                    └─────────────────┘
                             │
                    ┌─────────────────┐
                    │    实施计划      │
                    └─────────────────┘
                             │
                    ◇─────────────────◇
            否      │    市场营销        │
         ───────── │  目标达到了吗？     │
                    ◇─────────────────◇
                             │是
                    ◇─────────────────◇
            否      │    企业目标        │
         ───────── │  实现了吗？        │
                    ◇─────────────────◇
                             │是
                    ┌─────────────────┐
                    │ 制定更高层次的企业目标 │
                    └─────────────────┘
```

图 7-8　编制市场营销计划的程序

二、市场营销组织

　　市场营销组织是企业为了实现经营目标，发挥市场营销职能，由从事市场营销活动的各个部门及其人员所构成的一个有机体系。在现代市场经济条件下，企业从事市场营销活动、实施市场营销战略和策略，都离不开有效的市场营销组织。健全、有效的营销组织是实现企业营销目标的可靠保证。

市场营销组织必须与营销活动的四个方面即职能、地域、产品和市场相适应，市场营销组织的具体类型及其特点如表 7-3 所示。

表 7-3　市场营销组织的具体类型及其特点

组织类型	特　点
职能型	由各种营销功能专家组成，他们分别对营销总经理负责，由营销总经理负责协调各项营销活动。其优点是行政管理简单，易于管理，缺点是强调各自的发展目标
地区型	一个从事全国范围销售的企业，通常都按照地理区域安排销售队伍。在销售任务比较复杂，推销人员报酬很高，推销人员工作的好坏对企业利润影响极大的情况下，这种分层的具体控制是很有必要的
产品式	按每类产品分别设一名产品线经理；在产品线经理之下，按每个品种分别设一名产品经理，负责各个具体产品。当企业所生产的各种产品之间差异很大，或产品品种太多时，适合建立这种类型的组织。 其优点有：① 产品经理能够将产品营销组合的各要素较好地协调一致起来；② 产品经理会更快地就市场上出现的问题作出反应；③ 那些较小品牌的产品，由于有产品经理专管，可以较少地受到忽视。 其缺点有：① 会产生一些冲突或摩擦；② 产品经理很难成为公司其他功能的专家；③ 组织管理费用较高；④ 品牌经理任期通常都很短；⑤ 分裂的市场使品牌经理很难开发一个从总部角度出发的全国战略
市场管理型	由一个总市场经理管辖若干细分市场经理，各市场经理负责自己所管辖市场发展的年度计划和长期计划。其优点有：企业可针对不同的细分市场及不同顾客群的需要，开展各种营销活动。其缺点有：组织管理费用较高；有些产品和市场容易被忽略，造成计划与实际的脱节；不能及时得到足够的市场信息
产品—市场管理型	这是一种既有产品经理，又有市场经理的两维矩阵组织。这种类型的组织管理费用太高，而且容易产生矛盾与冲突

为实现营销目标，市场营销组织应采用以任务为导向的团队组织机构。为了建立和提高销售业绩，提高机电产品的市场占有率、销售量、利润和品牌地位，对于所招聘的销售人员，应把他们安排在不同的营销岗位，使他们能充分地发挥个人所长，使整个团队有最佳的表现。目标不同，招聘的人员素质、数量自然也不同。在招聘时，要遵循能力互补、年龄互补、知识结构互补、性别互补、性格互补原则，综合考虑年龄、性别、专业、性格等因素，做到人尽其才，这样才能提高营销人力资源的配置率和利用率。同时，要建立合理的薪酬体系，激励销售人员努力工作，才能使企业以最小的投入获得最大的回报。由于机电产品的用户多为企业，采购者应当是业内的专业人士，因此，招聘销售人员时一定要考虑其专业，以及专长是否能适应机电产品营销的需要。

三、市场营销控制

计划是控制的基础，建立市场营销控制系统就是将实施营销计划的结果与营销目标相比较，若有偏差则修正方案，直至目标实现。其控制的内容包括利润的统计与核算、销售状况分析、市场占有率分析、流通费用分析、策略分析、市场竞争状况分析及对策等。定期检查与评价工作由市场营销稽核来完成。

市场营销控制的四种类型见表 7-4。

表 7-4　市场营销控制的四种类型

控制类型	主要负责人	控制目的	方　　法
年度计划控制	高层管理者与中层管理者	检查计划目标是否实现	销售分析，市场份额分析，费用与销售额比率，财务分析，市场基础的评分卡分析
盈利能力控制	营销管理人员	检查企业在哪些地方赚钱，哪些地方亏损	可以通过销售情况、产品经营情况、销售渠道的经营情况等来分析公司现有的营销与销售之间的关系和盈利率
效率控制	直线职能管理者与营销人员	评价和提高经费开支效率以及营销开支的效果	必须检查营销队伍的建设是否合理，营销人员的工作效率如何、怎样提高，广告和促销的分配即比例是否合理等等
战略控制	高层管理者与营销审计人员	检查企业在市场、产品和渠道等方面是否正在寻求最佳机会	营销效益等级评核，营销审计，营销杰出表现，公司道德与社会责任评价

四、建立机电产品市场营销管理信息系统

机电产品市场营销信息系统由人员、设备和信息处理过程组成。信息处理过程包括信息的收集、分类、分析、评价和传送。营销信息系统的起点和终点均为市场营销管理人员，首先是评估信息，其次是从公司记录、营销情报部门或市场研究中获得信息，然后通过信息分析使信息更加有用。最后，营销信息系统通过适当的形式，并在适当的时间，将整理好的数据传给管理者，供他们决策时使用。

根据服务对象的不同，企业主要有六种不同层次的营销信息系统，如图 7-9 所示。

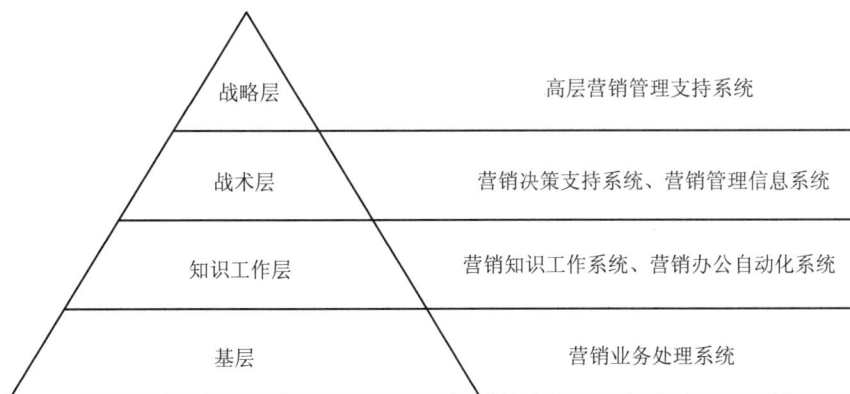

战略层　　　高层营销管理支持系统

战术层　　　营销决策支持系统、营销管理信息系统

知识工作层　　　营销知识工作系统、营销办公自动化系统

基层　　　营销业务处理系统

图 7-9　对应不同层次的六种营销信息系统

高层营销管理支持系统一般用于 5 年或 5 年以上的营销规划和预测；营销决策支持系统可用于中期(1—3 年)销售分析，以支持相关决策；营销管理信息系统主要服务于中期销售管理；营销知识工作系统用于新产品开发和设计；营销办公自动化系统用于与营销相关

的订单等文档的收发与管理；营销业务处理系统用于基层订购处理。

机电产品市场营销管理信息系统(MIS)的体系结构如图 7-10 所示。其中，不良用户库是指在计算机网络上或行业内有不良记录的用户名单，这些用户最好排除在企业客户之外。虽然企业要尽力招揽客户，但一些客户从根本上缺乏诚意，不讲信誉，缺乏合作精神，不遵循互惠互利的原则，与这些客户合作将是极其困难的，甚至可能会后患无穷。因此，完善客户服务(也称顾客服务)就变得越来越重要。

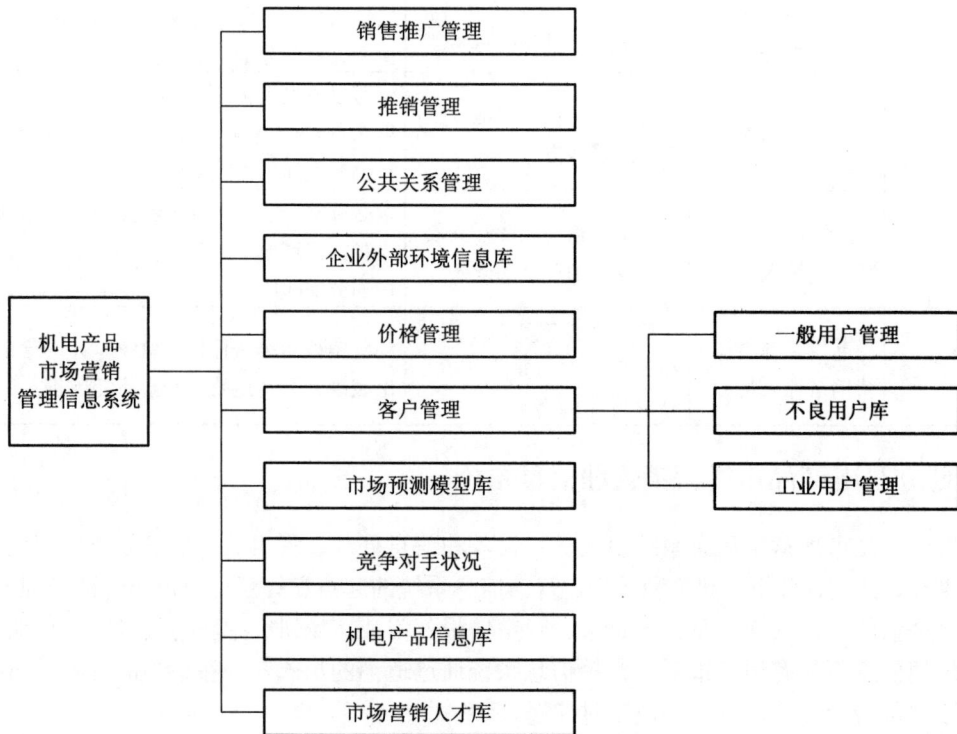

图 7-10　机电产品市场营销管理信息系统(MIS)的体系结构

【思考与练习】

1. 机电产品的销售渠道有哪些？如何进行选择？

2. 促销的作用是什么？有哪些方法？

3. 市场营销计划的内容有哪些？

4. 机电产品市场对应不同的营销层次有哪几种信息系统？

5. 阅读资料，回答下列问题。

(1) 西屋电器公司为什么采取免费赠送产品策略？

(2) 你认为免费赠送产品的方法有哪些？试列举。

(3) 结合本案例谈谈免费赠送产品对企业的影响。

材料：免费赠送是一种促销方法，就其实质而言这是一种销售促进策略，美国企业巨人西屋电器公司也曾从这种方法中获益。西屋电器公司曾经开发了一种保护眼睛的白色灯泡，为了打开销路，采取了免费赠送策略，两周后再派人到使用的用户家中收集使用意见。在反馈意见中，有 86% 的主妇认为，这种灯泡比别的灯泡使用时眼睛感觉更舒服；78% 的主妇认为，这种灯泡光线柔和。于是，西屋电器公司以此作为实验性广告资料，将用户的评论意见公之于众，立即引起了广大消费者的注意，因此西屋电器公司的白色灯泡即刻成为了畅销品。

6. 下列产品在推销时的侧重点有什么不同？

洗衣机等家电，人寿保险，教育培训，食品等日常生活用品

7. 某商场家电营业柜台决定在五一期间促销。谈谈你的看法。

(1) 营业推广活动为什么要限制在一定期限内？这会影响促销效果吗？

(2) 商家是逢节必搞促销，如何避免消费者在铺天盖地的促销活动中产生审美疲劳？

8. 阅读材料，谈谈你对营销策略的看法。

当下，一个成功而又具有时代代表性的成功营销案例非"苹果"莫属，iPhone、iPad 就像明星一样被苹果粉丝追逐，成为营销界的一个传奇，"苹果迷"会有这样的冲动心理和行为，主要是因为：

(1) 未营销先造势。苹果的新机型在每次上市之前，总是造势很大，有种"千呼万唤始出来"的感觉。这种强大的气场影响着每个人，可以不买它，但必须关注它。

(2) 饥饿式营销，即对市场需求进行控制。苹果公司明白"物以稀为贵"的道理，绝不会在某型号手机生产线进行大批量的生产。苹果公司有意调低产量，以期调控供求关系，制造出苹果手机供不应求的假象，从而达到维持商品较高售价和利润率的目的。

(3) 打造苹果文化，培养疯狂的苹果粉丝。

(4) 口碑营销，让手机通信工具变成时代玩具。苹果手机绝不仅仅是一个手机，而是影响一个时代的高科技电子产品。

(5) 人性营销的极致，把握顾客的需求。乔布斯明白，人性的贪婪是无止境的，人对于荣耀的追求也在升级。苹果手机的更新换代正是迎合了大多数人的欲望——这是对荣耀和身份的显示，以及对于新时代产品的占有欲。

项目八 机电产品国际市场营销

【项目导航】

国际市场营销简称国际营销，是国内市场营销活动在国外市场上的延伸。国际市场营销与国内市场营销在其观念、手段及市场营销活动过程等方面是类似的，但由于国际营销跨越了国界，涉及外国市场的复杂环境，面临的竞争对手更多，因而国际营销与国内营销相比，难度更大，要求也更高。

通过本项目的学习，掌握现代国际市场营销的基本原理，培养国际市场营销的实战才干，具备进行国际市场营销的策划能力及制定经营策略、选择市场定位的能力，提高分析和处理国际市场问题的综合能力及实战能力，掌握相关的营销能力，为日后实际工作打下良好的基础。

【案例导入】

案例 8-1 全景式出海——上汽锻造四大能力举措助创佳绩

上汽集团是中国车企出海的典型样本，海外每卖三辆中国车，其中就有一辆是"上汽制造"。上汽集团在海外市场的开拓，也基本遵循着常规车企出海的一般路径，它是最早提出"新四化"的汽车制造商。对市场发展的预判能力，让上汽集团的国际化走在了中国汽车品牌的前列。随着全球汽车市场的不断深化发展，上汽集团对海外的布局，已完成涵盖研发、制造、营销、物流和金融在内的汽车全产业链延伸。

其实从前几年开始，中国车企就改变了发展战略，从以往主要出口汽车到亚洲和非洲等地的局面开始全面"反击"，将中国车卖到一向强势的欧洲市场，并通过海外建厂、收购工厂等方式推进全球化战略。

案例 8-2 华为手机案例分析

1. 产品

欧盟执委会发布的《2023 年欧盟工业研发投资记分牌》(The 2023 EU Industrial R&D Investment Scoreboard)对全球研发投入排名前 2500 名的企业进行了统计，结果显示：华为以 209.25 亿欧元研发投入位居全球研发投入 TOP 50 榜单第五，成为中国科研投入最多的公司。华为在产品研发上的投入，占其销售收入的 10% 以上。华为不断更新产品功能，顺应时代发展趋势，如华为手机的超强拍照体验、指纹识别、支持办公打印、电池续航等功能，以满足消费者多样的需求。

2. 渠道

一方面，华为通过在国外成立合资企业，来减少贸易保护的阻力。另一方面，华为通过在目标国寻找代理商，并通过代理商与自建营销网络合作，来拓宽销售渠道。企业不仅要在合作中激励渠道成员，也要及时对渠道成员进行评估，从而筛选出优质的合作伙伴，保持针对性的、长期的稳定合作关系，华为用自己的行动获得了合作伙伴的信任，以更加开放的姿态，吸引各个领域合作伙伴的加盟。

华为在除南美外的发展中国家采取自建营销网络的方式，也与运营商直接商讨，在一些发达国家采取寻找合作伙伴，借用合作伙伴的营销网络来渗透自己的产品，从而提高营销效率，节省成本，提高利润，快速占领市场。因地制宜的渠道策略成为华为国际营销的一大亮点。

3. 促销

华为几乎使用过各种形式的促销工具，比如，华为通过在国际市场支付广告费用的形式向国外消费者传播商品和服务。

在国际推销方面，华为直接雇佣国外推销人员或派出推销员，向国外最终用户和国外中间商宣传本公司产品。

4. 文化及政治

国际竞争日益激烈，企业所面临的政治障碍以及文化风险越来越严重，要想在国际市场上立足，就必须要对目标国的国内环境进行充分的了解与分析，才能成功迈入国际市场，拥有一席之地。华为通过在目标国成立合资企业，邀请被投资国政要加入公司董事会，从而减少贸易保护的阻力，或是邀请目标国知名明星代言，提高企业以及品牌在目标国的知名度，从而开拓市场，扩大产品的销量。

5. 品牌

华为实施公司品牌策略和手机多品牌策略，其手机拥有荣耀、Mate 以及 P 系列等子品牌。华为针对不同的目标市场选用了不同的手机品牌，满足了不同目标市场的利益，不同的品牌有各自的特点，以此来满足消费者的多样化需求，增加企业利润。华为公司采用公司品牌策略，从而增加了公司的品牌资产价值，强化了企业的形象，增强了消费者的购买信心。

案例启示：我国企业想要迈入国际市场，可以借鉴华为的国际营销策略，从而扩大企业经营范围，增强企业竞争力。我国企业要全面、深入研究国际营销环境，对于目标国的政治、经济、人口、法律等环境进行重点分析；应发挥自身低成本优势，加大产品研发创新力度；在制定一系列营销策略时，要考虑到目标国的文化以及风俗习惯，形成企业品牌效应。

知识点 1　国际市场营销环境

国际市场营销是指商品和劳务流入一个以上国家的消费者或用户手中的过程。换言之，国际市场营销是一种跨国界的社会化管理过程，是企业通过计划、定价促销和引导、创造产品和价值并在国际市场上进行交换，以满足多国消费者的需要和获取利润的活动。

随着经济全球化的发展，各国企业经营活动日益同国际市场发生紧密的联系。中国的产品和服务已在国际市场上占有重要的地位，数以千计的企业在海外设立了公司、工厂、办事处，从事着加工、贸易、金融、劳务等活动。特别是在国家深化对外贸易体制改革，实行外贸企业自主经营、自负盈亏，外贸出口实行代理制，并让一部分符合条件的生产、科研企业享有外贸自主权后，企业外向型活动大大加强。随着全球经济一体化趋势的日益增强，择优采购的全球采购模式进一步普及，为企业的产品提供了更多走向世界市场的机会，如美国通用汽车公司就是典型的跨国公司。

国际市场营销学的基本原理和方法同基础市场营销学(即国内市场营销学)大同小异。许多指导国内企业营销的原理和方法，诸如市场营销调研、消费者行为分析、选择目标市场、营销组合策略、营销战略计划、营销管理等，均可用以指导国际市场营销活动。国际市场营销学与国内市场营销学的主要区别见表8-1。

表8-1　国际市场营销学与国内市场营销学的主要区别

区　别	不　同　点
环境不同	国内市场营销是在企业熟悉的营销环境(包括人口、经济、社会文化、政治法律及竞争环境)中开展；国际市场营销则要在一国以上的不熟悉的营销环境中开展，同时还要受国内宏观营销环境的影响。可见，国际市场营销所面临的环境更加复杂多变
组合策略有区别	(1) 在产品策略方面，国际市场营销面临产品标准化与差异化策略的选择。 (2) 在定价策略方面，国际市场定价不仅要考虑成本，还要考虑不同国家市场需求及竞争状况，而且成本还包含运输费、关税、外汇汇率、保险费等。此外，还要考虑各国政府对价格调控的法规。 (3) 在分销渠道方面，由于各国营销环境的差异，造成了不同的分销系统与分销渠道。因为各国的分销机构的形式、规模不同，从而增加了管理的难度。 (4) 在促销策略方面，由于各国文化、政治法律、语言、媒体、生产成本等不同，使企业在选择促销策略时会更复杂
管理过程	由于各国营销环境差异大，且各国消费者需求也存在着巨大的差别，如制订国际营销战略计划及进行营销管理时，既要考虑国际市场需求，又要考虑企业决策中心对计划和控制承担的责任应当达到什么程度等问题

国际市场营销环境是企业可控却又必须置身其中的外部环境条件，它既给企业提供营销机会，同时又制约企业的营销活动。国际市场营销环境要比国内市场营销环境复杂得多，各个国家或地区之间在政治、经济、法律、社会、文化等方面都存在着显著的差异，其市场也相应呈现出不同的特点。

一、世界经济全球化与多极化

进入20世纪90年代，世界经济出现了许多新现象、新问题。世界经济发展的总体趋势也随之进入到一个全新的时期。

1. 世界经济全球化的发展趋势

20 世纪 90 年代以来，以信息技术革命为中心的高新技术迅猛发展，不仅冲破了国界，而且缩小了各国和各地的距离，使世界经济逐步融为整体。经济全球化的过程是生产社会化程度不断提高的过程。在经济全球化进程中，社会分工得以在更大的范围内进行，资金、技术等生产要素可以在国际社会流动和优化配置，由此能带来巨大的分工利益，推动着世界生产力的发展。

经济全球化对发展中国家也具有积极的影响。经济全球化使资源在全球范围内加速流动，发展中国家可以利用这一机会引进先进的技术和管理经验，以实现产业结构的调整升级，提高市场竞争力，缩短与发达国家之间的差距；发展中国家可以通过吸引外资，扩大就业，使劳动力资源的优势得以充分发挥；发展中国家也可以利用不断扩大的国际市场解决产品销售问题，以对外贸易带动本国经济的发展；发展中国家还可以借助投资自由化和比较优势组建大型跨国公司，积极参与经济全球化进程，以便从经济全球化中获取更大的利益。

经济全球化已显示出强大的生命力，并对世界各国经济、政治、军事、社会、文化等方面，甚至包括思维方式等，都造成了巨大冲击。这是一场深刻的革命，任何国家也无法回避，唯一的途径是寻求适应的办法，积极参与经济全球化。

2. 区域性经济集团化向纵深发展

世界性经济全球化趋势的经济合作开始进入更广泛、更紧密和更高层的新阶段。早在 20 世纪 70 年代，世界各大洲的区域性经济集团几乎遍布全球，并出现了以下一些新特点：

(1) 通过调整、合并，区域性经济集团的规模在不断扩大；
(2) 突破区域性经济集团必须根据各国的经济发展水平组成的传统观点；
(3) 区域性经济集团中的意识形态色彩越来越深化，采取实际步骤向建立共同市场方向过渡。

3. 世界经济格局向多极化方向发展

目前世界经济格局正向多极化方向发展。20 世纪 70 年代，在世界经济的大动荡、大调整过程中，各主要经济大国在世界经济中的地位发生了引人瞩目的变化。两极格局的终结，美国的相对衰落，日本的迅速崛起，西欧的繁荣，是当时世界经济格局多极化的重要表现。20 世纪 80 年代，世界经济格局多极化向纵深发展，区域集团化步伐加快。中国经济发展取得巨大成就；苏联、东欧改革失败；美、日、欧争夺势力范围的经济主导权的斗争直接推动了西欧、北美、亚太三大区域集团化的发展；在东南亚、中东、拉丁美洲和非洲出现了一大批各种层次的区域集团化组织。20 世纪 90 年代，世界经济发展进入一个新的阶段。经济区域集团化的趋势迅速增强，同时世界经济的全球化趋势也在迅速增强；新科技革命对世界经济产生巨大影响；追求数量和速度的经济增长方式将让位于追求质量和效益的经济增长方式，知识经济初露端倪，开始替代工业经济。典型地区贸易组织如图 8-1 所示。

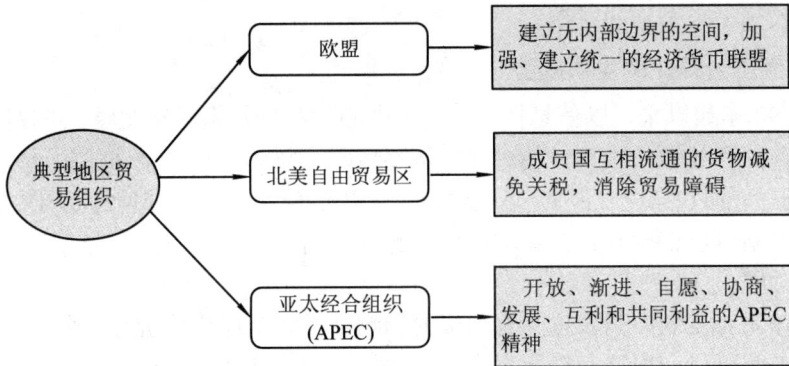

图 8-1　典型地区贸易组织

二、国际营销环境和机会认定

企业的国际市场经营环境是不断变化的,这些变化既能给企业带来新的市场营销机会,也能对企业当前或未来的营销构成威胁。因此,企业进行国际市场营销时,首先必须分析国际市场营销环境,评估国际市场营销机会。

1. 国际营销环境分析

国际市场营销环境主要包括政治与法律、经济、技术、社会文化等因素,如图 8-2 所示。

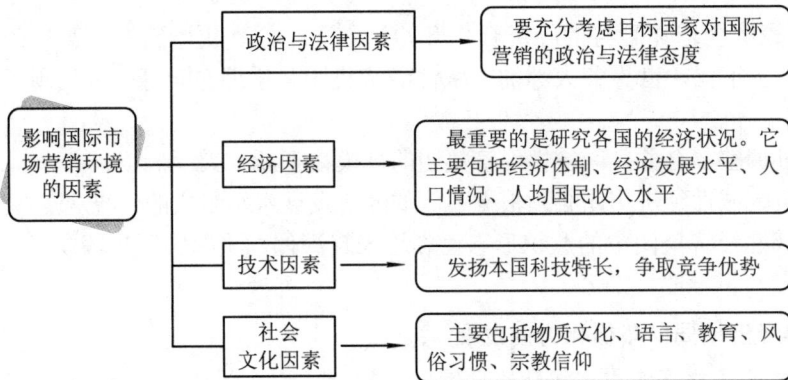

图 8-2　影响国际市场营销环境的因素

1) 政治因素

经济与政治是密不可分的,从事国际市场营销工作者必须懂得国际政情,了解政治环境。

(1) 政治形态。政治形态可以根据人民表达其意志的过程,以人民控制政府的能力与政府政策的程度等进行划分。试图进入国际市场的企业必须考虑的问题:当地政府是何种形态?是奉行保守路线、中间路线还是激进路线?目前的政治气候是否允许企业自由发展?将来是否可能变成专制政体,没收外资企业或通过冻结通货阻止国际市场营销等?

(2) 政党。一般来说,政党政治可以分成三种形态,即多党政治、两党政治和一党政治。不同的政党有不同的政治主张，政府的政策也受到执政党的左右。两党政治以英国为例，保守党政府主张放松对外资企业的控制，而工党政府则主张加以若干限制。意大利的情况正好相反，没有任何政党能独立组阁并取得绝对的控制权，政府的对外政策是多党协商的结果。企业在衡量两党或多党政治的国家时，除考虑当地政府政策外，还应包括在野党的意见。一党政治以墨西哥为代表，该国无在野的大党，执政党根据国家经济发展需要制定比较长期、稳定的政策，因此是国际市场营销的良好地区。各国执政党的变更对国际市场营销企业具有重要的影响。

(3) 政局。一国政局的稳定与否，直接影响企业在该国的市场营销活动。如果这个国家或地区处在战争状态，或有可能发生叛乱、内战和各种骚乱，都属政局不稳定。此外，如民众因对政府不满意，经常发生大规模示威和骚动，政府经济出现危机，或民族间发生武装冲突，爆发游击战争，政治谋杀事件频发，不正常的政府领导的更替等，这些情况都是政局不稳定的表现。有这些情况的国家或地区自然不能正常开展营销活动。

(4) 政策方针。不同国家或地区的对外贸易政策和对外国投资的政策有很大差别，就是同一国家不同时期的政策也可能发生变化。有些国家出于发展本国经济的目的，需要利用其他先进国家的资金、设备、技术以及管理经验，因而采取对外开放的政策。例如，墨西哥政府积极给外商创造有利的经营条件，提供投资奖励和选址服务，其目的是吸收国外投资。相反，有些国家由于某种需要，可能会采取保守的政策方针，如印度政府对国外进口规定配额，并要求所有外国公司在印度分公司的管理人员应当大部分是印度人，还规定其货币不能同外币自由兑换。因此，企业必须详细地了解拟进入国的有关政策方针，才能有针对性地采取相应策略。

2) 法律因素

与政治环境密切相关的是法律环境。其中，对国际市场营销企业产生最直接影响的是与外贸有关的法律规定，如各种税法、海商法、合同法、仲裁规则、商标法、专利法、投资法、票据法、广告法、保护消费者法、环境保护法以及其他单行法规等。因此，企业应当对拟进入国的各种有关法规进行了解和分析。下面从关税、非关税壁垒和法律限制等方面进行分析。

(1) 关税。关税是指一个国家的海关对进出其关境的物品所征收的税收。征收关税主要有两个目的：一是增加国家的财政收入(财政关税)；二是保护本国的工农业生产(保护关税)。各国政府通过各种关税政策来鼓励或限制商品进口。近年来，资本主义国家常推行贸易保护主义政策，用提高关税的办法来限制商品进口，目的是削弱进口商品的竞争力，使本国商品的价格在市场上具有竞争优势，高额关税就像高墙一样把国内市场保护起来，常称之为"关税壁垒"。

目前，各国对进出口商品主要征收的关税有进口税、出口税、特惠税、普惠税等。

① 进口税。进口税是进口国家的海关在外国商品输入时，对本国进口商所征收的正常关税。其税率的高低，取决于进口商本国的利益。如工业发达国家，对本国能生产的工业制品征收高额进口税，以保护本国商品的发展，而对国内缺乏的原料征收低税或免税。发展中国家对目前不能生产的商品，如对先进技术装备征收低税额，而对国内能生产的产品及奢侈品等征收高税额。

② 出口税。出口税是出口国家的海关在本国商品输往国外时,对出口商所征收的关税。目前,主要是发展中国家征收此税,以增加财政收入。我国为了鼓励出口,发展对外贸易,对出口商品,除少数几种产品征收出口税外,大部分产品免税。发达的资本主义国家为加强其产品的国际市场竞争能力,一般不征收出口税。

③ 特惠税。特惠税又称优惠税,是指对从某个国家或地区进口的全部商品或部分商品给予特别优惠的低关税或免税待遇。其他国家或地区不得根据最惠国待遇原则要求享受这种优惠待遇。特惠关税有的是互惠的,有的是非互惠的。

④ 普遍优惠制。普遍优惠制简称普惠制,是指发展中国家经过长期斗争,在 1968 年通过建立普惠制决议后取得的。在该决议中发达国家承诺,对从发展中国家或地区输入的商品,特别是制成品和半制成品,普遍给予优惠关税待遇,故又称普惠税。普惠制对促进和扩大发展中国家或地区商品的出口起到一定的积极作用,但是,由于给惠国在普惠制方案中规定了一系列的限制性的措施,致使有些发展中国家实际上得不到优惠,多数商品不给优惠,只有少数商品如纺织品、石油制品、鞋类、皮革制品等才能获得优惠。

(2) 非关税壁垒。非关税壁垒是指关税以外的一切限制商品进口的种种措施。它分为直接的和间接的两大类。前者是由进口国直接对进口商品的数量或金额加以限制或迫使出口国家直接限制商品出口。如进口配额制、间接地限制商品进口;进口押金制、进口最低限价、苛刻的技术标准、卫生安全检验和包装、标签规定等。据统计,目前世界上使用的非关税壁垒措施已达 1000 多条,主要的几种如下:

① 进口配额制。进口配额制又称进口限制,是一国政府在一定时期内,对于某些商品的进口数量或金额加以直接的限制。在规定的期限内,配额以内的货物可以进口,超过配额不准进口,或者征收较高的关税或罚款。它是资本主义国家实行进口数量限制的重要手段之一。

② "自动"出口配额制。"自动"出口配额制又称"自动"限制出口,是出口国在进口国的要求或压力下,"自动"规定某一时期内,某些商品对该国的出口限制,在限定的配额内控制出口,超过配额即禁止出口。这是 20 世纪 60 年代以来非关税壁垒中很流行的一种形式。几乎所有工业发达国家在各种长期贸易项目中都采用了这种形式。

③ 进口许可证制。进口许可证制是各国政府用来管理本国对外贸易的重要手段。它是指针对商品的进口,进口商事先要向本国有关机构提出申请,经过审查核发进口许可证后,才可以进口,没有许可证,一律不准进口。实行许可证制可严格限制贸易数额,节约外汇支出,保持进口国的国际贸易收支平衡。同时,还可保护进口国的产业发展,防止过多的外国产品涌进国内市场,而削弱本国商品的竞争力。

(3) 法律限制。企业在国际市场营销活动中,不可避免地要遇到各种各样的法律问题。例如,签订买卖合同,要涉及合同法和买卖法的问题;组织国际海上运输,会涉及海商法和海上保险法的问题;处理货款的结算,会涉及信币证和票据方面的法律问题;进行技术转让,要涉及知识产权和技术转让方面的法律问题;发生争议和索赔,又会涉及仲裁法、民事诉讼法方面的问题;企业要为自己的商品在国外办理商标注册,又需按照当地商标法的规定进行;企业要在各国进行广告宣传,又将涉及各国的广告法等。

世界各国的法律限制,对国际市场营销的影响程度、差异甚大。例如,有关广告和标签方面的法律就因国而异，加拿大的产品标签要求用英、法两种文字标明，而法国只使用法文产品标签即可；许多国家禁止电视广告，或者对广告播放时间和广告内容进行限制。对工业产权的保护，各国所依据的原则也不同，普通法国家是按"使用在先"的原则确定对工业产权的所有权，而大陆法国家则是按"注册在先"的原则确定其所有权。例如，在加拿大，超级市场向供应商提供酬金是一种完全合法的行为，而在美国则会被视为是一种丑闻。

3) 经济因素

经济因素主要包括经济体制、经济发展水平、人口因素、人均国民收入水平。这些因素决定着该国消费者的需求与购买力，从而影响企业的国际市场营销。

(1) 经济体制。各国的经济体制是国际市场营销者首先必须了解的一个重要经济因素，它决定了各国经济活动的各个方面。世界上的经济体制大致可以分为计划经济体制和市场经济体制两大类。对于国际经贸活动的管理以及对于本国经济的管理，这两种经济体制有很大的差别，在不同经济体制的国家从事国际市场营销也有很大的差别。

(2) 经济发展水平。从产业结构来看，世界各国经济发展水平可分为以下四种类型。

① 自给自足经济。这种经济状况的国家，大多数属于生产力水平很低、技术落后的原始农业国。在这些国家，自给自足经济占统治地位，商品经济很不发达，产品多为生产者自己消费，市场中交换的商品数量有限，进口能力很低，外汇严重短缺。企业如果是以出口创汇为目的，这类国家就不是理想的目标市场。

② 原料出口经济。这种经济状况的国家通常有一种或几种比较丰富的自然资源，而其他资源却往往比较匮乏。由于这些国家的加工能力有限，其国民收入的大部分只能来自于这些资源的出口。在大量出口其初级产品的同时，往往从国外市场进口大量工业制成品。因此，这些国家是采掘设备、生活日用品、原料加工设备、运输工具等的良好市场。因为只依赖于少数几种产品的生产和出口，所以这些国家的国民经济发展和市场状况较易受到国际市场上这类产品的供求和价格变化的影响。对中国轻纺产品和机电设备产品来说，这一类国家是潜力较大的市场。

③ 工业化中经济。在这种经济状况的国家里，制造业的地位日趋重要，约占国内生产总值的 20%～45%，轻纺工业、家用电器工业、机电工业发展很快。这类国家是工业制成品和资本的主要输出国。如日本、澳大利亚、北美、西欧等国家或地区，经济发达，购买力强，需求旺盛，不仅大量输出工业制成品和资本，而且还大量输入原材料和半成品。这类国家市场容量大、经济体系完善、消费水平高，是中高档商品的最佳市场，但相应地竞争也很激烈。

④ 已工业化经济。处于这种经济状况的国家，都已建立起相当雄厚的工业基础，如美国、日本、西欧各国等。这类国家是工业品的重要输出国，进口原料与半成品。近年来随着世界经济的发展与科技革命的推进，这些国家将劳动密集型产业和污染严重的工业转移到第三世界国家，集中精力发展资金和技术密集型的产业。因此，他们向国际市场大量输出高科技产品和合成材料，而从国际市场进口大量的轻纺产品、日常消费品、耐用消费品和部分机电产品。这类国家是我国目前最大的国外市场。

(3) 人口因素。从国际市场营销的角度来看，最重要的人口因素是人口数量和人口密度。例如，有些国家人口众多，如中国、印度，有些国家人口稀少，如冰岛；日本的人口密度很大，而澳大利亚的人口密度很小。各国人口因素的差异造成了各国市场潜力的差异。现代市场构成的三要素之一是人口，在其他条件都相同的情况下，一个国家的人口越多，市场就越大，很多产品的消费都与人口数字相联系。人口因素的差异还会产生各国不同的消费模式，影响企业在国际市场上的营销策略。例如，日本企业针对中国人口多、分布广、分布程度疏密不匀的实际情况，就采取了以电视广告为主的促销策略，结果使"日立牌彩色电视机"在中国几乎家喻户晓；反之，由于新加坡人口少，分布集中，日本企业就采取了以人员推销为主的促销策略，从而使日本的产品从纷繁的各国商品广告中摆脱出来，以吸引当地人购买。

(4) 人均国民收入水平。人均国民收入的高低，反映着一国经济实力的强弱，决定着市场规模的大小及消费者购买力的高低。人均收入水平的差异必然使各国市场具有不同的特点。

对外贸企业来说，还要注意影响人均收入实际水平的通货膨胀。通货膨胀会影响消费者支出的数额和所购买商品的类型。例如，急剧的通货膨胀促使人们购买住宅等不动产，而私有住房的增加又引起人们对各种与住宅有关的产品的需求。急剧的通货膨胀也会抑制需求，即那些只有固定收入的人们自然会更加注意到自己有限的购买力的降低。因此，收入及其变化就直接关系到企业所生产的产品在某国市场上的销售状况。

在确定特殊收入阶层是否在某种产品方面具有市场潜力时，收入分布也值得考虑。例如，人均收入相当高的瑞典是一个几乎没有贫富差别的"中层"社会国家，但是，真正的高档消费品在瑞典可能没有市场；反之，不少人均收入很低的拉美国家却存在着收入分布上的较大差异，这些国家的中层社会阶层相对较少，但存在着小部分高收入家庭。

4) 技术因素

各个国家或地区的科技发展水平有高有低，差异很大，科技发展也各有侧重，各有特点。打算进入国际市场的企业，应当重视发扬本国科技特长，争取竞争优势。准确认识各国的科技发展水平，不仅有助于企业引进适合本国国情的科学技术、设备和商品，加速国家经济建设，提高人民生活水平；同时，经营出口业务的企业，也只有准确认识了国际市场的科技水平，才能加强自己经营业务的适应性。这个问题应当从两方面考虑。例如，科技水平高的国家，需要进口来补充一部分需一定科技水平又是劳动密集型的产品，这就给一些国家提供了出口机会。我国近年来能向工业发达国家出口船舶、精密磨床、紧固件、电动机以及西药原料等就属于这种类型。我国的纺织机械、拖拉机、印刷机等在东南亚国家有广大市场，究其原因，并不在于我国这几个行业科技发展水平高，关键在于我们的发展水平正好符合这些市场的需求。由此可见，我国科技发展水平目前虽与发达国家尚有较大差距，但并不是没有营销机会。企业必须以商品类别为依据逐项进行调查，找到具有适应性的市场。

5) 社会文化因素

影响企业国际市场营销的社会文化因素很多，主要有物质文化、语言与教育、风俗习惯、宗教信仰等。

(1) 物质文化发展水平。物质文化水平指的是经济发展程度和人们的生活水平。世界各国经济发展处于不同阶段，人们的物质文化水平高低不同，企业必须对准备进入的国际市场的物质文化水平有准确的认识。在贫富悬殊的社会里，同一个国家不同地区和不同阶层的消费者也会有不同的物质文化水平。例如，在绝大多数发展中国家，人们总是把纺织品与衣着原料联系在一起，可是工业发达国家的纺织品，其用途有衣着、装饰和工业三大类，几乎各占总销量的1/3。所以，我国发展纺织品出口，要根据不同情况调整出口纺织品的商品结构。

(2) 语言与教育。语言是国际市场营销文化环境里最有意义的一项，成功的国际市场营销企业，往往能灵活地运用当地的语言。世界各国的语言文字非常复杂，据统计，世界上使用者超过 5000 万人的语言文字就有 13 种。有些国家流行几种语言文字，如加拿大有英、法两种语言，瑞士有三种语言，南美国家虽通用西班牙语，但本地语言不下十几种。有些国家虽然也都使用流行的国际商业语言，但也同时提倡使用本国语言。凡此种种，企业都需要注意，方能顺利地进行国际市场营销。

一个国家的受教育水平影响企业的国际市场营销。首先，教育水平影响人们的消费行为。其次，教育水平影响企业在这个国家进行市场营销活动。在教育水平较低的国家进行市场调查时，寻找合格的当地调研人员，或与消费者交流意见都比较困难。再者，教育水平不同，决定了当地用户对产品的要求不同，这往往是企业实施产品多样化战略的原因之一。

(3) 风俗习惯。由于风俗习惯的影响，各国消费者往往有其独特的购买方式与消费嗜好，这也是国际市场营销中最棘手的问题之一。传统风俗习惯包括人们的衣食住行、审美观念等各个方面。例如，中国人以荷花表示夫妻"和合"，日本人则以荷花表示为丧气；中国人逢喜用红花，法国人则用白花；中国人以中秋赏菊为乐事，意大利人却忌用菊花图案。若企业不注意这些差异，则往往会碰壁。各国的商业习惯也有很大差异，如拉丁美洲人洽谈生意时，把面对面靠近视为很亲切，而美国人则要保持一定距离；跟沙特阿拉伯商人谈生意时，忌问及对方太太，但对墨西哥商人却必问不可；法国批发商不负责产品的促销工作，若企业将其促销活动寄希望于法国批发商，那注定要落空。

(4) 宗教信仰。世界上有许多宗教和宗教团体，不同的宗教往往有不同的文化倾向和戒律，宗教的文化倾向和戒律影响人们认识事物的方式、行为准则和价值观念，因而也影响人们的消费行为。因此，在国际市场营销中必须考虑宗教因素。

2. 海外市场机会分析

企业从事国际市场营销的一个很大原因在于，国际市场能够提供比国内市场更多的机会。国际市场是个买方市场，谁能抓住机会，谁就有比别人更好发展的保障。如果询问负责国际营销的企业主管们，什么是他们最为关注的事情，十有八九的回答是：发现和捕捉海外市场机会。但是，很遗憾的是，没有一个通用且卓有成效的程序或方法帮助营销人员捕捉到海外市场机会。特别是对中、小企业而言，受资金、规模、地域等多方面限制，如何在国际市场上发现机会似乎更为困难。

成功的企业是与良好的机遇分不开的。索尼的产品能行销全世界，格力空调机能打进欧美市场，关键之一是这些企业善于捕捉海外市场机会。在我国，随着市场竞争机制的引进，"机会"这个词的使用频率越来越高。许多营销人员苦苦寻找，想获得一个良好的机会，但市场对他们似乎特别苛刻。其实机会是一种对企业有利的、通过企业的努力有可能达到的客观条件。它确实存在，有时候读一篇报道，听一次演讲，与朋友的一次闲聊都会使人闪现机会的火花，有时却需要深入市场跑企业、访客户，通过大量的统计分析才会对潜在的市场机会恍然大悟。但机会又不是孤立存在的，它与企业的能力、优点、长处、不足和企业所处的环境有利或不利的因素，新技术的出现，来自竞争者的威胁等紧密地联系在一起。这就是为什么对有些企业看来不值一提的现象，对另外一些企业正是海外开拓的良机，他们会抓住机会全力以赴，从而将市场机会转化为企业发展的机会。

根据获得海外市场营销机会的难易程度，海外市场机会分析分为四个层次：找上门来的机会，主动去寻找获得的机会，深入了解、分析后发现的市场机会和创造的市场机会。

(1) 找上门来的机会。随着国际之间产业结构的调整，以及国际分工的深化和各国市场的开放，国外许多企业放弃了一些传统的、有一定需求量(或较大需求量)的产品或零部件的生产，转而投向国际市场。另外，有许多国家因生产技术、劳动力素质等原因需要到国际市场购买其所需要的产品，他们有的通过各类外贸公司向其他国家的外贸公司发盘询问需要的商品，有的则亲自出马寻找。比如，美国一家公司的采购员来到上海，要求供应4000万只灯泡；马来西亚一家公司来到宝钢，要求供应数万吨特种钢。

1993年，世界上规模最大的德国汉诺威展览公司到中国举办了十次推介会、两次工业和技术展览会，为1994年汉诺威工业博览会招商，他们希望中国企业踊跃参加，会后全球数以万计的客商带着订单飞到汉诺威。1979年以来，我国许多外贸、工贸公司组织过大批厂家参加历届汉诺威博览会，参展企业普遍反映，到汉诺威可大开眼界，获得极丰富的世界市场信息和大量的成交机会。许多企业就是这样开始接触国际市场、发展出口机会，并且使生产规模越来越大的。如今博览会来华招商，也是一种送上门来的机会，不要轻易丢失。

(2) 主动去寻找获得的机会。国际市场上的竞争者都把巩固或提高市场占有率作为重要的或者首要的目标，没有人会拱手把市场让出来，但是市场也非铁板一块，不会无机可乘、无隙可钻的。从某种意义上来说，机会是属于那些时刻留心、时刻准备着的人的。

我国不少企业的产品在海外有需求，但没有合适的渠道。对他们来说，抓住海外市场机会的重点就是要找到愿意经销的进口商或代理商。由于被封闭多年，没有自营出口权，不得不靠外贸公司的热心帮助，连出口考察也难以做到，这对许多中小企业来讲，确实是一道难题。对一个国际营销人员来说，注意从各种渠道捕捉信息，并善于从信息中提炼出直接的或间接的、眼前的或将来的机会是十分重要的。

(3) 对市场深入了解、分析后发现的海外营销机会。对大多数企业来讲，可能并没有找上门来的外国客户或订单，也没有唾手可得的出口机会，对他们来说，最现实的可能在于深入了解市场和认真分析市场，包括产品需求、市场结构、竞争者状况、发展趋势等，找出直接的或间接的市场缺口、空当、薄弱环节，适当调整或补充自己的实力，然后打入市场。

大中型企业在国际营销中，更多的是依赖于这种通过对市场的深入分析而打开机会的方法。以下为海外市场机会分析的一般过程：

① 根据本企业的产品、能力和条件，在国际市场上找出适合自己的预选市场。没有一家企业能向消费者提供他们所需的全部产品，也没有一家企业能把产品卖给所有的消费者。因此面对巨大而复杂的国际市场，企业首先要找到适合自己的产品，并能够发挥自己优势的市场区域。

② 对预选市场进行环境分析，以确定进入的市场。对根据自己的能力和条件挑选的预选市场，确定是否存在对特定的营销努力有巨大障碍的因素，比如，面对动荡的政局，常会使用反倾销法，以及当地较严的政府干预与控制等。实际上是要确定市场是否具备足够

的吸引力。

③ 对市场进行细分，以确定目标市场。在产品激烈竞争的时代，企业想要在市场上占有一席之地并有所发展，就要先放弃想让市场上所有人都购买其产品的念头，因为这是不可能的。企业必须寻找出自己的位置，也就是说要找出特别愿意接受其产品的消费群。不论是推出已有的产品还是改进、设计新的产品，都应以满足这一目标市场的需求为目的。只要消费群体喜欢，这个机会就会变成现实。

(4) 创造的市场机会。在现有的市场上寻找空缺或发现易于发挥自己优势的区域是找到机会的重要途径。但是，有些产品在市场上有数以百计的品种，要找到一个尚未填满的空缺，可能性很小；由于竞争激烈，即便企业发现了很好的市场机会也可能难以如愿以偿。因此，最好的办法是另辟蹊径，用新产品、新服务激发消费者的购买欲望，创造出新的市场机会。

创造市场机会的关键在于挖掘消费者潜在的需求意识。随着市场的日益饱和，产品竞争的日益激烈，懂得如何发现尚未清晰的市场需求，并将这种发现转化为成功的新产品超前开发，驾驭和引导市场变化，以新取胜将越发显出其重要性。我国一些家电企业在对国际市场调研后，认为随着旅游热和保健热的兴起，电子旅游用品和保健器具将会风靡西方发达国家市场，于是超前开发了一系列有关产品投入国际市场，售价虽高但销路很好，取得了良好的经济效益。

知识点 2　国际营销条件

企业进入国际市场的前提是必须有一个统一的国际大市场，这就要求我国经济运行机制遵循世界市场经济的法则，加快中国市场与世界市场对接。企业进入国际市场的营销条件如图 8-3 所示。

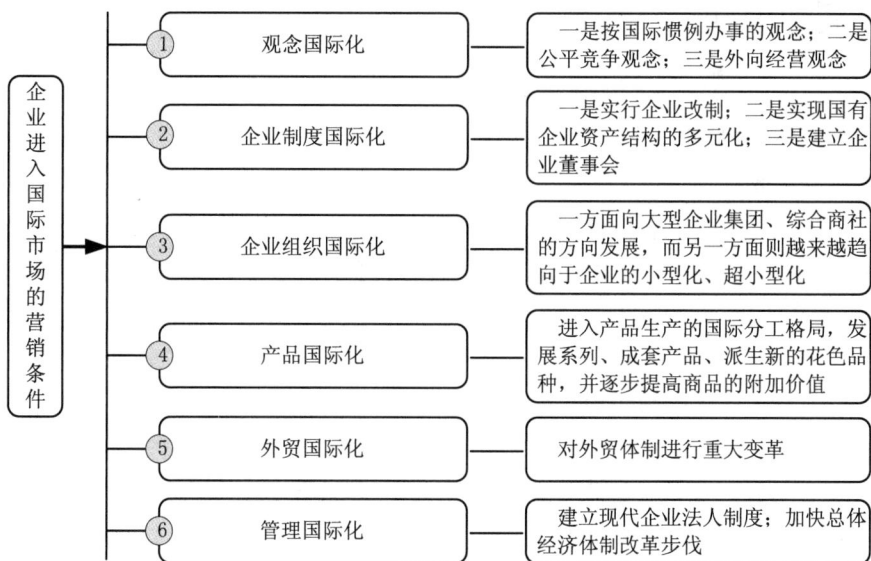

企业进入国际市场的营销条件	① 观念国际化	一是按国际惯例办事的观念；二是公平竞争观念；三是外向经营观念
	② 企业制度国际化	一是实行企业改制；二是实现国有企业资产结构的多元化；三是建立企业董事会
	③ 企业组织国际化	一方面向大型企业集团、综合商社的方向发展，而另一方面则越来越趋向于企业的小型化、超小型化
	④ 产品国际化	进入产品生产的国际分工格局，发展系列、成套产品、派生新的花色品种，并逐步提高商品的附加价值
	⑤ 外贸国际化	对外贸体制进行重大变革
	⑥ 管理国际化	建立现代企业法人制度；加快总体经济体制改革步伐

图 8-3　企业进入国际市场的营销条件

一、观念国际化

企业要想进入国际市场，首先必须做到观念国际化，要以现代商品经济的全新观念冲破封建小商品生产的陈旧观念，建立或强化以下经营观念。

1. 按国际惯例办事的观念

对于企业来说，遵守国际惯例不仅是进入国际市场的前提，也是同国外企业进行公平竞争的基础，而且是规范企业自身行为、充分获得国际市场利益的保证。因此，企业必须牢固树立按国际惯例办事的观念，将国际惯例作为约束与指导企业行为的重要依据。

2. 公平竞争观念

进入国际市场后，国内经济体制会加快向市场经济体制过渡，同时市场规则与市场运行机制也逐渐向国际惯例靠拢，逐步形成一个公平的竞争环境。国外产品除了要缴纳关税以外，其他各方面与国内同类产品享受同等待遇。就国内企业而言，不同地区、不同所有制企业也将面临同等的竞争条件，处在同一起跑线上。所有这些，要求企业树立公平竞争观念，包括保证自身市场行为的公正合理性，遵守公平竞争规则等。

3. 外向经营观念

进入国际市场，意味着更多生产型跨国公司会在我国境内建厂生产和营销其产品，直接和我国企业进行面对面的竞争，与此同时，也给我国企业开拓国际市场提供了广阔的天地。因此，我国企业应主动出击，作战略性转移，不失时机地走出国门，实行国际化经营。企业应该将一些生产要素转移到世界上生产成本较低、外部市场条件较为有利的地区和国家，采取合作、合资或独资的形式，扩大海外投资，逐渐建立全球性商品生产和销售基地，实行全球性经营，建立跨国公司，更大程度地参与国际竞争。

二、企业制度国际化

市场的主体是企业，要使中国市场与国际市场接轨，必须大力改革传统的企业体制。企业制度的接轨包含以下三个方面的内容。

1. 实行企业改制

目前的企业将"全民所有制"改为"有限责任制"。有限责任制企业与股份有限公司是现代公司制度的两大支柱，而有限责任制则是这种企业组织共同的、基础的也是最主要的运行特征，使企业成为自己经营、自负盈亏、自我约束、自我发展的商品经济生产者和经营者。

2. 实现国有企业资产结构的多元化

实现国有企业资产结构的多元化，其目的在于通过扩大政府行政机构以外的法人组织(如企业、事业单位、各类金融中介机构和基金会等)股份和个人持股来分散国有企业的产权，实现政企分开，具体可从以下两方面着手：

(1) 在目前的国有企业中引进集体的资产和个人的资产；

(2) 在企业应保留的国有资产中，将单一部门或单一地区的资产改为多部门、多地区的资产结构。

3. 建立企业董事会

董事会是典型的企业所有权代表机构。国际经验证明，董事会是所有者监督企业经理的有效工具。

董事会具有三项基本职能：一是对企业的发展提供战略指导，审查、批准总经理提出的战略决策和年度预算报告；二是评价企业经营实践，对企业管理部门实行有效监督；三是任免、奖励企业高级管理人员。企业董事会的三项基本职能体现了资产所有权的基本内涵，建立企业董事会有助于在国有企业内建立所有权代表机构，并形成所有权的约束、监督机构。

三、企业组织国际化

进入国际市场后，企业的生存能力和发展能力主要取决于企业的竞争能力。目前，我国除一小部分企业基本具备参与国际市场的竞争能力以外，大部分企业还不能与外国同类企业相抗衡。尤其是资本、技术密集型企业，尚处在"幼稚"发展阶段，而且这种状况的改变在短期内是不可能的。如何在进入国际市场后相对提高我国企业的国际竞争能力呢？走集团化的道路是一条可供选择的对策。建立纵向一体化、横向一体化或同心一体化的企业集团，可充分发挥每个企业的相对优势，利用集团内部的分工协作，既可以提高生产率，又可以获得规模经济效益。参照日本、韩国等国发展产品出口的经验，大力扶植、组建一批贸工结合的跨国综合商社，实行"一业为主、多种经营"，不仅可以经营国内商品，还可以进行自有外汇进口商品的内销和自属企业产品的批发、零售，以及房地产、旅游、运输、广告等业务。

可以预见，进入国际市场后我国企业的组织形态也会加紧顺应世界经济发展的大趋势。一方面越来越向大型企业集团、综合商社的方向发展；另一方面越来越趋向于企业的小型化、超小型化。作为国民经济超级单元的企业集团，以其对成百上千的成员企业进行组合管理的功能，将成为我国经济纵向管理和横向联系的交叉点，成为国际市场中率先冲锋陷阵的"集团军"。

四、产品国际化

产品国际化即生产总额中出口生产所占的比重大大提高，直接表现为现代国际贸易的迅速增加。世界上几乎所有的国家和地区以及众多的企业都以这种或那种方式卷入了国际商品交换。现在的国际贸易已占到世界总生产额的 1/3 以上，并且还在稳步增长。国际贸易的商品范围也在迅速扩大，从一般商品到高科技商品，从有形商品到无形服务等几乎无所不包。

为了进入国际市场，企业必须形成适应国内外一体化市场需求的产品结构。根据国内和国际的不同地区、不同消费层次不断变化的需求结构，调整现有的产品结构，充分利用比较成本优势，进入产品生产的国际分工格局，发展系列、成套产品，派生新的花色品种，并逐步提高商品的附加值，使产品结构在市场需求的前提下，进入高附加值化的良性化发展阶段，把国内过剩的生产能力转向国际市场。

产品国际化体现于质量国际化，这就要求企业在产品生产中积极采用国际标准。现在世界上普遍开展了三大认证活动，即产品质量认证、工厂质量管理体系评定和测试试验室认可。其中，尤以国际标准化组织于 1987 年发布的 ISO 9000 "质量管理和质量保证" 系列标准为关键，取得 ISO 9000 体系标准证书，就等同于取得产品的 "国际通行证"，执证产品不但可以免检进入海关，而且可以直接采用电子报关，进入国际商贸快速反应系统。欧洲共同体率先实行质量体系认证制度，并规定自 1993 年 1 月 1 日起，没有取得 ISO 9000 体系标准证书的产品不得进入欧洲市场。美国等 30 多个国家和地区制定了相同性质的准则，认证制度已日趋全球化。

五、外贸国际化

外贸国际化是中国市场和国际市场接轨的最前沿，其核心问题是外贸体制。尽管目前我国外贸体制已经有了重大的变革，但与国际要求相比，仍有相当差距。从出口体制看，尽管目前的体制已接近于国际规范，但仍需大力完善，要逐步取消出口创汇的行政指标，并改变按商品大类统一外汇留成的办法；从进口体制看，除了要大幅度减让进口关税率外，还要大量减少行政性审批手续，取消绝大部分商品的进口许可证，统一全国外贸政策法规，抓紧清理外贸接轨要求，调整现有的外贸政策，政府要以 "鼓励出口市场多元化，出口产品多样化、高级化，竞争手段现代化，投资外向化" 为原则，制订具体的鼓励措施，进行科学、合理的导向。

此外，外贸接轨还表现为改变传统的小作坊式的外贸方式，实施大贸易、大海外战略，主动出击，将外贸重心移向海外。鼓励外贸专业公司在海外组建大跨国公司或贸易中心、分拨中心，逐步形成一个强有力的销售网络，并带动有实力、有条件的大型生产企业到海外去投资办厂，利用当地资源，就地加工生产，占领当地市场，同时发展工程承包、劳务合作和售后服务。对进入海外的企业，视同外国企业，允许他们以外商的身份，直接采购国内自营出口的企业、三资企业的产品，将他们与国内企业争货源的竞争关系，变为带动国内企业产品出口的合作伙伴关系。

六、管理国际化

管理国际化包括微观管理和宏观管理两个层次，就微观层次而言，企业要以建立现代企业法人制度为目标，从有利于加强宏观管理、国民经济统一核算和按国际惯例办事的原则出发，逐步规范包括折旧制度、成本管理制度、审计制度、资产评估制度在内的企业财务会计制度。此外，在企业劳动人事制度、分配制度、领导制度等方面，有必要汲取国外先进的管理技术和方法。

宏观管理上的国际化，除了通过加快总体经济体制改革步伐，逐步强化市场在经济发展中的主导作用外，还要大力构造自主经营、自负盈亏的企业机制，努力使我国的经济体制与国际规范靠拢，为了帮助企业尽快进入国际市场大循环，迫切需要在立法、价格、金融、市场中介等方面进行配套改革。首先，在健全法制和制定、修改、废除法规过程中，应参照关贸总协定框架协议的合理部分，用足、用好对发展中国家有特殊优惠的一些条款。其次，要加快价格改革，逐步实施市场性价格体制。如果不形成市场性价格体制，关税杠杆就会失去实际意义。再次，在金融、市场中介等领域要大力建立新的经营机构，使其直接参与国际业务，实现股票、外汇、信贷、信息等各类专门市场的国际联网，为企业的国际化经营提供切实有效的服务。

中国经济与世界经济的接轨是一项复杂的系统工程，因而其过程也是深化改革、扩大开放的过程，而现代化企业制度的建立和企业进行国际化经营，则是加速此过程的关键所在。

知识点 3　进入国际市场的策略

国际市场进入策略又称国际市场开拓、拓展战略，是企业在国际市场选择的基础上，将产品打入国外目标市场，提高企业的市场覆盖率、占有率的战略，也是企业跨出国门、走向世界、向国际化经营发展的战略。

企业开拓国际市场时，到底选择何种进入方式，必须结合本企业的全球发展战略以及企业拥有的资源条件，针对不同的目标市场国环境综合考虑、科学决策。企业进入国际市场的方式如图 8-4 所示。

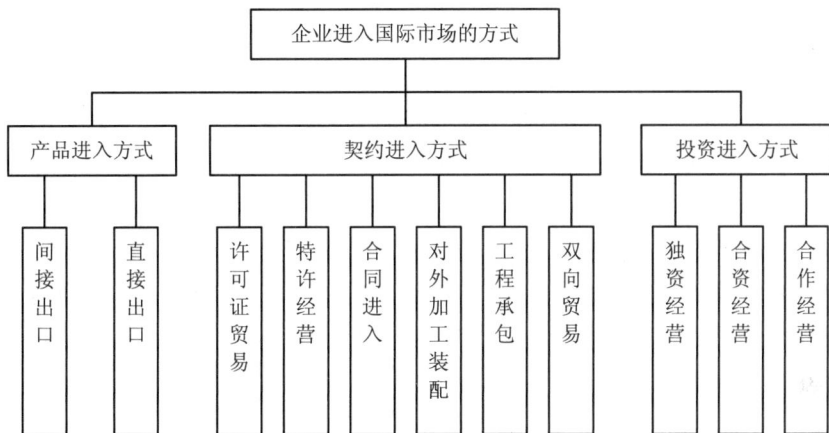

图 8-4　企业进入国际市场的方式

一、产品进入方式

产品进入方式是指生产企业把本国生产的产品向国际市场出口的方式，是最简单、最普遍的形式，其主要有间接出口和直接出口两种方式。

1. 间接出口

间接出口是企业将生产的产品出售给中间商(国内出口企业或设在国内的外国贸易机构)，通过中间商将产品销往国际市场。间接出口的特点是企业只负责产品的生产，而未介入产品的国际销售业务。因此，严格地说，间接出口方式下，企业还未真正从事国际市场的经营。

在我国，间接出口有两种基本做法。一是收购制，即企业将生产出来的产品，以卖断的方式，出售给中间商，由中间商销往国际市场。另一种是代理制，即生产企业委托外贸公司出口本企业生产的产品，但生产企业在产品订货、报价及对外谈判过程中，可具体参与某些出口业务。收购制与代理制的一个主要区别是，在收购制方式下，生产企业将产品出售给中间商以后，出口盈亏的责任就由中间商承担；而在代理制下，产品出口盈亏的责任仍由生产企业承担，外贸公司只是负责办理有关出口业务，并收取代理费。

1) 间接出口的优点

间接出口主要具有以下优点：

(1) 所需销售费用较少。在间接出口方式下，企业可在不增加营销费用的条件下将产品销往国外。例如，企业无须设立办理出口业务的专门机构，不必培训和增加从事国际市场经营的人员，也不需要亲自进行市场调研及在国外设立销售网点，这些都可大大节省额外的投资和费用。

(2) 产品进入国际市场快捷。企业可以利用国内出口贸易机构或贸易伙伴现有的业务机构、销售渠道、商业信誉及其国际营销经验，使自己的产品方便、快捷地进入国际市场。

(3) 企业承担的经营风险较小。企业从事国际市场经营的风险往往较国内市场经营的大得多。在间接出口方式下，企业可采取卖断的方式，将风险转由出口贸易机构承担；在实行代理制时，由于出口贸易机构长期从事出口业务，积累了丰富的经验，具有广泛的市场信息来源，因此也可使风险大为降低。

(4) 经营方式具有较大的灵活性。在间接出口方式下，企业在选择出口贸易商、确定与出口贸易商的合作期限以及转而采用其他进入方式时，都有着较大的灵活性。

2) 间接出口的局限性

间接出口有其明显的局限性，主要表现在以下几方面：

(1) 企业缺少国际市场的信息反馈，难以及时了解国际市场环境、市场行情、竞争形势以及产品发展趋势等方面的信息，也无法了解国外用户对产品的使用意见，使企业难以适时作出决策以更好地适应国际市场的需求。

(2) 企业对中间商的依赖性较大，获利程度往往有限，产品销售也不易稳定。企业产品在国际市场的销售需依靠中间商来进行，中间商往往会利用这一点，压低产品的购买价格，使企业的获利程度受到限制；一旦国际市场发生变化，如竞争加剧导致营销费用增加或是获利减少，市场上出现了新产品，或是其他企业能提供更为价廉物美的产品时，企业可能会被中间商抛弃而另寻新主。

(3) 企业对国际市场营销的控制能力很弱，甚至根本无法控制国际市场经营。企业生产的产品在国际市场销售是由中间商来完成的，生产企业几乎不涉及产品的国际市场经营，因此，当市场形势发生变化需要对产品的市场营销作出相应改变时，企业往往无从下手。

鉴于间接出口所具有的上述优势与局限性，一般而言，它较为适应以下两种情况：一是对于一个刚刚从事国际市场的企业来说，由于企业缺少直接从事出口的条件和经验，间接出口不失为企业进入国际市场的富有价值的第一步；二是对于一些实力雄厚、经验丰富的大企业来说，它可以作为一种辅助性方式，主要针对那些潜力不大的市场。

但是，当企业产品在国际市场上的销售迅速增长，或是产品的销售前景极为广阔时，企业便会寻求采取直接出口的方式。

2. 直接出口

直接出口是指企业不是通过中间商，而是自身在国际上直接从事营销活动。直接出口与间接出口的主要区别在于，企业自身直接从事各种出口营销活动，而不是委托于他人。

直接出口具有以下三种主要方式：一种是企业接受国外客商的订货，按合同要求组织生产、出口产品；另一种是企业在国际市场上设立自己的营销机构，在国际市场上独立开展营销活动；第三种是将产品直接出售给市场上的经销商或委托于国外代理商。

1) 直接出口的优势

直接出口主要具备下列优势：

(1) 企业对国际市场营销的控制权比较大，这是因为，采取直接出口方式时，企业直接从事各种国际市场营销活动，诸如市场调研、目标市场选择、产品定价、产品运输与保险、销售渠道选择、产品促销等，可根据市场变化及时作出调整和改变。

(2) 企业可直接获取国际市场上的各种有关信息。企业能直接面对国际市场，及时、全面地了解国际市场上的各种信息，诸如市场环境及其变化、产品竞争情况、消费者的需求与爱好、产品发展趋势等。

(3) 企业风险有限，经营的灵活性较大。直接出口的风险虽比间接出口大，但比起其他进入方式，其风险还是要小得多；同时，采用直接出口的方式，企业与国外客商或经销商所签订的合同期限往往比较短，且一般无太大固定资产方面的投资，因此灵活性较大。

2) 直接出口的缺点

直接出口所具有的缺点主要表现在以下几个方面：

(1) 成本比间接出口高，工作量比间接出口大。企业采取直接出口方式，需要增设出口销售机构，增加专门从事国际营销的专业人员，其费用必然会增加；同时，企业要亲自处理各种出口业务，在国际市场开展营销活动，工作量也必然会增大。

(2) 经营成果受自己营销机构的完善程度和推销人员水平的限制。在间接出口方式下，企业可借助中间商现成的销售渠道及其丰富的国际市场经营经验；而采取直接出口的方式，在经营初期，企业的经营成果常常会因自己营销机构的不完善、销售渠道的不充分及自身推销人员经验不足等因素而受到限制和影响。

(3) 风险比间接出口大。与投资进入等方式相比，直接出口的风险要小得多，这是它的一个优点；但与间接出口比较，其风险却要大得多，这又成了它的一个缺点。

企业若要采取直接出口方式，最重要的是认真选择国外市场的经销商与代理商。

二、契约进入方式

契约进入方式是国际化企业与目标国家的法人之间长期的非股权联系，前者向后者转让技术或技能。这种方式使企业进入国际市场时，能够依据契约具体条件，选择最有利于自己的方式，降低风险并最大限度地获得利润。契约进入有多种方式，以下主要介绍许可证贸易、工程承包、对外加工装配、双向贸易。

1. 许可证贸易

许可证贸易是指许可方(即国内企业)与被许可方(即国外企业)通过签订许可证协议，允许被许可方使用其无形资产(专利、商标和技术诀窍等)，并借以取得报酬的一种技术贸易方式。在许可证贸易方式下，许可方通常有义务向被许可方提供技术说明书、样品、施工图纸等技术资料，或直接派人传授技术、经验，帮助组织生产等；被许可方则应当向许可方支付技术费用，并承担保守秘密等义务。

许可证贸易的具体形式有独占许可、排他许可、普通许可、可转让许可、不可转让许可和交换许可等，其中前三种为主要形式。独占许可是指许可方在向被许可方提供技术许可后，被许可方即独占该项技术，在许可协议规定的地区和期限内，许可方和其他任何第三方都不得再使用该技术。排他许可是指许可方在向被许可方提供技术许可后，自己仍保留技术使用权，但不允许第三方再使用和购买该项技术。普通许可即许可方在向被许可方提供技术许可后，自己仍保留技术使用权，同时还可以将该项技术再转让出去。

1) 许可证贸易的优点

作为一种进入国际市场的方式，许可证贸易主要有下列优点：

(1) 在目标市场国家存在进口限制(如关税、配额等)的情况下，企业可以通过这种方式顺利地绕过进口壁垒。这是许可证贸易一个较为明显的优势。

(2) 投资少而费用低。采用许可证贸易，企业无须进行生产和市场营销方面的特别投资。

(3) 政治风险及其他风险比较小。由于许可方在目标市场国家一般不拥有有形资产，因而不存在财产被东道国剥夺的政治风险，即使发生风险，企业所损失的也仅仅是许可收入。

(4) 当产品运输费用及其他费用较高而使产品在目标市场失去竞争力时，许可证贸易是一种可供选择的有利方式。

(5) 在某些情况下，企业由于受进口投资限制而不能进入目标市场国家时，许可证贸易可能是其唯一可行的进入方式。

(6) 对于以最终产品为服务的企业来说，与在国外设立分支机构比较，许可证贸易也可能是一种更好的选择。

(7) 当产品进入目标市场国家需要进行重大改变而导致成本大量增加时，许可证贸易可将这一改制成本转嫁给国外被许可方。

(8) 许可证贸易作为一种投入资金较少的方式，对于小型企业更为适用，从而具有更强的吸引力。

2) 许可证贸易的缺点

许可证贸易主要有下列缺点：

(1) 企业必须拥有国外潜在消费者感兴趣的专利、商标或专有技术，缺乏这些无形资产，企业采用这一方式便无从谈起。这是许可证贸易的一大局限性。

(2) 容易培养出竞争对手。当许可证协议最后终止时，许可方可能会发现他已经为自己培养出一个或一批新的竞争对手。

(3) 缺乏对市场营销的规划和控制。采用许可证贸易，许可方完全依赖于被许可方的市场经营，无法迫使被许可方更好地经营。在这种情况下，许可方无法对市场经营进行规划，市场可能得不到很好的开发与利用，竞争对手随时可能乘虚而入，对许可方今后的市场占领造成不利；同时，许可方对产品质量等也往往难以有效控制。

(4) 排他性较强。许可证贸易常常因被许可方的需求而给予其独占权，以致在许可协议有效时期和地区内，当市场环境出现明显有利变化时，许可方不能以任何形式进入被许可方的独立销售区域。

(5) 许可证贸易的另一缺陷是收益比较低。许可费通常只在营业额中占很小的比重，如 2%～7%，一般远远低于企业自己从事贸易所得到的收益。

(6) 采用许可证贸易，还有可能发生专有技术或技术诀窍泄密的风险。

尽管许可证贸易存在着上述缺陷，但对于无形资产优势较为显著的企业来说，仍是一种较为有利的选择。但是，采用许可证贸易的一个前提条件是，目标市场国家必须能够对企业的无形资产提供法律保护，否则，企业的无形资产得不到保护，便不能选择这一方式。

2. 工程承包

工程承包指的是企业通过与国外企业签订合同并完成某一工程项目，然后将该项目交付给对方的方式进入外国市场。它是劳动力、技术、管理甚至是资金等生产要素的全面和配套的进入，这样有利于发挥工程承包者的整体优势。工程承包最具吸引力之处在于，它所签订的合同往往是大型的长期项目，利润颇丰。但也正是由于其长期性，这类项目的不确定性因素也因此而增加。

3. 对外加工装配

对外加工装配业务是对来料加工和来件加工的总称，是生产和销售结合起来的一种国际贸易方式。对外加工装配业务是由国外厂商提供原材料或零部件、元器件和技术等，国内企业按对方要求进行加工装配，成品交由对方处置，国内厂商按规定收取加工费。

对外加工装配业务有来料加工和来件装配两种形式。来料加工是指国内企业对国外厂商提供的原材料和包装物料，必要时还由对方附带提供某些设备或技术，按照对方要求的产品质量规格进行加工生产，其成品按规定时间交给对方。来件装配是由国外厂商提供元器件、零部件，必要时也提供某些设备或技术，由国内企业按照对方的设计工艺等要求进行装配后，将成品交给对方。无论是来料加工，还是来件装配，国内企业都从中收取加工费，不负责销售盈亏。

来料加工和装配业务的作用：增加外汇收入，较快地改进生产技术，提高出口产品质量和企业管理水平，提供更多的就业机会，发展和繁荣本国经济。

4. 双向贸易

双向贸易是指在进入一国市场的同时，同意从该国输入其他产品作为补偿。双向贸易通常是贸易、许可协定、直接投资、跨国融资等多种国际经营方式的结合。根据补偿贸易合同内容的不同，双向贸易可以分为易货贸易、反向购买和补偿贸易三种形式。以下重点介绍补偿贸易。

补偿贸易又称产品返销，它是在信贷基础上进行的。进口设备、引进技术或进口货物的一方以直接产品或相关产品偿付进口货物的价款。如果用进口的设备或其他物质所生产出来的产品(直接产品)偿付货款，则称为直接补偿贸易。如果不是用直接产品而是用其他商品或劳务(间接产品)偿付货款，则称为间接补偿贸易。一般说来，这种方式比较简单，涉及面不那么广，而且有利于企业核算，因此使用比较广泛。补偿贸易有如下特点：

(1) 补偿贸易是贸易和信贷相结合的贸易方式。银行一般采用两种做法：一种是由输出方银行给输出方提供信贷后，由输出方向引进方提供商业信贷，即所谓卖方信贷；另一种是由对方银行直接给引进方或引进方银行提供信贷，待引进投产后，将其产品出售给输出方以偿付银行贷款，即所谓买方信贷。因此，补偿贸易与信贷相关，信贷是贸易顺利进行的必要条件。

(2) 补偿贸易是贸易与生产相联系的一种贸易方式，尤其是在直接补偿贸易的情况下，生产与贸易直接相联系，因为机器设备的货款是用其直接产品偿付，所以输出方十分关注设备安装工程的进展和产品的生产情况。为保证工程项目顺利投产和产品质量与数量达到一定的标准，输出方往往还要承担提供零件、技术和培训人员等义务。

(3) 参与补偿贸易的双方是商业买卖关系。对设备引进方来说，不仅对进口设备和原材料拥有完全的所有权，而且对建成的工程和生产的产品，亦拥有完全的所有权。对设备输出方来说，则负有接受补偿产品的责任。

三、投资进入方式

投资进入方式是指企业在国外进行投资生产，并在国际市场销售产品的方式。当企业已经具有丰富的国际市场营销经验，且企业实力和国际市场潜力较大时，可以采用这种方式。

投资进入方式属于进入国际市场的高级阶段。我国的"走出去"战略所指的主要就是投资进入方式。投资进入方式主要包括合资经营、合作经营和独资经营。

1. 合资经营

合资经营是指一国企业与国外企业共同投资、共同经营、共担风险、共负盈亏的经营方式。以这种方式建立起来的企业称为合资经营企业，其利润的分成比例按双方的投资额计算。一般来说，是由国际企业提供先进的技术与设备、工业产权、外汇现金等，当地企业提供土地使用权、厂房、动力、辅助设施、原材料及劳动力等，按协议价格计算投资份额。合资经营企业的合资另一方通常为目标市场国家的当地企业，但也可能是第三国在目标市场国家的企业。合资经营企业在法律上通常分为股份有限公司和有限责任公司两种形式。

1) 合资经营的优点

合资经营是二次世界大战后海外直接投资的一种最为普遍的形式，对国际营销企业而言，其主要优点如下：

(1) 有助于降低或避免政治风险及其他风险。合资企业的另一方通常是当地企业，具有本国企业的形象。当所在国实行国有化政策或民族主义情绪增强时，独资企业往往首当其冲，易于遭受灭顶之灾，而合资企业则能够避免这种风险，或减少这种风险造成的损失。此外，由于当地合资者熟悉本地各方面的情况，也有助于减少其他经营风险。

(2) 通常情况下，合资企业除可享受对外资的待遇外，还可享受所在国对本国企业的优惠待遇。并且，通过当地合资者的关系，可取得当地财政贷款、资金融通、物资供应、产品销售等优惠，从而提高企业的经济效益。

(3) 如果国际营销企业是以机器设备、工业产权、管理知识等作为股本投资，则企业实际上是输出了"产品"；如果合资企业生产中使用的原材料等需要进口，则国际营销企业又可以获得原料性商品的优先供应权，有助于扩大产品销售。

(4) 有助于企业产品适应当地市场的需求。目标市场上的需求总量、需求结构和倾向，往往受当地的自然条件、社会文化、法律制度和竞争状况等环境因素的影响和制约。如果企业对这些环境因素及其作用不够了解，就会陷入管理上的误区，使企业产品和服务难以被当地消费者所接受，而与当地投资者合资经营，有利于企业调整其经营管理方式，改进产品的设计、包装、价格和其他推销手段，从而使企业的生产经营活动和产品更能适应当地市场的需求，增强企业的竞争能力。

(5) 如果合资的另一方是发达国家的企业或拥有先进的产品、技术与管理，则国际企业也可以通过合资方式，从对方那里学到先进的技术与管理，提高企业的产品质量和管理水平。据报道，美国通用汽车公司在与日本丰田汽车公司合资经营的过程中，认真研究了丰田汽车公司的流水线操作方式、无库存供销系统和人事管理经验，然后加以吸收和运用，从而收到了良好的效果。目前，许多发展中国家的国际企业在积极向发达国家投资以建立合资企业，其主要动机就是学习这些国家的长处。

2) 合资经营的缺陷

与独立经营方式一样，合资经营也有着一系列缺陷，具体如下：

(1) 不利于企业的统一协调与控制。在全球战略管理和营销控制上，合资企业显然不如独资企业。在合资经营方式下，当地合资方出于自身利益，通常会抵制国际企业的统一协调与管理，反对把合资企业完全纳入外国企业的生产经营网络。这样，合资双方在日常的决策与管理中就会产生分歧，如果当地合资方占了上风，企业的计划和意图就可能得不到贯彻落实。

(2) 合资双方因利益不同而易于产生摩擦与冲突。独资企业的利益与国际营销企业(母公司)的整体利益基本上是一致的，而合资企业的利益则不尽然。利益主体的多元化，很容易造成合资企业内部各方之间的冲突。例如，如果母公司向其合资子公司提供技术和中间产品，它会希望把所得的收入和利润返回总部，或调往在第三国的子公司(通常是独资子公司)，这很可能会引起当地合作方的强烈不满；在分配利润时，母公司出于财务上的考虑，主张提高股息率，而当地合作方则为了扩大规模，会主张把较多的利润用于再投资。在出口市场的选择、转移价格的制定、主要管理人员的任命等方面，双方之间都可能出现矛盾与摩擦。这种利益上的冲突会影响合资企业的生产效率，甚至导致合资企业的解体。

(3) 容易泄漏企业的技术秘密和财务情报。如果国际营销企业拥有先进与独特的垄断技术，那么，它就可以这种技术优势在全球范围内获取超额利润；同时，为逃避或减少在目标市场国家的税收负担，防止目标市场国家的外汇管制和限制利润返回可能造成的损失，母公司也不愿公开其子公司的财务情报。但是，在合资企业中，当地合资方凭借其所拥有的股权，直接参与企业的决策与管理，能够了解或有权了解企业的技术秘密和财务情报。

(4) 更容易培养出自己的竞争对手。与独资企业相比较，合资企业更容易培养起自己的竞争对手。这是因为，在合资企业中，当地合资方直接参与生产经营与管理活动，他们可直接从合资外方那里学到先进的技术与管理经验，迅速提高其在国际市场上的竞争能力。

2. 合作经营

合作经营又称契约式合营，指的是由国际营销企业和目标市场国家的投资者根据目标市场国家的法律，以各自的法人身份共同签订合作经营合同，规定合作各方的投资形式与规模、风险责任、经营方式、收益分配等权利和义务的经营方式。

契约式合营通常有两种基本方式，即"法人式"合作经营和"非法人式"合作经营。前者是指合作各方通过契约组成统一的合营经济实体，具有目标市场国家的法人资格，并拥有独立的财产处置权(即合作各方的投资归独立的法人所有)，法律上有起诉权和被诉权。"非法人式"合作经营是指合作各方通过契约组成一个松散的合作经营联合体，不具有法人资格，这种合作经营组织没有自己独立的财产所有权和处置权，资产所有权仍然归合作各方自己所有。

合作经营与合资经营是合营的两种基本形式，前者为非股权式合营，后者为股权式合营，两者在基本面上是相同或相似的，即它们都是由各方共同投资、共同经营管理、共享收益和共担风险的。但是，两者也有一定的区别，其中一个最主要的区别是，合资经营的投资各方不论以什么方式投资，都必须以货币计算各方的股权比例，并按股权比例分享权益、承担责任和风险，而合作经营中各方的投资和服务不计算股权，合作各方的投资内容、经营管理权、责任、风险和收益分配等不是根据股权，而是通过签订合同来规定的。也就是说，合资经营的基础是股权，而合作经营的基础是合同。此外，与合资经营相比较，合作经营还具有出资比例和方式比较灵活、组织管理形式不拘一格、经营管理多样化、收益分配和资本回收方式多种多样、经营期限较短等特点。有关合作经营的其他长处与弱点，则与前述合资经营方式的优缺点基本相似。

3. 独资经营

独资经营是指企业直接在国外投资经营企业，设立子公司或分公司，拥有子公司或分公司的全部股权。独资经营有收购和创建两种主要方式。收购和创建是企业对外直接投资的两种可相互替代的方式。

1) 收购

收购是指企业通过购买国外现有企业的股权从而接管该企业的一种方式。

(1) 收购的类型。

根据收购者与被收购者的经营范围的差异，收购可分为四种类型：

① 横向型：收购企业与被收购企业具有相同或相似的产品线和市场；

② 纵向型：收购企业与被收购企业具有产前、产中或产后的联系，如被收购企业是收购企业的供货商或客户；

③ 集中型：收购企业与被收购企业具有相同的市场，但各有不同的技术；

④ 混合型：这是一种收购企业跨行业的投资收购行为，也即被收购企业与收购企业处于不同的行业。

收购方式被认为是企业进入国际市场的一种现代方式，也是目前国际上普遍采用的一种方式。

(2) 收购的优点。

收购之所以如此流行，是因为它有着一系列明显的优点，具体如下：

① 时间短、见效快。收购方式的最大特点，是能够使企业以较快的速度实现投资意愿，尤其是当企业只有通过投资方式才能迅速摆脱政府干预，或迅速进入国外市场时，收购方式就成为企业的最佳选择。

② 通过跨行业的收购活动，可以迅速扩大企业的经营范围，增加企业的产品种类，节省企业自行研制新产品所需要的时间和成本。尤其当企业实行多样化经营战略时，在缺乏有关新产品生产和营销方面的技术和经验时，采取收购方式显然比创办新企业更为稳妥。

③ 可以利用被收购企业的销售渠道打入目标市场，或扩大在目标市场的占有率，甚至可以利用被收购企业的商标知名度来扩大产品销售。例如，瑞典著名家电公司 Electrolux 曾以 180 亿美元买下了意大利的大型家电厂商 Zanussi，获得了 Zanussi 在西班牙、葡萄牙、意大利和德国的销售网络，从而使其在欧洲地区的市场占有率从 14% 增加到 30%，成为欧洲最大的家电公司。

④ 可以利用国外当地企业现有的生产设备、技术人员和熟练工人，甚至可以利用被收购企业先进的技术和管理经验。特别是收购发达国家的先进企业，更有利于提高企业的技术水平。

⑤ 可以以低廉的价格支出，形成更大的生产规模，从而节省资本投入。收购比创建便宜，主要基于以下三种情况：一是被收购企业低估某些资产的现期重置价值，使得收购者廉价地买下了这家企业；二是低价购买不盈利或亏损的企业，利用对方的困境压低价格；三是利用股票价格暴跌，乘机收购企业。

(3) 收购的缺点。

当然，收购也有其不足之处，主要表现在以下几个方面：

① 价值评估比较困难。在收购时碰到的最复杂的问题，莫过于对目标企业的资产价值的评估。影响投资者正确评估的主要因素有有关外国市场的信息常常难以充分收集，或可靠性较差；不同国家拥有不同的会计制度；虚假或错误的财务报表；一些企业的资产往往还包括商誉等无形资产，增加了评估的难度。

② 失败率较高。统计资料表明，通过收购而建立的子公司的失败率大大高于创建新公司的失败率。其主要原因，一是由于原被收购企业某些隐藏的经营机密及不宜公开的企业内部关键问题在收购后暴露出来并难以解决，而导致失败；另一个是在管理"接口"上存在问题，被收购企业的原有管理体制往往不适应新体制的要求而又很难有效地转变，从而导致企业收购失败。

③ 企业选址和规模上的困难。采用收购方式，往往难以找到一个在定位和规模上完全符合自己意愿的目标企业。

④ 目标市场国家的法律限制因素。不少东道国，往往会对外来资本加以限制，如对外来资本的股权限制、被收购企业的行业限制。

2) 创建

创建是指企业为了扩大在目标市场国家的生产销售，投资建立新的公司。

当企业(母公司)实力雄厚，国际经营与管理的经验丰富，对目标市场情况比较了解，当地政府不反对独资形式，且当地消费者又无明显的地方偏好时，企业就会倾向于选择创建的方式进入目标市场。

(1) 创建的优势。

独资创建新的公司具有以下优势：

① 创建方式使母公司拥有对国外子公司或分公司的绝对的经营控制权，从而可以保证国外子公司或分公司按照母公司的战略意图行动，实现母公司的整体战略目标。

② 母公司与子公司(或分公司)、子公司与子公司之间可根据实际情况实现灵活的资金调度和财务安排，从而有利于实现整个公司利润的最大化。

③ 可以使母公司在技术、管理、商标等无形资产方面保持垄断地位，避免技术等扩散，从而维持母公司公司的特有优势。

④ 母公司可以不受原有的契约或传统关系的束缚，也不存在价值评估、企业规模和选址上的问题，成功率比较高。

(2) 创建的局限性。

独资创建新企业也存在许多局限性，主要表现在以下几个方面：

① 周期长、营销成本大。独资创建新企业一切都须从头开始，如选址、修建厂房、安装设备、安排管理人员、培训企业员工等，都需要相当长的时间，此外，还须建立和开辟新的销售渠道和销售网络，这些都会导致成本增加。

② 企业要具有一定的投资经验，具有较强的生产和经营能力，对目标市场的营销环境较为熟悉，以适应激烈的市场竞争。

③ 目标国家的有关政策法律规定增加了创建方式的难度，甚至使创建新的公司成为不可能。如一些国家对独资企业进入有许多限制甚至禁止，迫使投资者不得不采用合资等方式来进行直接投资，以顺利进入目标市场。

【思考与练习】

1. 国际营销政治环境的影响因素主要有哪些？

2. 技术环境对国际营销的影响主要体现在哪些方面？

3. 在目标市场国中，对企业的国际市场营销产生的经济因素有哪些？

4. 企业进入国际市场有哪些国际化要求？

5. 企业进入国际市场的方式主要有哪些？

6. 选择两个中国企业(跨国公司)，对其进入国际市场方式进行比较。

7. 阅读"孟晚舟事件"，谈谈你对国际市场营销环境(主要包括政治与法律、经济、技术、社会文化等因素)的认识。

2018 年 12 月 1 日，华为首席财务官孟晚舟在温哥华被捕。

2018 年 12 月 5 日，加拿大《环球邮报》援引加拿大司法部发言人的话称，美国已要求引渡孟晚舟，加拿大法院定于当地时间 7 日就此事举行保释听证会。报道说，加拿大司法部以此事已发布报道禁令为由，拒绝提供其他细节。美国司法部发言人马克·雷蒙迪则拒绝就此事发表评论。

美国东部时间 2019 年 1 月 28 日下午 4 时 30 分，美国司法部、商务部以及联邦调查局(FBI)官员共同召开记者会，宣布正式提交了针对中国华为技术公司及其旗下多家子公司，以及华为首席财务官孟晚舟的总共 23 项刑事指控。

一份由美国纽约州布鲁克林检察官办公室提交的指控文件称，华为及其两家子公司和其首席财务官孟晚舟涉及 13 项罪名，控罪包括华为在与受制裁伊朗的商业交易中，误导银行，进行电汇诈骗，妨碍司法公正等。

另一份由华盛顿州检察官办公室提交的 10 项罪名指控文件称，华为从美国电信公司 T-Mobile USA inc.窃取机密，以及向成功从竞争对手处获得技术的员工提供奖金。

2019 年 1 月 29 日，美国司法部宣布了对华为公司、有关子公司及其副董事长、首席财务官孟晚舟的指控，并正式向加拿大提出引渡孟晚舟的请求。

8. 阅读下列材料，分析在"一带一路"倡议背景下，我国企业在国际市场营销中，具有哪些得天独厚的优势和同时面临的突出问题。

近年来，伴随着我国经济的快速发展和经济全球化进程的不断深入，我国企业的市场空间也在不断扩展，与世界经济的联系也越发紧密。

2013 年 9 月和 10 月，中国国家主席习近平分别提出建设"新丝绸之路经济带"和"21世纪海上丝绸之路"的合作倡议。它将充分依靠中国与有关国家既有的双多边机制，借助既有的、行之有效的区域合作平台，"一带一路"旨在借用古代丝绸之路的历史符号，高举和平发展的旗帜，积极发展与共建"一带一路"国家的经济合作伙伴关系，共同打造政治互信、经济融合、文化包容的利益共同体、命运共同体和责任共同体。

"一带一路"连接陆海、横贯东西、连接欧亚，形成了新亚欧大陆桥经济走廊和区域合作战略经济带。这是我国重要的发展战略规划和经济转型升级的里程碑，也是我国扩大国际市场渠道，提升国际营销水平，发展外向型经济的一大创新。

但也应该清醒地认识到，由于我国多年急速发展的经济暴露出的深层次的结构问题，导致产能过剩现象突出，外汇储备充盈，而原有的国际、国内市场规模和份额已经形成，市场消费后劲不足，难以有突破式的发展。"一带一路"沿线涵盖 60 多个国家和地区，总人口约 44 亿人，经济总量约为 21 万亿美元，分别占全球的 63%和 29%。这些国家大多属于新兴经济体和发展中国家，普遍处于经济发展的上升期，且资源丰富，需求旺盛，是尚未深入开发的巨大国际市场，有着巨大的互利合作潜力和广阔的发展前景。我国企业的主动进入，积极全面地打开世界新的营销市场，能使我国的经济找到新的增长点，为我国的产品输出提供更广阔的空间，给我国经济带来新的发展前景。

事实上，我国企业在"一带一路"共建国家方面相关投资的增长离不开"一带一路"朋友圈的不断扩大。国家发展和改革委员会于 2023 年 8 月 24 日表示，我国已与 150 多个国家、30 多个国际组织签署了 200 多份共建"一带一路"合作文件，覆盖我国 83%的建交国，遍布五大洲和主要国际组织，构建了广泛的朋友圈。

2023 年，我国企业在"一带一路"共建国家非金融类直接投资 2240.9 亿元人民币，比上年(下同)增长 28.4%(以美元计为 318 亿美元，增长 22.6%)。对外承包工程方面，我国企业在"一带一路"共建国家新签承包工程合同额 16 007.3 亿元人民币，增长 10.7%(以美元计为 2271.6 亿美元，增长 5.7%)；完成营业额 9305.2 亿元人民币，增长 9.8%(以美元计为 1320.5 亿美元，增长 4.8%)。

世界银行发布的《"一带一路"经济学：交通走廊发展机遇与风险》认为，"一带一路"倡议的全面实施将使参与国间的贸易往来增加 4.1%。到 2030 年，"一带一路"倡议每年将为全球产生 1.6 万亿美元收益。

9. 阅读材料，思考并回答下列问题。

(1) 福耀集团为什么要去美国建厂？

(2) 在工厂的运营管理过程中，中美双方各自的利益诉求是什么？冲突最严重的地方在哪里？

(3) 工厂缓解冲突的方式是什么？

《美国工厂》是由美国 Netflix 公司出品的纪录片，该片于 2020 年 2 月获得了第 92 届奥斯卡金像奖最佳纪录片奖。该片以美国工业骄傲——汽车业为切入口，镜头对准了福耀集团在美国俄亥俄州的海外工厂，通过对大量厂内真实场景的忠实记录，聚焦了企业文化与管理，中美员工在性格、习俗和价值观上的差异，员工福利与劳资关系，工会斗争以及国际分工体系等诸多具有深刻意义的社会议题。

工厂成立之初，当地工人对中国投资持积极乐观态度，双方工人工作投入，努力迎接新生活。但生产过程中，中美双方在工业模式、企业管理、文化习惯等方面的差异开始显现。在就业的美国工人中，有很多人逐渐开始由感恩到抱怨，嫌工资太低、加班、受了工伤、不被尊重等，部分工人按照既定的工作思维，坚持要组建工会。对此，中国的管理者们充满无奈。由于美国工人的生产效率太低、产品质量不达标，工厂一直处于亏损状态。对于成立工会的要求，福耀老板曹德旺声称：如果工会进来，工厂就关门不做了。在此情境下，文化的鸿沟只有依赖双方的沟通和理解来跨越，影片反映出了双方在沟通上所做出的努力。同时，福耀聘用了美籍华人高管对工厂进行全权管理，并请美国的反工会咨询公司协助对抗工会。最后，在反对成立工会的票数为赞成票近两倍的绝对性优势下，工厂排除了工会的入驻，继续以自己的方式管理工厂的运营。

项目九　机电产品的电子商务与网络营销

【项目导航】

21 世纪展现在人类面前的是一个以数字化、网络化、信息化为特征的信息时代。经济全球化与网络化已经成为一种融合互动的发展潮流，信息技术革命正在加快世界经济结构的调整与重组，从根本上改变着企业生存和发展的环境。电子商务作为信息时代的新商贸形式，不仅仅对企业的经营方式和运作过程产生巨大影响，也对消费者的思维方式、工作方式和生活方式有巨大影响，这种环境变化要求企业必须建立与之相适应的新的经营理念和管理模式。近年来，电子商务发展很快，网上贸易、网上银行等，几乎涉及商贸、金融活动的全部内容，网络营销也随之成为企业经营的必备武器。

通过本项目的学习，掌握电子商务的含义和内容，了解网络营销的基本步骤及机电产品网络营销的特点，掌握机电产品网络营销的战略。

【案例导入】

案例 9-1　"丝路电商"——电子商务国际合作

商务部按照国家主席习近平提出的建设和平之路、繁荣之路、开放之路、创新之路、文明之路的要求，深入推进"一带一路"经贸合作，发展"丝路电商"，打造国际合作新平台。2016 年以来，中国已与多个国家签署电子商务合作备忘录并建立双边电子商务合作机制，合作伙伴遍及五大洲，"丝路电商"成为经贸合作新渠道和新亮点。

目前，与中国建立电子商务合作的国家包括印度尼西亚、菲律宾、老挝、泰国、巴基斯坦、新加坡、白俄罗斯、塞内加尔、乌兹别克斯坦、瓦努阿图、萨摩亚、哥伦比亚、意大利、巴拿马、阿根廷、冰岛、卢旺达、阿联酋、科威特、俄罗斯、哈萨克斯坦、奥地利、匈牙利、爱沙尼亚、柬埔寨、澳大利亚、巴西、越南、新西兰和智利。

案例 9-2　领克汽车×小红书营销

吉利旗下高端品牌领克汽车在小红书上的官方企业号联合小红书博主abcmama和陈逸慧，通过直播的形式，向网友分享了其旗下轿跑 SUV 领克 02 的试驾体验。当天有 301 名用户通过直播间预约试驾，其中 196 人在两周内通过官网下单购车，订单转化率超过 65%。

领克汽车在小红书上的品牌营销主要针对的是女性用户，除了官方配置的灰黑、白黑、蓝黑、紫黑、纯白色之外，领克02在小红书上的晒单还出现了粉红色。小红书官方数据显示，其用户80%以上是女性，其中，一、二线城市用户占60%以上，超过70%的用户是90后，且购买力强、消费意愿高。领克汽车销售有限公司副总经理陈思英对媒体表示，这是为小红书用户量身定制的改色服务，一系列从用户价值出发的策划促成了这次高曝光、高转化的成绩。

知识点1　电子商务

一、电子商务的含义

电子商务是指以现代网络技术为依托进行的一切有偿商业活动和非营利业务交往或服务活动的总和，包括电子政务和企业内部业务联系的电子化、网络化。电子商务一经问世便显示出了强大的优势和生命力，并得到迅速发展。2023年2月28日，国家统计局发布《中华人民共和国2022年国民经济和社会发展统计公报》。公报显示，全年电子商务交易额438 299亿元，按可比口径计算，比上年增长3.5%；全年网上零售额137 853亿元，按可比口径计算，比上年增长4.0%。

电子商务包括利用因特网进行的各种商务活动，是一个比较广泛的概念(如图 9-1 所示)，而网络营销是电子商务活动的一个子集，是利用因特网进行的各种营销活动。

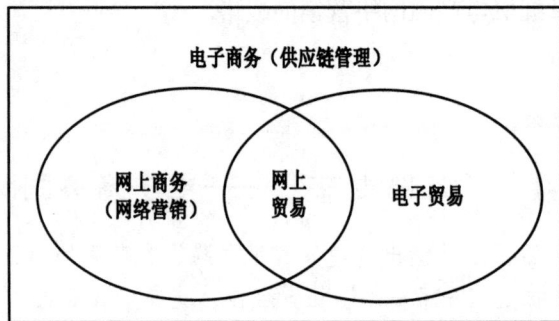

图 9-1　电子商务的概念

电子商务融合了因特网能达到的广阔领域和现代信息技术的巨大能量，它是动态的、交互式的、时空范围广阔的商务模式，利用网络节点将客户、卖主、供应商和雇员以一种前所未有的、规模空前的方式联系起来。简而言之，电子商务利用电脑网络有效地把有价值的信息和需要这些信息的人联系起来，形成了价值增值链。

电子商务包括一系列以电脑网络为基础的现代化电子工具在商务过程中的应用，如电子数据交换(EDI)、电子邮件(E-mail)、电子资金转账(EFT)、数字现金、电子密码、电子签名、条形码、图像处理、智能卡(IC)等。电子商务可以实现商务过程中的产品询价、合同签订、供货、发运、投保、通关、结算、批发、零售、库存管理等环节的自动化处理。

二、电子商务的内容

从企业的角度来看，电子商务就是将企业的核心商务过程通过网络实现，以便改善客户服务,减少流通时间,降低流通费用,从有限的资源中得到更多的收获,最终卖出商品。它提供了与传统经营方式不同的一种新机会、一组新需求、一套新规则。对一般企业经营而言,电子商务的内容有业务信息交换、售前售后服务(提供产品和服务的介绍、产品使用指南)、销售、电子支付(电子资金转账、信用卡、电子支票、电子现金)、运输(依托条形码和密码技术对实物商品发送和运输,实行网上跟踪,并对可电子化传送的多媒体产品的实际发送)、组建虚拟企业、厂商和贸易伙伴共享商业信息等。

电子商务可以提供网上交易和管理等全过程的服务,包括网上订购、服务传递、咨询洽谈、网上支付、广告宣传、意见征询、业务管理等七项内容,如图 9-2 所示。

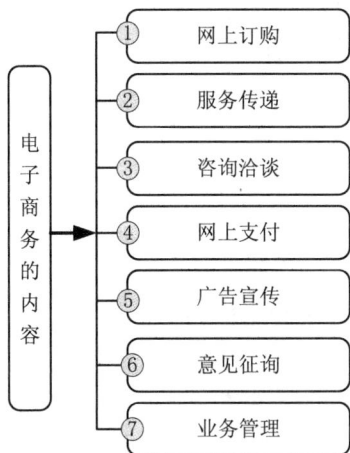

图 9-2 电子商务的内容

1. 网上订购

电子商务可借助 Web 中的邮件或表单交互传递实现网上订购。企业可以在产品介绍的页面上提供订购提示信息和订购交互格式框,当客户填完订购单后,通常系统会回复确认来保证订购信息收悉和处理。订购信息可采用加密的方式使客户和商家的商业信息不至泄漏。

2. 服务传递

对于已付款的客户,应将其订购的货物尽快传递到他们的手中。若有些货物在本地,有些货物在异地,可通过电子邮件和其他电子工具在网络中进行物流调配。适合在网上直接传递的货物是信息产品,如软件、电子读物、信息服务等,可以直接从电子仓库发送到用户端。

3. 咨询洽谈

电子商务可借助电子邮件、新闻组和实时的讨论组来了解市场和商品信息,洽谈交易事务,如有进一步的需求,还可用网上白板会议来互动交流有关图形信息。网上咨询洽谈能降低交易成本,而且往往能突破面对面洽谈的一些局限性,提供多种方便的异地交谈形式。

4. 网上支付

客户和商家之间可采用多种支付方式来保证交易的可靠性,这样不但节省费用,而且还能加快资金周转。网上支付需要更可靠的信息传输安全性控制,以防止诈骗、窃听、冒用等非法行为。网上支付必须要有电子金融中介的支持，如网络银行、信用卡公司等提供网上操作的金融服务。

5. 广告宣传

电子商务可凭借企业的 Web 服务器，在 Internet 上发布各类商业信息，利用网页和电子邮件在全球范围内做广告宣传，客户也可借助网上的检索工具迅速地找到所需商品的信息，与以往的各类广告方式相比，网上广告成本最为低廉，信息量相当丰富。

6. 意见征询

电子商务能十分方便地采用网页上的"选择""填空"等格式文件来收集客户对销售商品或服务的反馈意见，使企业的市场运营能形成一个快速、有效的信息回路。客户的反馈意见不仅能提高售后服务的水平，更能使企业获得改进产品的宝贵信息，发现新的商业机会。

7. 业务管理

企业业务管理包括人、财、物等多个方面，涉及与相关部门和单位、个人的复杂多角关系，如企业和企业、企业和客户及企业内部各方面的协调和管理。电子商务技术为提高各项业务管理的效率创造了重要的基础条件。

电子商务推广应用是一个由初级到高级、由简单到复杂的过程，从网上相互交流需求信息、发布产品广告，到网上采购或接受订单、结算支付账款，企业应用电子商务是从少部分到大部分，直至覆盖全部业务环节。从具体业务领域来看，也是由少到多逐步发展完善的，如电子贸易的电子订单、电子发票、电子合同、电子签名；电子金融的网上银行、电子现金、电子钱包、电子资金转账；网上证券交易的电子委托、电子回执、网上查询等。

电子商务经过几十年的发展，已经在发达国家中显示出巨大的经济潜力，对我国的企业来说，电子商务既是契机也是挑战，而网络营销则是赢得挑战的突破口，是企业电子商务战略中不可忽视的重要一环。通过网络营销缔造贸易良机是中国企业抓住机会迎接挑战的重要手段。

知识点2　机电产品网络营销

20 世纪 90 年代初，飞速发展的因特网促使网络技术在全球范围内被广泛应用，世界各地纷纷掀起应用因特网的热潮。网络技术的发展和应用不仅改变着信息的分配和接受方式，也深刻影响着人们的工作、学习和生活方式。企业也争先恐后地利用新技术变革企业的经营理念，探索新的管理和营销方法。网络营销正是在这一背景下产生的。

一、网络营销的概念

网络营销是一种利用互联网技术和平台推广产品或服务的营销方式。常见的网络营销方法包括：

(1) 社交媒体营销：通过微博、微信、抖音、Instagram 等社交媒体平台发布内容，以吸引目标受众并增加品牌知名度。

(2) 搜索引擎优化(SEO)：通过优化网站的内容、关键词和结构，提高网站在搜索引擎上的排名，从而增加品牌曝光率和流量。

(3) 搜索引擎营销(SEM)：在搜索引擎上投放广告，以吸引目标受众点击进入网站，提高网站流量和曝光率。

(4) 内容营销：通过制作有价值的内容(如文章、视频、音频等)来吸引目标受众，增加用户黏性和忠诚度。

(5) 电子邮件营销：向目标受众发送电子邮件，推广产品或服务，吸引其购买或关注品牌。

(6) 网络公关：通过向媒体或社交媒体平台推送有价值的信息或新闻，提高品牌曝光率和声誉。

(7) 社区营销：在各类社区平台上建立企业或品牌的社群，吸引目标受众参与互动，增强品牌影响力和客户忠诚度。

(8) 互动营销：通过线上互动活动(如抽奖、问答、调查等)吸引目标受众参与互动，增加客户黏性和品牌曝光率。

(9) 网络推广：通过网络广告平台(如百度、谷歌、腾讯等)投放广告，吸引目标受众，提高网站流量。

(10) KOL 营销：与影响力较大的网络大 V 或 KOL 合作，使其为企业或品牌背书，吸引目标受众信任和关注。

以上方法可以根据企业的具体需求和目标进行选择和组合，以实现最佳的营销效果。

随着因特网和电子商务应用的迅速普及，网络营销也迅速兴起并快速发展，且成为电子商务加速推广的重要推动力。

作为新的营销方式和营销手段，网络营销的内容非常丰富。一方面，网络营销活动要求企业决策者能够及时把握虚拟市场的消费者特征和消费者的行为模式，为企业在网上虚拟市场进行营销活动提供依据；另一方面，在网上开展营销活动要有助于实现企业的目标，使硬性生产系统和柔性生产系统结合起来，最大限度地满足消费者需求，以达到开拓市场、增加利润的目的。网络营销的实质是消费者需求管理，其主要内容包括：网上市场调研；网络营销策略的制定；产品与服务策略的制定；网络渠道选择与管理；网络广告；网络宣传等。

如果想通过网络购买某企业或生产厂家的某种机电产品，该消费者可以通过网络直接进入该企业或生产厂家的网站，浏览产品介绍主页；如果是想购买某一类机电产品，也可以直接上网浏览查询，在找到该类产品的主页后，可以阅读这些产品的产品性能介绍、使用、保养及其他方面的资料介绍。如果觉得产品比较合适，可以通过网上的表格填写购买申请，以发送电子邮件的形式发回至企业或生产厂家，企业或生产厂家确认后通知消费者用信用卡、电子现金或者是智能卡等方式付款。厂家或企业对消费者的付款确认后，消费者就可以在家里或单位等着送货上门了。这样，消费者足不出户就可以完成网上购物了。

二、网络营销的基本步骤

企业网络营销在一般情况下可以按照明确网络营销的目标、编制年度网络营销预算、企业网页的创建与改进、实施网络营销策略、进行有效的反馈信息管理、评价网络营销效果五个步骤进行。

网络营销的基本步骤如图 9-3 所示。

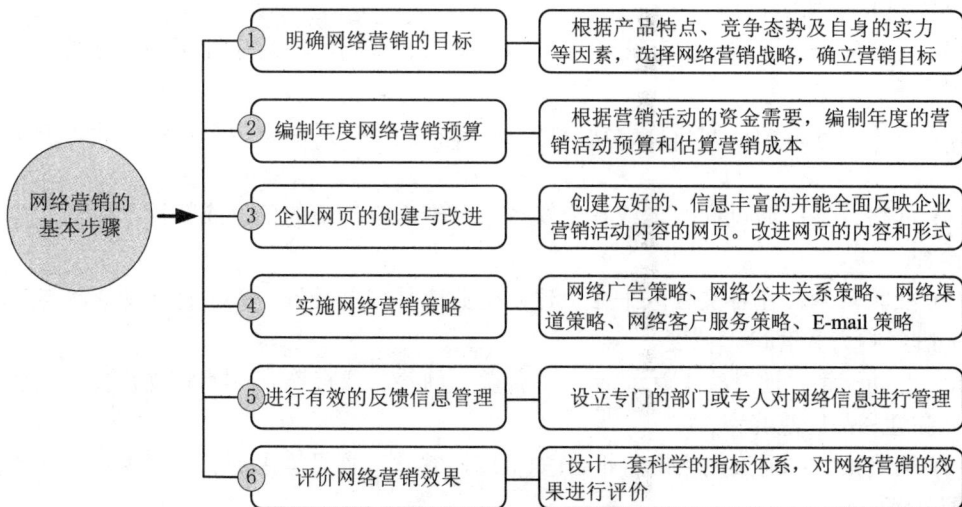

网络营销的基本步骤	步骤	说明
	① 明确网络营销的目标	根据产品特点、竞争态势及自身的实力等因素，选择网络营销战略，确立营销目标
	② 编制年度网络营销预算	根据营销活动的资金需要，编制年度的营销活动预算和估算营销成本
	③ 企业网页的创建与改进	创建友好的、信息丰富的并能全面反映企业营销活动内容的网页。改进网页的内容和形式
	④ 实施网络营销策略	网络广告策略、网络公共关系策略、网络渠道策略、网络客户服务策略、E-mail 策略
	⑤ 进行有效的反馈信息管理	设立专门的部门或专人对网络信息进行管理
	⑥ 评价网络营销效果	设计一套科学的指标体系，对网络营销的效果进行评价

图 9-3　网络营销的基本步骤

1. 明确网络营销的目标

只有确立明确的营销目标，才能有计划、有组织地实施营销活动，并对其作出正确的评价。由于网络营销的涉及面十分宽广，因此许多理论与实践问题尚未解决。国外许多企业在因特网上设置自己的站点网页，其目的往往不是直接进行网上销售，而是着眼于网络营销所产生的其他效应，如通过网络广告向潜在顾客提供有关信息使其重复购买，减少营销费用和时间，支持其他营销活动等。企业实施网络营销时，应根据产品特点、竞争态势及自身的实力等因素，选择相应的网络营销战略，确立相应的营销目标，避免在目标不明确的情况下，盲目地进入网络营销。

2. 编制年度网络营销预算

企业应根据网络营销的目标和可能采取的营销活动的资金需要，编制年度的营销活动预算。企业要充分衡量自己的获利能力，设定具体可行的网络营销目标和估算营销成本。例如，聘请程序员改编系统设置是否值得；是否进行网上顾客购买行为调查，诸如此类的问题都需要在编制预算中进行充分的考虑。

3. 企业网页的创建与改进

网络营销计划的一个重要内容是创建友好的、信息丰富的并能全面反映企业营销活动内容的网页。一个好的网页，能通过图片、数据、文字等方式将产品的特点、性能、规格、技术指标、价格、售后服务及质量承诺等信息传递给消费者。网页的设计应营造出一种使消费者身临其境的商业氛围，网页内容的制作应由纯粹的艺术创意转向科学的信息分类、索引，以简便、灵活、快捷、双向互动的方式将信息提供给网络的访问者。通过网页，企业与消费者不仅可以交流信息，而且可以交流感情。

4. 实施网络营销策略

企业网络营销的主要内容是通过对消费者采取网络广告策略、网络公共关系策略、网络渠道策略、网络客户服务策略、E-mail 策略等营销策略的搭配组合，增加社会公众对企业的了解，扩大企业的知名度，使潜在消费者变成企业产品的现实购买者，增加消费者的购买频率，并培养消费者对企业的品牌忠诚度。

5. 进行有效的反馈信息管理

网络双向互动的特点决定了企业随时会收到大量的反馈信息，对此企业应设立专门的部门或专人对这些信息进行管理。究竟由哪个部门管理，取决于企业的类型和网页的内容，或者由产品部门负责，或者由顾客部门负责，或者由两个部门协调负责。反馈信息一般是通过 E-mail 发给企业的，若企业只有唯一的地址，则应设立专门的 E-mail 分类管理人员，将反馈信息的内容进行分类并发给相应的部门，或不同部门设置不同的 E-mail 地址，由该部门的管理人员按信息的内容发送到相关部门。对访问者提出的各类问题，有关部门应尽快、尽可能详细地给予答复。对一些普遍性的问题，企业可预先设置自动应答器即时给出答复，或让访问者查询企业的 FAQs(frequently asked questions，经常被提出的问题)；对一些不能即时答复的问题，企业应承诺给出答复的时间限制，一般应在 24 小时之内。

6. 评价网络营销效果

企业实施网络营销战略，归根结底是为了获得企业利润的实现。因此，企业必须设计一套科学的指标体系，对网络营销的效果进行评价。通过对企业的网络营销活动进行效果评价，一方面，可以对企业本年度的网络营销活动的实际经济效果进行客观的测试；另一方面，还可以发现企业目前的网络营销活动尚存在的问题与不足，以便及时加以纠正，使企业的网络营销活动走向良性的发展道路。

三、机电产品网络营销的特点

机电产品生产企业不一定要直接和消费者打交道，而是可以通过网络的方式间接与消费者打交道，这一营销方式的改变也导致了传统营销方式其他方面的变化。机电产品网络营销的特点如图 9-4 所示。

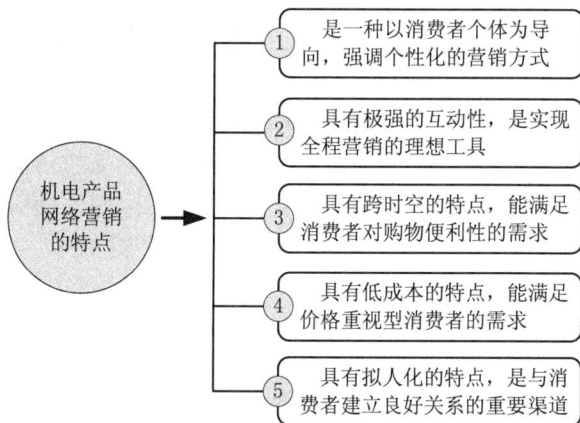

机电产品网络营销的特点

① 是一种以消费者个体为导向，强调个性化的营销方式

② 具有极强的互动性，是实现全程营销的理想工具

③ 具有跨时空的特点，能满足消费者对购物便利性的需求

④ 具有低成本的特点，能满足价格重视型消费者的需求

⑤ 具有拟人化的特点，是与消费者建立良好关系的重要渠道

图 9-4　机电产品网络营销的特点

1. 机电产品网络营销是一种以消费者个体为导向，强调个性化的营销方式

从营销方式上看，网络营销是将传统营销方式中"为大众服务"的"目标市场营销"演变为"为个人服务"的"微营销"。也就是说，传统营销理论中的目标细分市场在网络营销时代得到了彻底细分，单个消费者的需求取代群体的需求，成为企业组织生产和销售的依据，即"定制营销"或"一对一营销"方式，它的出现向大众市场提出了挑战。

在网络环境下，消费者将拥有比过去更大的选择自由，可以根据自己的个性特点和需求主动在全球范围内寻找满足自己需求的商品，从而使自己开始从群体中分离出来。消费者的主动参与降低了市场的不确定性，同时也弱化了传统商品流通机制的作用，使消费呈现多样化和个性化的特点。此外，随着计算机辅助设计、人工智能、遥感和遥控技术的进步，现代企业具备以较低成本进行多品种、小批量生产的能力，从而有可能更好地满足不同消费者的特殊需求。企业这一能力的增强为网络时代的"个性化营销"奠定了基础：企业的各种销售信息在网络上将以数字化的形式存在，可以以极低的成本对外发送，并且能随时根据需要进行修改，庞大的促销费用因而得以节省；此外，企业也可以根据消费者反馈的信息和要求通过自动服务系统提供特别服务。从个性化营销角度来看，一个企业要实行网络营销，无论是营销理念还是营销操作都要进行一系列改革。

2. 机电产品网络营销具有极强的互动性，是实现全程营销的理想工具

成功的企业必须实行全程营销，即必须自产品的设计阶段就开始充分考虑消费者的需求和意愿。在网络环境下，企业可以通过因特网展示商品目录，提供有关商品信息的查询与定制服务，可以和消费者进行双向沟通，进行产品测试和消费者满意度调查，可以收集信息，为产品设计提供指导。即使是小型企业，也可以通过电子布告栏、线上讨论和电子邮件等方式，以极低的成本在营销的全过程中对消费者进行即时的信息搜集、意见征询以及服务反馈。

在网络环境下，在企业主动提供信息的同时，消费者也可以积极地向企业索要自己感兴趣的信息。消费者可以通过网络直接向技术人员咨询，并提供建议，甚至可以要求企业根据自己的喜好设计产品，直接参与生产过程。这种双向的信息需求和传播模式提高了消费者的参与性和积极性，促进了商业信息和信息传播业的发展，更重要的是它能使企业的营销决策有的放矢，从根本上提高消费者的满意度，实现企业的全程营销理念。

3. 机电产品网络营销具有跨时空的特点，能满足消费者对购物便利性的需求

从商品买卖的过程来看，传统的购物方式一般需要经过"看样—选择商品—确定需购买商品—付款结算—包装商品—取货(或送货)"一系列过程，而且这个过程大多数是在售货地点完成的，往往还要受营业时间的限制，再加上购买商品的往返时间，消费者必须付出较多的时间和精力。因特网具有的超越时间约束和空间限制进行信息交换的特点，使得脱离时空限制达成交易成为可能，从而可以大大简化购买过程。

在网络环境下，交易过程可以简化为以下三个步骤：

(1) 售前。企业通过因特网能够24小时向消费者传送丰富生动的产品信息及相关资料(如质量认证、专家品评等)，消费者可以在全球范围查看和比较商品的性价比，然后作出购买决定。

(2) 售中。消费者无须出门，无须排队等待，也无须为联系送货而与商场工作人员交涉，坐在家中即可浏览网上虚拟商店，通过电子结算完成购物。

(3) 售后。如果商品在使用过程中发生问题，消费者通过网络可以随时与企业或生产厂家取得联系，得到及时的技术支持和服务。

总之，网络营销能简化购物环节，节省消费者的时间和精力，满足其对购物便利性的需求。

4. 机电产品网络营销具有低成本的特点，能满足价格重视型消费者的需求

通过因特网进行信息交换以代替传统的实物交换的销售方式，一方面可以为企业节省店面租金成本，减少巨额的流通费用和促销成本；另一方面由于绕过了中间商进行网络销售，企业可以减少由于多次迂回交易导致的额外成本，使产品成本和价格的降低成为可能；再者，由于网络和电脑使企业可以及时获得大量的、比较精确的需求信息，因而可以有效了解与满足消费者的需求，及时顺应市场变化，甚至有可能做到"零库存"生产和销售，进一步降低企业的存货成本，实现信息时代商业流通的即时性。网上购物这种"低成本"特点带来的经济利益是由交易双方共同分享的，对消费者而言，就是能以更低的价格实现购买。

例如，亚马逊(Amazon)是全球最大的网上书店，经营的图书达 100 多万种，若把这些书在传统书店里展示，几乎是不可想象的。

网络营销实际上是一种直销方式，因而可以减少商品流通的中间环节，如批发商、零售商等。传统营销方式中虽也有直销方式——上门推销商品，但盲目性较大，成功率不高。企业或生产厂家自己开设专卖店，虽可克服上述的盲目性，但需要租用店面，增加开支，使得营销成本的降低幅度有限。

5. 机电产品网络营销具有拟人化的特点，是与消费者建立良好关系的重要渠道

因特网上的促销不仅是一对一的、理性的、消费者主导的、非强迫性的、循序渐进式的，而且是一种低成本的、多媒体化的、人性化的促销方式。它可以避免推销员强势推销的干扰。通过信息传送与交互式交流建立客户档案，企业可以根据消费者的特点提供信息和服务，与消费者建立起长期良好的关系。

网络营销的优点包括适应市场的需求，及时更新产品或调整价格；无店面租金，节约水电与人工成本；减少印刷与邮递成本；可经由信息提供与互动交谈，与消费者建立长期良好的关系。人员营销、广告营销、经销代理等传统营销的方法，随着网络营销的发展而风貌大改，网络成为企业与消费者建立联系与进行产品促销的主要渠道，因此，企业网址也会成为企业对外的重要联络代号。

四、网络营销的影响

1. 网络营销对机电产品生产企业的影响

因特网是一种利用通信线路将全球电脑纳入国际互联网的信息传送系统，可以 24 小时随时随地为客户提供全球性的营销服务，是未来市场营销最重要的渠道。因特网是一种功能最强大的营销工具，同时兼具营销渠道、促销、电子交易、互动顾客服务以及市场信息收集分析与提供的多种功能。网络营销对机电产品生产企业的影响如图9-5所示。

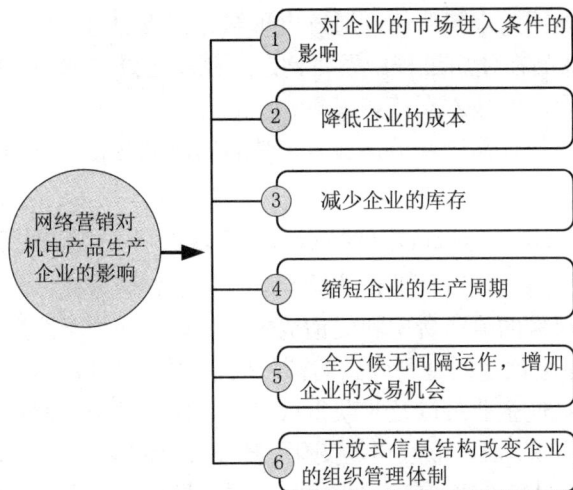

图 9-5　网络营销对机电产品生产企业的影响

1) 对企业的市场进入条件的影响

因特网是一个开放的大市场，消费者关心的不是企业的规模，而是该企业给他们提供的产品或服务的价值，因此不论企业规模的大小，机会是均等的，只要企业提供的产品能够满足消费者的需求，即使是小型企业也可能获得更多的发展机会。或者说，网络的自由开放性将会削弱大型企业所拥有的规模经济的竞争优势，从而使得小型企业更易于在全球范围内参与竞争。近年来，依靠高科技力量，以高科技人才为主体的企业白手起家走向成功的例子数不胜数。国外最著名的例子是谷歌、脸书、亚马逊和戴尔，俨然是新经济的领头羊；国内的则有阿里巴巴、腾讯、百度等。

市场进入方式的变化导致市场进入壁垒降低。但是，机会与挑战是并存的，市场竞争也将因此愈加激烈。企业如果要保持绝对的竞争优势，就必须从以产量和质量为指标的二维生产经营方式转变为以产量、质量、个性化和时间为指标，以实现消费者满意为目的的四维生产经营方式。企业的产品或者服务必须能满足消费者的需求，同时又有自己的独特点，或者说产品要具备个性化的竞争优势。此外，企业还必须尽量缩短满足消费者需求的相应时间，这就对企业的计算机网络建设和相应的组织结构提出了更高的要求，这也是决策管理部门亟待解决的关键问题之一。

2) 降低企业的成本

开展网络营销给企业带来的最大影响(或者说是最直接的竞争优势)就是降低企业的成本。作为新的营销管理模式，网络营销通过整合相关业务部门，可以最大限度地控制企业的成本费用。首先，因特网技术的发展和应用可以把不同地域、不同种类和不同特点的企业连接起来，企业在网上就可以直接面对全球市场，实施全球营销，从而有效降低了交通和通信费用。随着企业网络营销活动的展开，有效的网络客户支持系统也可以大大地降低消费者电话咨询的次数，同样节约了企业的沟通费用。其次，利用计算机网络沟通和处理各方面的信息，尤其是系统外部的信息，实现企业管理的网络化、信息化，可以方便消费者准确、及时地查找到所需要的商品信息，不仅有利于提高工作效率，还可以降低人工费用和日常运转费用。第三，通过因特网，企业可以实现无店铺经营，降低办公室租金成本。

此外，企业利用网络进行直销，可以实现订货、结算和送货的自动化管理，减少管理人员，降低渠道费用，提高销售管理效率，而且因特网作为"第四媒体"，还可以降低企业的促销费用。据国际数据公司的调查：利用因特网作为广告媒体，进行网上促销活动，其结果是在销售额增加十倍的同时，费用只是传统广告的十分之一。

3) 减少企业的库存

产品的生命周期越长，企业就需要更多的库存来对付可能出现的交货延迟、交货失误。但是库存的增多会增加运营成本，降低企业的利润，导致企业在面对市场变化时来不及作出反应。因此，适当的库存容量是尽可能地减少企业运营成本、提升企业竞争优势的锐器。为了达到上述目标，企业必须提高库存管理水平，在提高库存周转率的基础上，降低库存总量。通过互联网的网络营销活动，企业可以加强与主要供应商、销售商之间的协作，将原材料的采购和产品的制造过程有机地结合起来，形成一体化的信息传递和处理系统。企业在接到订单或消费者付款后，甚至可以直接从供应商处发货，大大降低了库存费用和装运费用。

4) 缩短企业的生产周期

网络技术的发展和应用有助于缩短产品的生产周期。首先，开发者可以利用网络与消费者进行交互式沟通，了解最新的市场需求，并针对消费者需求开发新产品和提供新服务；其次，开发者可以利用网络的信息传播速度，快速了解产品和服务的市场反馈情况，以便及时对所开发产品和服务进行再改良；再者，开发者可以利用网络的技术了解竞争对手的最新情况，从而对自己的产品进行适当的调整，以取得竞争优势。这一过程在传统生产中将要花费一个漫长的过程，从而延长了企业的生产周期，提高了生产成本，而现在，网络营销改变了一切。

5) 全天候无间隔运作，增加企业的交易机会

网络的开放性和全球性，使得基于因特网的网络营销没有时间和空间的限制。企业可实现 24 小时营销，并突破传统市场中的地理位置分割，将市场拓展到世界任何一个角落。由于计算机可以帮助消费者实现自助浏览、咨询和订货，因此利用网络实现的市场机会的增加不会为企业带来额外的营销费用。但是，这会使竞争从常规的广告、促销、产品设计与包装等扩大到无形的虚拟市场的竞争，从而使企业面临更严峻的挑战。此外，网络营销改变了传统贸易中的一对一或一对多模式，变成多对多模式，创造出众多买卖双方聚集的在线交易空间；买卖双方不仅可以寻找到更多的贸易伙伴，获得更多的商业机会，还能够享受到更多的便利和标准化的商务服务。

6) 开放式信息结构改变企业的组织管理体制

畅通的信息通道使高层管理的控制能力大大增强，原来以上传下达信息为主要任务的中层管理将逐渐萎缩，企业的组织结构将趋于扁平化。高层决策者可以与基层执行者直接联系，基层执行者也可以根据实际情况及时作出决策。管理组织结构由金字塔型变为矩阵型是大势所趋。

总体来说，网络营销对企业的竞争方式的影响主要体现在：网络营销消除了企业竞争的无形壁垒，降低了中小型企业和新型企业进入市场的初始成本，使大型企业面临更多的挑战，市场竞争因此愈加激烈；通过整合相关业务部门，网络营销可以最大限度地控制企业的成本费用，增加企业的竞争优势；网络营销使企业可以实现最少库存，降低库存成本，加快自身的市场反应能力；网络营销使企业决策者能及时地了解消费者的爱好、需求和购物习惯，从而促进企业开发新产品和提供新型服务的能力，缩短企业开发新产品的周期；网络营销扩大了企业的市场机会，使竞争从常规的广告、促销、产品设计与包装等扩大到无形的虚拟市场的竞争；信息流动方式的改变促使企业组织管理机制由阶梯型向扁平型发展。

2. 网上交易对消费者的影响

电子商务使消费者在网络上可以直接面对的所有相关商家，最大限度地进行比较和挑选，大大提高了他们的购买效率。通过网络，消费者可以足不出户地看遍世界，货比多家，身临其境地浏览各类产品，可以购买书籍、食品、电视机等实物商品，也能买到信息、录像、录音、数据库、软件等知识产品，还能获得如安排旅游、网上诊疗和远程教育等服务。

网络营销的企业竞争是一种以消费者为焦点的竞争形态，争取消费者、留住消费者、扩大消费者群、建立亲密的消费者关系、分析消费者需求、创造消费者需求等，这些都是关键的营销课题。如何增强消费者对网络营销的信任首先要考虑的是网上交易的安全性。为了确保这方面的安全，网络上的付款方式应多样化，除了采用传统的付款方法以外，也可采用数码钞票或智能卡，甚至采用"电子身份证"来进行各种消费活动和保安服务。

因特网跨越时空连贯全球，网络时代的企业不仅要熟悉跨国市场顾客的特性，争取信任与满足他们的需求，还要安排跨国生产、运输与售后服务等。网络时代的目标市场、消费者形态、产品种类与以往有很大的差异，因此网络营销要根据跨越的地域、文化、时空的差距再造消费者关系的要求来进行。

3. 网上交易对银行的影响

在电子商务系统中，银行是重要和必不可少的角色，负责贸易活动的结算，甚至还要负责企业与消费者相互的认证问题。

1) 安全性的要求提高

电子商务交易要求银行采用更坚实的技术和政策手段为贸易提供可以信赖的电子化资金收付机制。银行应该能够给消费者和企业的网上交易创造一种安全环境，降低收付风险，保护企业免受欺诈或赖账损失，同时消费者也不必担心自己的信用卡号会被窃取盗用，消费者的个人隐私和个人信息不会泄露。

2) 支付有关的系统集成

在信息化进程中，银行业一直是新技术应用较早的行业之一。大多数的银行拥有自己建立在专用网上的业务系统，并且业务模型和流程都已相当成熟。但在电子商务条件下，银行需要将企业已有的软件和硬件环境与贸易环节中其他部门进行衔接和集成。例如，在B2B(Business-to-Business，商业对商业)方式下，原来的信用证结算方式并没有大的变化，但在技术上需要通过专用的软件和技术将支付系统集成到企业的贸易环节中，企业只需要考虑交易而不用去考虑与结算和支付相关的细节。在B2C(Business-to-Customer，商业对消费者)的交易中，银行原来通过信用卡、支票等方式进行支付的手段也仍然可行，但要移植到因特网上，使个人的支付实现电子化，这就需要银行把个人的支付连接到企业的网上商店中去，这对银行来讲在技术上有较高要求。

知识点 3　机电产品网络营销战略

在过去的分工经营时期，企业只需要专注本地市场，外地市场则委托代理商或贸易商经营即可。但是在网络时代，电子商务跨越了时空的限制，交易可能在世界范围内进行，因此，企业在进行网络营销时必须重新检视其营销策略。

一、机电产品网络营销的经营策略

机电产品网络营销的经营策略是在以消费者为中心的导向下，将 4P(即产品、价格、地点、促销)与 4C(即顾客、成本、方便、沟通)进行充分且有机的结合。

1. 产品

一般而言，适合在因特网上销售的产品通常具有以下特性的某一项或某几项：具有高科技感或与电脑有关；以网络群族为目标市场；不太容易设店售卖的特殊商品；市场需要覆盖较大的地理范围；消费者可经由网上信息立刻作出购买决策的产品。对于机电产品而言，汽车等时尚消费品最易于为年轻人这一目标市场所接受。经由网络所提供的产品与服务主要还在于提供信息，它除了将产品的性能、特点、品质以及顾客服务等内容充分加以显示外，更重要的是能以人性化的方式，针对个别消费者提出的需求进行一对一的营销服务。网络营销有关的功能包括：

(1) 利用电子布告栏或电子邮件提供线上售后服务或与消费者进行双向沟通，为消费者提供与产品相关的专业知识，如汽车商提供汽车的保养常识，此举不但可以增加产品的价值，同时可以提升企业的形象。

(2) 提供消费者与消费者、消费者与企业在网上的共同讨论区，一则可以借此了解消费者的需求、市场趋势等，为企业改进产品、开发新产品提供参考；二则可以对消费者进行意见调查，借以了解消费者对产品的意见，协助企业对产品进行改进。

(3) 提供线上自动服务系统，可根据消费者的需求，自动地在适当的时机经由网上提供有关产品与服务的信息，如汽车商在网络上提醒消费者有关定期保养的通知等。

(4) 利用消费者在网络上设计的产品需求，提供个性化的产品与服务，如消费者可以在网上选择汽车的不同款式与颜色的组合。

2. 促销

网上推广与促销具有一对一和以消费需求为导向的特色，同时也是企业挖掘潜在消费者的最佳渠道。但是，网上促销基本上是被动的，网络营销面对的是全球的消费者，各国的语言、风俗、价值观都不相同，这要求企业应针对不同的国家和地区采取不同的促销方式来吸引消费者，并且提供具有价值诱因的产品。

3. 价格

网络交易消除了中间人的角色，从而使交易成本较为低廉，但是因为在网络上交易形式的多种多样，机电产品的需求又具有一定的价格弹性，因此，企业应充分检视所有营销渠道的价格结构后，再制定合理的网上交易价格。

4. 地点/渠道

通过网络营销的方式，理论上可以在世界的任何地方实现购物与售卖，但是要对销售渠道作较大的改变。传统的国际市场营销主要有三个环节，即国际市场营销总部、各国之间的渠道、国内渠道，经过这三个环节，产品才能到达客户的手中。现在因特网直达消费者，剔除了中介人，商品直接展示在顾客面前，回答顾客的疑问，并接受顾客的订单。这种直接互动与超越时空的电子购物，无疑使营销渠道会做出深刻的变化。

二、机电产品网络营销的竞争策略

网络营销的优势在于能将市场调查、广告、公关、客户服务等各种营销活动整合在一起，使企业与顾客进行一对一的沟通，以最新、最快、最详尽的方式获取顾客的信息，再通过网上的互动资料修订与智慧型的统计分析功能，拥有大量的主要顾客与潜在顾客的完整资料。因此网络营销的竞争策略，就是如何利用这一优势。

1. 具体的竞争策略

(1) 扩大产品线规模。不局限于主要产品，企业要根据现有的顾客资料，分析顾客的消费需求与欲望，进而改进产品，开发出多种类型的产品，甚至为顾客提供个性化的产品与服务，增加购买规模，刺激业务的增长。

(2) 强化顾客关系，提供满意的售后服务。企业要加强与顾客的双向互动，通过对顾客资料的运用与分析，设法掌握更多的顾客特性，进而开发出更多的顾客需求；为顾客提供在线自动服务，在适当的时机提供有关产品与服务的信息；为顾客提供与产品相关的专业知识，进一步为顾客服务，提高售后服务的质量。

(3) 营销渠道多元化。企业应将传统营销渠道与包括网络在内的新型渠道进行紧密的结合，以扩大与顾客的接触。

(4) 消费需求准确化。企业通过分析和归纳顾客资料，可以更准确地了解顾客的需求及市场趋势，从而更加准确地定位目标市场，这样才能进行有效的市场促销。

2. 策略的实施

(1) 开拓国际市场。因特网无所不及，超越时空限制，任何人在世界上任何一个角落都可以上网浏览。因此，对有意进军国际市场的公司或机构来说，因特网确实提供了一个最有利的通道，使他们能够以最低的成本面向世界宣传，从而取得最大的功效。但同时不要忽略因特网是一种创新性的媒体，因此要研究提升网络营销的效果，或拓展市场潜力的方法。

(2) 企业战略本身是一种较为抽象的长期计划，因此它的实施要求企业战略管理者运用计划的职能来加以具体化。首先，要建立网络营销战略的实施计划体系，使各级管理人员明确自己的任务和责任，保证企业的各种营销活动都与网络营销的战略相一致。其次，要调整和改变企业的组织形式。网络营销是一种新兴的营销渠道，它与科技界、软件产业密切联系。因特网上的促销是一对一的直接营销，它消除了中间人的角色，必然会对传统的营销造成冲击。虚拟门市、虚拟部门等企业内外部虚拟组织的盛行，使得企业的业务人员与直销人员减少，从而组织层级也减少了。因此，原先的企业组织必定要重整。再次，要调换和任用新的管理人员。网络是一种利用通信线路，将全球电脑纳入国际联网的信息传送系统，因此，有必要提升新媒体部门的功能，引进兼具营销素养与电脑技术的人才，才能在未来市场具备竞争优势。最后，建立与新战略相适应的文化。每个国家有各自的价值观、风俗和禁忌，企业在制订营销计划之前，必须了解外国消费者对某些产品的看法及其使用方式；因为适于国内市场的企业文化，未必适于其他国家。因此，原有的企业文化应作相应的变化，使之与全球营销的战略相适应。

(3) 网络销售是一种创新型的媒体，要经过一段相当长的发展期，才能找到它的市场潜力。但在网络技术越来越先进的趋势下，配合合理的网上价格，网络营销已成为众多消费者的购物方式。很多跨国公司、大型企业已经在因特网上设立了公司网站。

知识点4　我国机电产品企业网络营销面临的问题

随着计算机网络技术的飞速发展，电子商务走入寻常百姓家。2023年，中国实物商品网上零售额达到13.0万亿元人民币，增速为8.4%。整体来看，近几年实物商品网上零售额增速呈不断下降趋势，这主要是受国内整体消费环境的影响，社会零售增长处于相对较低的水平。中国电商市场经过20多年的高速发展，用户流量红利不断减少。短期看，行业整体增速放缓；长期看，市场潜在需求依然较大，从以增量为主转向增量与存量并重，新发展模式探索提速。同时，新兴流量渠道/平台不断壮大，进一步加剧了巨头间的竞争激烈度。伴随着电子商务的蓬勃发展，以网络为媒介的营销活动极大地改变了企业的市场营销模式。网络营销俨然成为21世纪企业竞争的利器。

经过多年的摸索发展，国内的网络营销得到了很大的发展，取得了较大的成就，网络营销已经成为企业营销战略的重要组成部分，但是与发达国家相比，我国网络营销发展的总体水平较低，仍停留在发展的初级阶段。

网络营销在世界范围内已经逐渐完善、成熟，西方一些先进国家的很多企业纷纷利用网络技术进行营销活动。但在我国，企业网络营销还面临以下一些问题，如图9-6所示。

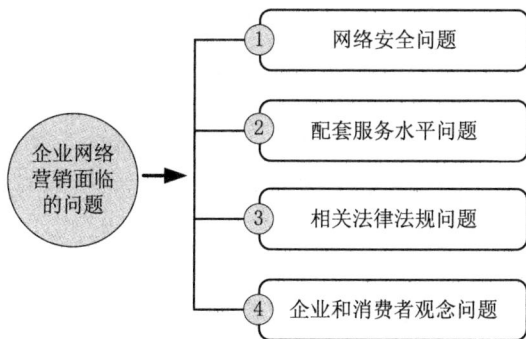

图9-6　企业网络营销面临的问题

1. 网络安全问题

一直以来，由于网络的虚拟性和开放性，网上交易面临种种风险。网络安全问题成为横亘于企业和消费者间的巨大障碍。

(1) 网络支付安全问题。网络支付是在网络的开放环境中进行的,同时涉及资金转移,因此非常容易成为犯罪分子觊觎的对象。目前人们面临的网络支付安全问题主要有:

① 虚假网站和钓鱼攻击。虚假网站和钓鱼攻击是网络支付安全的主要威胁之一。攻击者一般通过创建看起来像合法支付网站的虚假网站,引诱用户输入个人敏感信息,如账户密码、身份证号码等。为了避免成为受害者,用户需要保持警惕,注意验证网站的真实性,不要轻易相信未经验证的链接和广告,尽量避免在公共网络或不受信任的设备上进行支付操作。

② 信息泄露和数据盗窃。信息泄露和数据盗窃是导致网络支付不安全的另一个主要原因。攻击者可能通过恶意软件、病毒或黑客攻击获得用户的个人信息,包括信用卡号码、银行账户信息等。为了确保支付安全,用户应该定期更新操作系统和安全软件,避免使用弱密码,并定期检查账户活动和银行明细,及时发现异常情况并及时报告。

③ 跨国支付的风险。随着全球经济的发展,跨国支付成为日常生活中常见的支付行为,而跨国支付也带来了一系列风险。不同国家和地区的法律、网络安全标准和支付规范可能不同,这会导致信息泄露和金融损失的风险增加。对于跨国支付,用户应该选择可信赖的支付平台和合法的商家,避免使用代表不明身份的支付方式,并了解不同国家和地区所规定的支付限制和保护措施。

④ 系统漏洞和技术问题。网络支付系统本身也可能存在漏洞和技术问题,使得用户信息易受攻击。因此,支付平台和商家需要不断进行技术升级,及时修复系统漏洞并采用最新的安全技术和加密方式。用户可以选择使用双重身份验证、支付密码、指纹识别等安全措施来增强支付的安全性。

⑤ 社交和恶意软件。攻击者可能通过伪装为信任的个人或机构,引诱用户泄露个人信息或下载恶意软件,从而导致金融损失和个人隐私泄露。用户应该保持警惕,不轻易相信陌生人的提议或要求,避免点击可疑的链接或下载未经验证的应用程序。

⑥ 网络诚信风险。网络支付涉及资金划转,若付款人或收款人否认操作,可能会引发纠纷。此外,网络支付还可能面临产品质量风险、服务风险等,如购买的商品与期望不符或存在质量问题,退换货和维修可能带来诸多麻烦。

(2) 安全信用问题。目前,我国的信用体系还不健全,假冒伪劣商品屡禁不止,欺诈时有发生,市场行为缺乏必要的自律和严厉的社会监督。消费者担心将钱款汇出后得不到应有的商品,企业担心收款出现问题。因此,要发展网络营销,必须加速培育市场,创造比较成熟和规范的社会信用环境。这就需要建立并完善相应的法律、法规、认证制度。比如,电子合同、数字签名的法律效力问题、网上交易的经济纠纷问题、计算机犯罪问题等。

(3) 企业面临安全。威胁网络安全仍然是企业管理者需要关注的首要问题。有数据显示,2022 年上半年,全球共遭遇 28 亿次恶意软件攻击和 2.361 亿次勒索软件攻击。企业可能面临的安全威胁有:

① 恶意软件。恶意软件是多种恶意程序的统称,包括病毒、蠕虫、网络注入等。企业 IT 部门通常使用防病毒软件和防火墙进行监控和拦截,但网络攻击者通过不断地制造恶意软件变种来逃避安全防御。

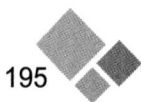

② 勒索软件。相关统计数据显示，2022 年，针对企业的勒索软件攻击比 2021 年高出 33%。许多受害企业在支付赎金后，却再次遭到同样的勒索软件的其他攻击，即多重勒索。因此，减少攻击者在目标系统内的停留时间是关键。

③ 供应链安全。供应链安全近年来因 SolarWinds 攻击和 Log4j2 漏洞事件而受到广泛关注。企业使用开源软件和组件越来越多，其中涉及到的不安全来源难以研判，从而造成软件供应链风险。

④ 网络钓鱼。因为安全意识不强的员工很容易打开虚假邮件或包含恶意附件的钓鱼链接，网络钓鱼这种"古老"的攻击方式依然"屡试不爽"。

⑤ 物联网安全。现在，使用物联网的公司只增不减，而随着物联网的扩展，安全风险也在增加，特别是 5G+物联网的场景极大延展，其安全问题也将呈指数级增加。以往物联网供应商在其设备制造上几乎不实施安全策略，物联网设备通常包含易于猜解的口令或默认密码。通过在开发过程中加强对物联网供应商的安全审查，以及重置物联网设备上的安全默认项，使其符合安全标准，可以改善当前的安全现状。

⑥ 内部员工。心怀不满的员工可能会破坏网络，窃取知识产权或其他敏感信息，而安全习惯不佳的员工也可能无意中共享密码或错误配置。

⑦ 数据中毒。IBM 在 2022 年的一项研究中发现，35%的公司在业务中使用人工智能技术。但与此同时，人工智能带来的安全问题也不应忽视。人工智能系统中的数据中毒风险正在上升。恶意攻击者找到了一种方法，即通过将损坏的数据或被精心设计的恶意数据注入人工智能系统，从而扭曲人工智能查询的结果，将错误的结果反馈给公司决策者。

⑧ 新技术风险。生物识别等新技术给身份认证带来了巨大好处，但也带来新的安全风险。生物特征包括人脸、语音、指纹、虹膜甚至是某些行为特征。与传统密码不同，某些生物特征是不可变的。因此，这些生物特征一旦被窃取或被非法利用，将造成难以预料的后果。为此，严格遵循相关法律来采集生物特征信息和实施生物识别技术是至关重要的。为确保安全，企业需要在签署采购协议之前仔细审查每项新技术及其供应商。

⑨ 多层安全下的短板。部署防火墙和安全监控软件并进行安全更新，同时实施多因素身份登录和数据加密，这样就够了吗？一旦在某个细节存在短板，安全防线依然可能被轻易攻破，因此多重防御至关重要。但实施多层次安全防护的唯一障碍就是成本，对于中小型企业来说将难以承受。实施"永不信任，持续验证"的零信任策略能够有效避免这些安全短板的出现。

⑩ 云安全。因某个配置错误的云存储导致的用户数据泄露事件屡见不鲜。时至今日，云安全问题依旧是云用户关注的头等大事。随着相关法律法规对数据安全的监管日趋严格，云环境下的合规问题不可忽视。

2. 配套服务水平问题

(1) 金融电子化水平。金融电子化是 20 世纪下半叶，随着电子技术的发展及其在金融行业的广泛渗透而兴盛起来的。它的出现不但极大地改变了金融业的面貌，扩大了其服务品种，并且继续在改变着人们的经济和社会生活方式。但在其发展过程中也暴露出一些问题，这些问题主要包括：

① 缺乏战略性规划。金融电子化的发展缺乏一个全局性的、长远的规划，导致各行各

业在发展过程中可能各自为政，缺乏协调和统一的标准，这在一定程度上阻碍了金融电子化的进一步发展。

② 缺乏统筹规划与协调。整个金融界在推进金融电子化的过程中，缺乏有效的统筹规划和协调机制。这导致各部门或机构可能按照自己的模式发展，而不是从整体上进行优化和协调，从而影响了金融电子化的健康发展。

(2) 物流服务。物流服务是网上销售的重要环节，直接关系到消费者的购物体验。近年来，随着物流行业的快速发展，物流服务的质量和效率在不断提升。今后，电商平台和品牌商家需要与物流服务商持续紧密合作，提供快速、准确、安全、可靠的物流服务，确保商品能够及时送达消费者手中。进入新时代，我国经济已由高速增长阶段转向高质量发展阶段，物流业也应该与时俱进，适应经济转型发展的需要。当前，我国传统常规物流业务主要存在以下几个问题：

① 服务功能单一，市场意识不强；

② 服务水平低下，服务成本较高；

③ 物流体制不畅，政企职责不分；

④ 市场信用缺失，物流外包困难；

⑤ 价格竞争出现白热化。

3. 相关法律法规问题

目前，我国仍处于经济转型阶段，市场机制还不够成熟，社会信用体系不完善，相关的法律法规不健全，网络交易行为缺少必要的自律和严格的法律监督，这就造成一些人钻法律的漏洞，大打擦边球，假冒伪劣产品屡禁不止，消费欺诈时有发生，导致网络营销存在很大的风险。

4. 企业和消费者观念问题

从企业管理层来看，大多数企业领导还没有认识到网络营销的重要性，甚至不能正确理解什么是网络营销，认为网络营销就是网上销售，而目睹网络商店亏损累累的现象后，更失去了网络营销的动力。实际上，网上销售是网络营销发展到一定阶段的结果，企业通过网络提升企业的品牌价值，加强与客户之间的沟通，对外发布信息等都属于网络营销。

目前，国内不少企业虽说已充分认识到网络营销的重要性，但对官网依旧缺乏必要的后续维护，如相关商品的信息长时间得不到更新等。即使是那些网络营销开展相对较好的企业，在网络调研、网络分销、网络新产品开发等方面的能力也有待提高，网络营销的巨大优势与潜力远远没有被充分挖掘，致使企业丧失了大量的市场机会。

当前，国内网络购物的规模虽然逐年增加，但是仍有相当一部分消费者，如一些年龄偏大的消费者，对网上订货、支付等环节茫然无措，对网络购物望而却步。再者，网络的虚拟性使得一些乐享传统实体环境购物的消费者不愿涉足网购。因此，提高消费者网络知识和应用技能，消除其网上消费的疑虑仍十分重要。

尽管网络营销存在着这些问题，但是随着科技的进步，这些问题必将会得到改善，网络营销作为新兴的营销方式，也必将成为未来营销的主流。

随着因特网和 WiFi 技术的发展，移动互联网为用户创造了各式各样的应用场景，用户对因特网的使用行为被改变，可以实现随时随地上网，用户时间被越来越多的应用分享和切割，流量越来越分散。用户的消费行为可能出现在任意时间和任意场景，并且每次通过手机消费的时间都比较短，商家和平台直接、精准的推送愈加关键。

知识点 5　我国互联网发展现状与中国电商发展趋势

一、我国互联网发展现状

中国互联网络信息中心(CNNIC)在京发布第 52 次《中国互联网络发展状况统计报告》(以下简称《报告》)。《报告》显示，截至 2023 年 6 月，我国网民规模达 10.79 亿人，较2022 年 12 月增长 1109 万人，互联网普及率达 76.4%。

1. 我国数字基础设施建设进一步加快，资源应用不断丰富

(1) 在网络基础资源方面，截至 2023 年 6 月，我国域名总数为 3024 万个；IPv6 地址数量为 68 055 块/32，IPv6 活跃用户数达 7.67 亿；互联网宽带接入端口数量达 11.1 亿个；光缆线路总长度达 6196 万公里。

(2) 在移动网络发展方面，截至 2023 年 6 月，我国移动电话基站总数达 1129 万个，其中，累计建成开通 5G 基站 293.7 万个，占移动基站总数的 26%；移动互联网累计流量达1423 亿 GB，同比增长 14.6%；移动互联网应用蓬勃发展，国内市场上监测到的活跃 APP数量达 260 万款，进一步覆盖网民日常学习、工作、生活。

(3) 在物联网发展方面，截至 2023 年 6 月，三家基础电信企业发展蜂窝物联网终端用户 21.23 亿户，较 2022 年 12 月净增 2.79 亿户，占移动网终端连接数的比重为 55.4%，万物互联基础不断夯实。

2. 我国工业互联网基础设施持续完善，"5G+工业互联网"快速发展

(1) 工业互联网网络体系快速壮大，平台体系逐步完善。数据显示，全国 5G 行业虚拟专网超过 1.6 万个，工业互联网标识解析体系覆盖 31 个省(区、市)，具有一定影响力的工业互联网平台超过 240 家，我国基本形成综合型、特色型、专业型的多层次工业互联网平台体系。

(2) 数据汇聚初见成效，安全保障日益增强。国家工业互联网大数据中心体系基本建成，工业互联网数据要素登记(确权)平台体系建设持续推进。国家级工业互联网安全技术监测服务体系不断完善，态势感知、风险预警和基础资源汇聚能力进一步增强。

(3) 融合应用不断涌现，"5G+工业互联网"快速发展。《报告》显示，一季度，工业和信息化部发布了 5G 工厂、工业互联网园区、公共服务平台等 218 个工业互联网试点示范项目，"5G+工业互联网"融合发展已驶入快车道。

3. 各类互联网应用持续发展，网约车、在线旅行预订、网络文学等实现较快增长

《报告》同时显示，上半年，我国各类互联网应用持续发展，多类应用用户规模获得一定程度的增长。

(1) 即时通信、网络视频、短视频的用户规模仍稳居前三。截至 2023 年 6 月，即时通信、网络视频、短视频用户规模分别达 10.47 亿人、10.44 亿人和 10.26 亿人，用户使用率分别为 97.1%、96.8% 和 95.2%。

(2) 网约车、在线旅行预订、网络文学等用户规模实现较快增长。截至 2023 年 6 月，网约车、在线旅行预订、网络文学的用户(达到 5.37 亿人，达到历史最高水平)规模较 2022 年 12 月分别增长 3492 万人、3091 万人、3592 万人，增长率分别为 8.0%、7.3% 和 7.3%，成为用户规模增长最快的三类应用。

二、中国电子商务发展趋势

1. 各家平台加大低价战略优势争夺的力度

低价战略优势的争夺愈加激烈，未来，各家平台将积极在产业链上下游以及自身平台规则优化等方面加大运营模式的调整力度，以突破打造低价战略优势壁垒需要解决的关键问题。具体来看，这些关键问题主要体现在三个方面：

(1) 在供货方层面，如何框定并有序扩大可低价竞争的产品矩阵？如何提高对产品的议价权？

(2) 在平台自身层面，如何增加平台上低价竞争能力强的商家规模？如何优化消费优惠规则，促进真正低价产品被高效识别出来？

(3) 在下游消费者层面，如何增强对下游区域客户的价格吸引力？如何提升交付体验？

由此可见，低价战略优势的打造是一个系统工程，对这些问题的解决也将对平台运营模式产生重要影响。

2. 积极突破低价战略优势打造的关键问题

总体来看，深耕产业带是解决低价战略优势打造关键问题的重要抓手。通过产业带深耕，可推进产业带的产品标准化建设、培养产业带中小商家并增强产业商家的交付能力，以打造标准化、规模化、智能化生产且具备成本比较优势的产品生产基地，进而支撑平台获取具备低价产品优势的源头生产厂家集群、扩大具有低价优势的产品矩阵。基于这种产业带的支撑，平台可以更好地框定产品矩阵、增强对供货方的议价权，对下游消费者可以增强敏捷生产、高效配送的能力。进一步看，平台据此可解决以下问题：提升低价商家入驻规模，优化优惠规则从而支持真正低价产品发展，增强对下沉区域的价格吸引力等。因此，如何在低价战略导向下分析产业带深耕所具备的新特征，定准核心发力点，将是决定各家平台低价战略优势的核心关键。

3. 积极挖掘借助跨境电商实现弯道超车的机会

新国际形势下，去全球化压力凸显。因此，我国电商平台通过依托国家推进的"一带一路"等，加大对东南亚、中东地区等新兴市场的布局，一方面能够增强全球电商业务的抗风险能力，另一方面能够抢占跨境电商赛道的先机。当前，中国对外经济合作国家区域的布局正处于重要的战略调整期，新兴国际市场对我国发展重要性不断提升。从我国和主要经济体合作的长期趋势来看，紧跟开拓国际市场的国家战略的电商平台更有望充分利用国家推进国际发展新潮流的机会，抓住当前中国重塑国际竞争秩序进程中新一轮国运发展的红利，因而也更有望借助跨境赛道实现弯道超车。

【思考与练习】

1. 什么是网络营销？

2. 简述网络营销的影响。

3. 为什么说电子商务已成为市场营销的一种选择？

4. 电子商务的优势与生命力何在？

5. 与传统营销相比，机电产品网络营销有哪些优势和特点？

6. 阅读案例，试分析汽车网络营销在营销活动中有哪些优势。

(1) 广汽传祺×区长直播带货。2020 年 4 月 30 日，在"区长带货 番禺严选"网络直播带货活动上，番禺区委副书记、区长陈德俊与副区长陈明捷一起变身"网红主播"，向广大市民推介包括广汽传祺旗下 GS8S、传祺 GS4 在内的一大批优质"番禺制造"产品。当晚，以红包、抽奖、送礼等福利手段引爆直播间人气，直播观看人数突破 880 万人，广汽传祺共收到 2299 张订单。自 3 月份以来，广汽传祺强化与抖音平台和垂媒平台网红达人的合作，集中推出一系列线上卖车直播，引流意向客户到店；同时强化创新营销，通过 PHEV 电池浸泡极限实验、PHEV 区域上市跨界发布会、GS8S 1+4 线上发布会等创新模式，给消费者带来不一样的线上看车体验。此外，为了配合各地政府出台的汽车销售刺激政策，广汽传祺重磅加码，为全国消费者推出了一系列给力的销售政策。

(2) 别克 GL8 艾维亚家族"云首发"。2020 年 4 月 12 日别克 GL8 艾维亚家族"云首发"，以充满娱乐化和仪式感的直播内容深入触达用户，达成了有效沟通。以"一场不看直播的人都在期待的直播发布会"为噱头，邀请倪大红、王耀庆、魏秋月、岳云鹏推出强互动、强沟通的系列视频，利用明星自带的话题热度和粉丝效应，突破不同圈层，助力品牌发布会的传播。除了体验化视频，发布会的设计上也选择了"互动感"极强的镜头语言，在现场连线倪大红、岳云鹏进行线上互动，并用抽奖刺激用户积极观看发布会，增加用户黏性。别克针对品牌的目标消费群体也是直播的主流用户，以微博、微信、抖音为三大主要直播平台，并覆盖全网直播媒体，搭建直播矩阵聚集大量流量，最大化地触达不同圈层人群。微博"#别克 GL8 艾维亚云首发"话题页阅读量高达 2.1 亿次，讨论数 5.9 万次，用户关注度可见一斑。

(3) 吉利豪越迎来全球空间首秀。2020 年 4 月 28 日，吉利豪越在杭州迎来全球空间首秀，"樊登读书"创始人樊登、《奇葩说》著名辩手傅首尔、网易严选商品开发设计师向成、"虎哥说车"创始人于虎、吉利汽车集团副总裁冯擎峰、吉利造型中心设计总监潘天蔚等到场嘉宾，围绕当代都市青年对待"躺赢"的态度展开了一场激烈的吐槽脱口秀，解读豪越"躺赢"背后的产品实力。同时，吉利在现场还发布了一款与网易严选联合开发的"躺赢神器"——2.2 米多功能植绒充气床垫，完美契合豪越的 2.2 米纵深大空间，随时随地想躺就躺。

参 考 文 献

[1]　苏海林. 市场营销[M]. 北京：电子工业出版社，2023.

[2]　吴健安，钟育赣. 市场营销学[M]. 北京：清华大学出版社，2022.

[3]　杨勇. 市场营销策划. 2 版. [M]. 北京：北京大学出版社，2024.

[4]　庄贵军. 营销渠道管理. 4 版. [M]. 北京：北京大学出版社，2023.

[5]　王宝敏. 机电产品营销[M]. 北京：机械工业出版社，2019.

[6]　毕思勇. 市场营销. 5 版. [M]. 北京：高等教育出版社，2020.

[7]　黄莹，赵鑫. 市场营销[M]. 北京：清华大学出版社，2020.